高等学校广告学专业教学丛书

广告心理学

尤建新 王 莉 编著

中国建筑工业出版社

图书在版编目（CIP）数据

广告心理学/尤建新，王莉编著. —北京：中国建筑工业出版社，2007
（高等学校广告学专业教学丛书）
ISBN 978-7-112-09639-8

Ⅰ.广… Ⅱ.①尤… ②王… Ⅲ.广告心理学－高等学校－教材
Ⅳ.F713.80

中国版本图书馆CIP数据核字（2007）第159608号

　　本书是广告学专业教学丛书之一。介绍了广告和广告人的概念以及学习广告心理学的意义、广告心理学研究的对象和方法、广告心理学的基本理论，探讨了广告策划及其对受众心理和行为的影响、广告作品的表现和影响力、传媒的选择和对受众的心理影响、广告的影响效果等，介绍了企业营销活动中的广告心理学应用，最后介绍了公益广告中的广告心理学应用。

　　本书可作为高校广告学专业教材、行业高级培训教材及广告人员继续教育教材，也可供广大从业人员、美术及商业工作者学习、参考。

责任编辑：朱象清　李东禧　陈小力
责任设计：赵明霞
责任校对：王雪竹　王　爽

高等学校广告学专业教学丛书
广告心理学
尤建新　王　莉　编著
*
中国建筑工业出版社出版、发行（北京西郊百万庄）
各地新华书店、建筑书店经销
北京嘉泰利德公司制版
北京云浩印刷有限责任公司印刷
*

开本：787×960毫米　1/16　印张：11½　字数：252千字
2008年6月第一版　2012年11月第二次印刷
印数：3001—4500册　定价：30.00元
ISBN 978-7-112-09639-8
　　　（16303）

版权所有　翻印必究
如有印装质量问题，可寄本社退换
（邮政编码 100037）

高等学校广告学专业教学丛书编委会

主 任 委 员 尤建新　同济大学
副主任委员 张茂林　同济大学
　　　　　　　朱象清　中国建筑工业出版社
委　　　员（以姓氏笔画为序）
　　　　　　　王　健　解放日报报业集团
　　　　　　　刘　超　广东外语外贸大学
　　　　　　　严三九　华东师范大学
　　　　　　　李东禧　中国建筑工业出版社
　　　　　　　吴国欣　同济大学
　　　　　　　姜智彬　上海外国语大学
　　　　　　　黄美琴　同济大学

总 序

"理论是灰色的,生活之树常青",理论来源于实践并随着实践的发展而发展。

伴随着经济的持续高速增长,中国的广告业发展迅猛。2006年,全国广告经营额达1573亿元,增长率达11.1%。据不完全统计,2006年底,全国共有广告经营单位14万多户,增长14.1%;广告从业人员突破100万人,增长10.6%。同期,广告业发展已经非常成熟的欧洲和北美,其广告业增长率也达到4%左右,高于这些国家的平均经济增长水平。

不仅如此,随着数字技术的渗透,广告业还出现了许多新的发展态势。数字技术已经全面融入媒体产业,新媒体大量出现,传媒版图加速扩展,传播价值链、传播渠道、接受终端、传媒接触方式等均已出现重大变化,互联网广告、手机广告市场增长势头强劲。由此导致广告赢利模式与业务形态发生变化。由于服务经济、体验经济时代的到来,人们从关心大众,转变为关心分众和小众,企业与消费者的沟通模式被不断创新。广告服务已从以广告活动为主到以为企业提供整合营销传播服务为主。

这一切已经并将继续对现行广告学理论提出新的挑战,进而推动广告学理论的丰富和发展。

广告学理论也并非被动地适应广告业实践,而是在指导和检验广告业实践的同时,又不断地从广告业实践中汲取营养,这是理论对实践的反作用和能动性的体现。中国建筑工业出版社早在1998年就出版了全套14本的《高等学校广告学专业教学丛书暨高级培训教材》,在中国广告专业教育中发挥了重要作用。为总结近年来广告业发展的新特点、新趋势,以及广告学理论的新成果,并为科学指导广告实践而进行前瞻性的理论探索,在原来这套丛书的基础上,我们又进行了精心选题和筛选,并组织了同济大学、华东师范大学、上海外国语大学、广东外语外贸大学和解放日报报业集团的广告学理论研究、广告学教育和广告实践的资深专家进行撰写,形成了新一套《高等学校广告学专业教学丛书》。

新版丛书共8本。《广告学概论》阐述广告学的研究对象、理论体系和研究方法等基本原理,及其在广告活动各个环节的运用原则。《广告策划与创意》通过总结和分析国内外经典和最新的广告策划与创意案例,揭示广告策划与创意的一般规律。《广告设计》不仅论述了广告设计的一般程序、设计原则和设计方法,还分别阐述了不同种类媒体广告的设计与制作过程。《广告文案》在分析、鉴赏经典的和最新的广告文案的基础上,论述广告文案的特征、功能、风格及其文化背景等,并分析其写作技巧。《广告心理学》阐述了广告心理学的基本原理及其在广告策划、广告设计和媒体策略中的具体应用。《广告媒体策略》全面、系统地论述了包括新媒体在内的各类媒体的特点、广告计划及媒体组合策略。《广告经营与管理》从企业和政府层面，对广告经营与管理的内容、方法、广告法规、广告审查制度和责任等问题展开论述。《企业形象策划与管理》从全新的视角，阐述企业形象的内涵、功能和体系，并结合中外经典案例，分析企业形象策划、设计与管理的原则、方法和流程。

总体而言，新版丛书具有三大显著特点。第一，数字化思维。数字技术的发展给企业和消费者的生存方式带来了革命性的影响，广告业和广告学的方方面面不可避免地被打上数字化的烙印。因此，本丛书注重将广告学置于数字技术的背景下进行讨论，体现数字技术引发的广告业发展新特点、新趋势和广告学理论的新成果。第二，国际化视野。在中国广告市场已全面开放的大背景下，广告业的国际化和全球一体化渐成趋势，中国广告市场已成全球广告市场的一部分。有鉴于此，无论是理论阐述还是案例分析，涉及到学界还是业界，本丛书均力求展示国际化视野。第三，集成化体系。本丛书希望将基础性、操作性和前瞻性统一起来，既涵盖广告学基础理论和通用性的内容，又强调源于大师杰作和作者经验与智慧的实践性和操作性，同时还力求反映丛书所涉及的各个领域的最新发展。

随着以信息技术为代表的新技术的发展、全球市场格局和竞争态势的变化，以及消费者行为方式的变迁，广告业将会出现新的发展趋势。广告学也必将随之不断加以丰富和深化。因此，新版丛书仍然会存在一定的时代局限性。同时，也受限于作者的水平，新版丛书的不足在所难免。恳请广告学界、业界的同行专家以及广大读者提出建设性意见，以帮助作者在再版时予以改进和修订。

高等学校广告学专业教学丛书
编委会主任　尤建新

前　言

广告是社会经济活动的一个重要元素，已经渗透在人们的日常生活之中。随着我国社会主义市场经济体制的逐步健全，广告的作用也日益受到人们的关注。如何能够充分、有效地发挥广告在社会经济活动中的作用，并取得最佳效果，一直是人们关注和研究的问题。其中，广告心理学是重要的内容之一。

广告心理学，是从心理学的角度对广告的影响和效果问题进行研究的学科。广告心理学研究的对象是广告受众的心理和行为规律，研究的目的是探求以最佳方式影响广告受众，并刺激受众的需求欲望和行动，因此，广告心理学是广告主、广告人、传媒从业者、企业营销人员等必须学习和掌握的知识，是广告学专业的学生必修的课程。

本书是在中国建筑工业出版社和同济大学于20世纪90年代末共同组织的"高等学校广告学专业教学丛书暨高级培训教材"中本作者编著的《广告心理学》的基础上修订而成，此次修订由尤建新和王莉合作完成。本书的第一版以商业广告为主要研究对象，所陈述的内容主要从商业的角度探讨广告的心理影响和效果。因此，第二版的修订仍然以商业广告的研究为主要内容。为了增强对心理学知识的了解，修订中增加了广告心理学基本理论一章。同时，也因为客观上存在公益广告的需求和满足公共部门的人员学习广告心理学，并对公益广告有所认识和掌握，本书最后一章专门陈述公益广告中的广告心理学应用。这样，修订后的第二版由9章组成，第1章陈述广告和广告人的概念，以及学习广告心理学的意义；第2章陈述广告心理学研究的对象和方法；第3章陈述广告心理学的基本理论；第4章探讨广告策划及其对受众心理和行为的影响；第5章探讨广告作品的表现和影响力；第6章探讨传媒的选择和对受众的心理影响；第7章探讨广告的影响效果；第8章陈述企业营销活动中的广告心理学应用；第9章陈述公益广告中的广告心理学应用。

本书的修订是在第一版基础上完成的，其中包含了第一版作者的许多成果。为此，要感谢陆云帆和谢莉香两位老师的贡献。同时，在修订中也参考了许多其他作者的文献和学术成果，在此一并表示衷心的感谢！

鉴于作者水平有限，虽然在修订过程中已经尽力，但仍然会存在不妥之处，敬请各位专家和读者斧正。

目 录

第1章 为什么学习广告心理学 001
1.1 广告与广告人 001
1.2 广告的目的 004
1.3 学习广告心理学 005
思考题 007

第2章 广告心理学研究的对象和方法 008
2.1 广告心理学的研究对象 008
2.2 广告心理学的研究方法 010
思考题 012

第3章 广告心理学基本理论 013
3.1 需求 013
3.2 感觉与知觉 016
3.3 动机与情绪 023
3.4 行为 031
3.5 学习与心理发展 035
3.6 个性与个性差异 043
3.7 社会心理和行为 052
思考题 060

第4章 广告策划与受众心理研究 061
4.1 广告策划与受众选择 061
4.2 受众心理分析 069
4.3 受众行为变化的预测 079
思考题 088

第5章 广告作品与受众心理影响 089
5.1 影响性战略的思考 089
5.2 广告作品的表现 090
5.3 广告影响力 101
思考题 103

第6章 传媒计划与受众心理影响 104
- 6.1 传媒计划与战略 104
- 6.2 传媒的选择与受众心理分析 110
- 6.3 传媒选择的方法和组合运用 119
- 思考题 121

第7章 广告效果评价和受众心理影响 122
- 7.1 基于受众心理的广告效果评价 122
- 7.2 广告的长期心理效果 133
- 7.3 广告的社会心理影响 140
- 思考题 143

第8章 企业营销中的广告心理学应用 144
- 8.1 品牌战略 144
- 8.2 包装与价格 146
- 8.3 促销活动 149
- 8.4 企业形象 152
- 思考题 155

第9章 公益广告中的广告心理学应用 156
- 9.1 公益广告如何影响受众心理 156
- 9.2 公益广告策划 159
- 9.3 公益广告作品的表现 164
- 9.4 公益广告媒体表现 172
- 思考题 175

参考文献 176

第1章 为什么学习广告心理学

广告是随着社会经济的发展而逐步产生的,并在其迅猛的发展中形成了一个具有巨大经济和社会贡献的产业。谈广告,无论是谈广告的需求,还是谈广告的策划、广告的运作或广告的受众,都离不开人。所以,广告学的课程势必要从人说起,并且由于广告自身的特点,心理学就成为广告学的基础。本章主要陈述三个问题:什么是广告人、广告的目的是什么,为什么要学习广告心理学。

1.1 广告与广告人

广告业是一个知识密集、技术密集、人才密集的新兴行业。在市场经济中,广告业的高利润必然伴随着从业者的高竞争。在当今市场经济高度发达的社会中,广告比比皆是,其铺天盖地的商业传播已经和社会的经济文化生活紧密地交织在一起。由于丰富多采的广告节目就是由广告人设计出来的,所以广告业的首要决定因素自然是人,也就是说衡量一个广告公司实力强弱重要的标志应该是它拥有哪些广告人。在了解广告人之前,我们需要了解广告的涵义。

1.1.1 广告的涵义

广告是指广告主有计划地运用各种传播手段和表达方式,向其潜在的受众传递商品或服务等方面的信息,以促进销售的宣传活动。广告可以是一种信息传播方式和推销商品的手段,它是伴随着商品经济的产生和发展而出现和兴起,更是伴随着传播传媒的日益发达而繁荣昌盛起来的。

现代广告一般由5个要素组成,即:广告主、广告代理机构、传播传媒、受众和市场。

广告主是指需要做广告并支付广告费用的组织或个人,这是广告系统得以存在和发展的原动力。广告主数量的多寡和行为活跃与否,与商品经济的发达程度有密切关系。

广告人，也称广告代理人或机构，是以经营广告为赢利手段的专业广告人员和组织。广告人是为了满足广告主和传媒等各方的要求而存在的，当然还包含了投资者的需求。广告人的影响和作用很大，其行为不仅决定了广告的性质、特点和形式，而且影响着广告的最终效果。

传播传媒是指传播广告信息的传媒物，其功能是传出信息，刺激受众，并以一定的方式测定信息接收效果。广告的生命在于传播和流动，制作出来的广告若不向受众传达，便毫无意义。随着科学技术的进步以及信息传播方式的革命，更使现代广告得以蓬勃发展。

受众就是广告诉求的对象，也即广告传播信息的接受者。在广告系统中，受众既是广告行为的起点，又是它的终点；同时，也是广告效果好坏的最终评判者。

市场是指在一定时间和空间范围内，商品占有者之间交换关系的总和。在广告系统中，市场是连接各个要素的纽带。一方面，广告系统中各要素的功能，通过市场发生有机的联系，促成商品或服务的交易；另一方面，广告系统中各要素的行为方式和行为后果，都要在市场上得到反映，市场调节着各要素的收益水平和决策行为。

在上述 5 个要素中，广告人是最活跃、最积极的要素，它在广告系统中处于核心地位，具有关键意义。

1.1.2 广告人

广告的实质是通过一定的载体与手段，用某种信息去影响人。在广告活动中，非常重要的一点是如何使广告比较符合受众的心理规律，也就是说如何才能使广告更好地说服受众接受广告的影响。要实现上述的目的，并不是件容易的事情，也不是人人可做到的。一流的广告后面，必定有一流的广告人才和广告代理机构，可以说广告从业者和机构作为操作广告的主动者，直接影响着广告的成败。

目前中国广告业已经成为仅次于美国、日本、德国的全球第四大广告市场，广告从业人员接近百万。广告业是一个涉及面很广泛，专业性很强的行业。它不仅要求广告人具有广告学专业知识，还要研究一切与广告相关的学科，如市场学、传播学、心理学、消费学、管理学、商品学、社会学、美学等，以及计算机、音乐、绘画、摄影、摄像、写作等等。作为一个成功的广告人，无论是广告代理机构还是广告从业人员，除了具备上述这些学科知识外，还要能够敏锐观察、善于移情、注重交往、适度调控和勇于创造。

1. 敏锐观察

观察是人们认识世界，进行各种创造性劳动的基础。观察是有目的、有计划、比较持久的知觉。观察是一切科学的最基本的方法之一，也是直接认识事物和获得有价值的第一手材料所必需的。对于广告人而言，运用观察方法作出判断更是一项必备的基本能力。广告是连接商品和受众的桥梁，广告人要观察商品和人，从中找到它们的某种联系。广告人不仅要与形形色色的受众打交道，还要与各种类型的广告主沟通并说服他们。广告人更要协调机构内外部的人际关系，广告人的工作是面对千变万化的商品和人，因而广告人更需要"观察、观察、再观察"。

2. 善于移情

每个广告人都知道自己所从事的工作就是通过传播信息去影响人的心理。广告影响受众心理的最高形式是改变受众的态度，也就是说服受众。要想影响和说服受众，首先要了解受众的心里是怎么想的，知己知彼，百战不殆。广告人要说服广告受众，说服广告主，甚至还要说服机构内部的同仁和管理者。从什么地方入手效果更好呢？怎样才能说到点子上呢？基本的一步是要从受众的角度去认识广告。这种体察受众立场、观点、情感的能力就是广告人的移情能力。这种善于移情的能力对广告人来说显得尤为重要。

3. 注重交往

在心理学研究中，交往是人们运用语言或非语言符号交换意见、传达思想、表达感情和需要等的交流过程，就是说交往是人与人之间的信息沟通和物质品的交换，并在这一相互作用中形成一种情感联系。交往是人类的特定社会现象，它基于交往需要，即指一个人愿与他人接近、合作、互惠，并发展友谊的需要。交往的结构，可分为三个侧面，即交际、感应和知觉。交际是指交往的若干个人之间的信息交换；感应指在交往个人之间造成相互影响；知觉表示交往伙伴间相互知觉判断的过程及在此基础上建立相互理解。交往的手段多种多样，归纳而言，如言语手段（即通过口头的、书面的方式）、表情手段、交往双方的距离以及交往的时间、地点的选择、信息传递的方式等。

可见交往与观察力和移情力有着相辅相成的密切关系。交往是人们生活中不可缺少的，对于从事广告行业的人或机构而言，更是如此。交往过程是否顺利受到个人交往能力的直接影响，因而广告人交往能力的高低直接影响着其工作成绩。

4. 适度调控

广告人的工作是一项随着时代发展而发展的工作。广告业是一个竞争极强的行业，即使是极有经验的广告人，曾作出过不斐的成绩，一旦松口气、歇一歇，就立刻会被不断涌出的新人替代，"长江后浪推前浪"。广告与高科技息息相关，因而广告人要不断地扩展自己的知识，广告人要在观念上时刻跟上时代。广告是一种在智力与体力上都要付出艰辛劳动的过程，从始至终充满了酸甜苦辣，广告人不但要在耗心智、劳筋骨的情况下依然精神抖擞，勇往直前，还要在心理上承受成功与失败的落差；广告人的工作时间性极强，每天的工作就像打仗一样紧张，广告人的生活习惯、工作节奏也就相对比其他行业的人更快。凡此种种表明广告并不像有些外行人想像的那样，新鲜有趣、轻松风光地挣大钱。假如你要从事广告业，就要具有更好的对自己心态的调适能力。

5. 勇于创造

现代广告活动中，创意是广告创作的核心。它是通过构思，创造出新的意念，并使广告对象接受，进而达到促销的终级目的。创意参与了广告活动的许多方面，从帮助客户发现商品与受众的内在关系,提出广告"说什么",到如何艺术地表现"怎么说"能使广告对象接受。广告创意实质上是让广告打破俗套、引人注目,为广告受众提供新颖独特的意念,使其产生购买的冲动。广告创意要在让广告受众"看得着",并且"喜欢看"的原则下,做到既出人意料又合情合理。

1.2 广告的目的

目前,广告的数量愈来愈多,内容也越来越精彩。那么,广告主为什么要做广告呢?广告活动的目的是要对人的思想、情感、观念和行为产生影响。一般而言,做广告的目的在于引导受众、有效地提供和传播信息、提高受众的感知和觉悟水平,在商业领域还包括激发受众的激情或购买欲望以及产品的市场占有率。

1. 为了引导受众

从商业的角度看,广告具有很强的引导功能,引导人们的消费观念和消费行为。随着社会经济的发展,广告量也在不断增加,现代人自觉不自觉地接触到大量的广告。对于人们来说,广告是获得有关产品或服务信息的最主要的渠道之一,所以人们在现实生活中越来越依赖于广告。广告创作的现代意识可以更好地引导受众。由于广告信息大多是当今社会的主流消费,容易产生共鸣和趋同,因而人们在观念上逐渐给予认同,并在行为上不自觉地去迎合已形成的消费观念。

2. 为了有效地提供和传播信息

从个体消费行为的过程来分析,广告可以起到的第二个作用是提供信息。广告可以为受众提供产品或者企业信息。当人们有了购买需要,产生购买某一产品的动机之后,在实际购买之前,往往需要一些额外的信息,于是就进入了获取信息的阶段。人们首先进行内部信息搜索,即从记忆库中提取相关产品的信息。但是记忆中的知识和经验毕竟有限,而且有些产品的信息更新很快,如果不是专业人员很难及时把握其动态,比如,电脑硬件设备的更新换代非常快,如果有人想买一台新的电脑,就需要搜寻外部信息。当产品的购买风险比较大的时候,顾客往往比较慎重,对信息的搜寻更为看重,而广告就是提供商品信息的一个重要途径。台湾奥美公司关于"受众对广告的态度和评价"的调查结果显示,认为"广告是一种了解产品功能或服务内容的重要信息来源"的人数比例,在我国台湾地区是86%,在我国香港地区是74%,在美国是76%。对我国内地青少年的调查也显示,很多被调查者已经把广告作为一种主要的信息来源。因此,企业往往愿意做广告,以便向受众——包括"显在"顾客和"潜在"顾客提供适当的信息。

广告作为传播的一种工具,向目标受众传递有关产品或服务方面的信息,并说服目标受众购买产品或服务。因而广告是连接广告主与目标受众的桥梁,在商品信息传递中的作用是不可替代的。对受众,刺激其购买欲望;对广告主,改进产品功能和质量,改进促销策略,改进服务水平。因此,广告有助于促进市场经济的发展,繁荣市场,加快技术创新和产品的更新;同时,也促进企业提高管理水平,以整合营销思想来指导企业的市场运作，提高企业的竞争力。

3. 激发受众的购买欲望

顾客的消费行为指的是受众在寻找、购买、使用和评价用以满足需要的物品和劳务设施时所表现出来的一切活动。一般消费行为往往是从形成一定的需要开始的，从信息加工的角度来分析，一般消费行为要经历如下过程：形成需要或激发动机→获取信息→评价可选择商品→选择商品→购买行为→评价所购商品→下次购买。

广告对受众消费行为的影响体现在多个方面，首先是形成受众的消费和购买需求，或者唤醒受众的潜在需求。

需要是生理上或者心理上的缺乏状态。需要可以来自直接的体验，如口渴、饥饿或者对美的追求等等，也可以来自于外界的引导。适当的广告可以激发出人们某一个方面的需要，例如，一个人可能本来没有感觉到饿，也没有急迫的饮食愿望，但是看到颜色鲜艳的食品广告之后，却不由得产生了想要尝一尝的欲望，这就是广告起到的诱因作用。另外，有些需要是人们能明显意识到的；有些需要是尚未被意识到的，即潜在需要。美国一家商场曾经作过实地调查，发现在被调查的购买者当中，只有少部分的买主有明确的购买计划，大多数人事先只有比较模糊的意向。这些模糊的意向就体现为潜在需要。当广告受众接触到这种广告诱因时，潜在的需要就会被引发出来。广告还可以起到引导受众需求的作用，比如，现在的科技比较发达，很多科技产品公司的产品不断推陈出新，通过广告引导受众对具体产品产生新的需求；再比如，我们日常生活中常用的放像设备，最初是放像机，比较笨重，录像带的体积也略嫌大了一点，所以当VCD机推出之后大受欢迎。VCD机之后厂家又推出了DVD机。由于DVD机的更大容量和兼容能力，也成为被顾客广为接受的产品。现在厂家又推出了NDV机，即高清晰度数字放像机，据说其清晰度可以达到200万像素，而我们原来的DVD机只有40万像素。可以预见，过一段时间之后，清晰度会成为人们购买放像设备的一个标准，也就使广告在传播对产品的需要方面又增加了一个维度。

4. 为了提高产品的市场占有率

一个好的产品可能在当地深受欢迎，市场占有率很高，但若没有广告的信息传递，这个产品可能依然是地区性的产品。而广告则可使这一信息在一定时期内让更多的目标受众所了解，从而产生需求愿望，其结果即是此产品从地区性产品成为区域性乃至全国性产品。同时，生产数量增加，实现规模化生产，成本降低，使顾客受益，企业的综合实力增强。由于能够以较低的价格购买到质量可靠、知名度高的产品，人们的生活水平和质量也逐步提高。因此，广告在商品流通乃至推动商品在更大的市场中销售，以及提高市场占有率中都具有很强的催化作用。

1.3　学习广告心理学

在商业领域，广告是通过影响受众的消费心理而产生引导、促进消费行为的积极效果的,因此,学习广告专业就必须对心理学也有很好的认识。

1.3.1 广告心理学的含义

心理现象的实质是人脑对客观事物的能动反映,心理是人脑的机能。在此所说的反映指物质的普遍属性,是物与物相互作用并留下痕迹的过程。人的心理是最高级的反映形式,那么心理学对人的心理活动的种种探索与研究又是怎样用在广告活动中的呢?

心理学的研究,一方面是从理论上探讨人的心理发生、发展的一般规律,另一方面是在各种实践领域中应用、探讨这些规律。由此出现了许多心理学的分支学科,如研究人的发展历程中心理发展规律的发展心理学,它又有专门研究儿童的儿童心理学及研究青年的青年心理学;又如把心理学规律应用于教育实践的教育心理学;再有研究在社会环境下人与人之间相互作用的社会行为与心理的学科即社会心理学。把心理学的普遍规律应用于广告活动中,并探讨构成广告活动主体的人的心理现象和他们在广告传播活动中有哪些特殊的心理规律,即产生了广告心理学。

简而言之,广告心理学就是研究广告活动与受众在相互作用过程中产生的心理现象及其存在的心理规律,据此指导制定广告目标、发展广告策略和执行广告策略。其核心操作(技术)就是在明确目标的情况下,将产品或服务的概念转化成适当的广告信息,在适当的时机和运用合理成本使此信息传达到适当的目标受众。显然广告活动的每一个步骤都离不开与受众心理的相互作用,这才是广告的真实效果。现代广告心理学理论研究表明,广告对受众的影响主要表现为受众对有关广告内容(如产品或服务)心理倾向的影响而并非表现为购买行为。

1.3.2 学习广告心理学的意义

广告不仅是一门艺术,也是一门科学,它以生动的文字、美妙的图案等打动受众的心灵。现代商品经济社会里,广告越来越广泛地影响着人们的觉悟、消费观念和购买行为,因此,如果要提高广告的效果,就必须深入研究和认识广告受众的心理状态,学习广告心理学也就成为必然。

1. 可以在广告创意中较好地把握受众的心理行为特征

在商业领域,广告可以促进形成受众的消费需要,并且给受众提供与产品相关的信息。但是,如何才能形成受众的消费需要?形成什么样的需要才能促使受众作出购买行为?广告提供什么样的信息给受众?以什么样的方式提供这些信息?什么样的信息、什么样的提供方式最能打动受众?这些问题实际上就是如何把握受众的价值观,找到受众所关注的商品特性,从而找到自己商品的卖点,把卖点以合适的方式呈现给受众,从而打动受众的问题。能否准确地将符合目标受众消费价值观的利益点作为卖点,对广告的成败起着重要作用。在实际生活中,我们可以发现很多广告通过把握受众的消费心理而让企业走向成功的,例如脑白金广告。由于中国的传统美德讲"孝敬父母",逢年过节,子女总要给父母送些礼物。现在生活水平提高了，很多父母衣食不愁，家中不缺什么东西，所以送什么给父母表达孝心倒成了一个不大不小的难题。脑白金广告紧紧抓住了"给爸妈送礼"这个卖点，看准了中国人的这个心理特点才大获成功的。

广告的具体创意、设计和播放等等是提供信息的方式，其中，创意起着关键的作用。从信息加工的角度来说，广告的过程涉及广告信息的传递以及受众对广告信息的理解、记忆、评价等过程。一则好的广告不仅能吸引受众的注意，容易使受众记住，而且能赢得受众的喜爱。立邦漆有一个广告"屁股篇"，画面上是一群扶着栏杆站立的小孩，光屁股上各抹了一块彩色的油漆。据说这个广告曾经立在北京某条道路的一个环岛边，但是很快被拆除，其原因竟然是因为很多司机到了这里，不由自主地被广告吸引，结果影响了开车，造成这个环岛周围的交通事故增多。但是，也有许多广告立在路边很久也难以引起人们的注意。

很多人还很喜欢柯达胶卷的一则广告，广告画面中是一个小男孩在理发时哭泣的情景，背景音乐是柯达胶卷一直采用的"留住这一刻"的歌曲。看到这个哭泣的小男孩，很多观众发出会心的微笑——"我小时候也不喜欢剪头发，呵呵"、"这个小孩真可爱，剃个头也哭成这样……"，而有的广告则让人们感到非常乏味和讨厌。

2. 可以用科学的心理学方法来准确地把握受众的消费行为

市场经济下，广告是现代企业推销其商品或服务的一个重要组成部分，广告活动的最终目的是把商品推销出去。然而，广告是否能达到这一目的，如何使受众采取购买行为？这就需要运用心理学的原理和方法，使广告符合受众的消费心理和行为特点，从而对受众产生深刻而有力的影响。心理学是研究人的心理现象及其规律的科学。心理学对于广告制作和传播者了解掌握受众在接受广告宣传过程中的心理活动特点和规律，指导广告作品的制作和宣传，使广告设计符合受众的愿望和要求，提高广告宣传的效果，激发受众的消费和购买欲望、购买行动等，有着十分重要的作用。准确地寻找合适的卖点需要把握受众的价值观和消费行为特征，而人的价值观隐藏在心底深处，难以直观地觉察，受众对自身的消费行为特点可能也难以说得清楚。因此，准确地把握受众的价值观和消费行为特征需要采用科学的心理学研究方法。

总之，在广告活动中，受众处于研究最核心的位置，受众的心理是广告活动的出发点。只有通过科学的方法，把握受众的心理活动规律，并根据这种规律进行适当的创意、设计和传播，才有望达到预期的广告目的。在广告中，心理学的主要任务就是探讨广告活动过程中受众的心理活动规律，使广告活动建立在心理学法则的基础之上。因此，广告人，无论是机构还是从事广告及其相关专业的人员，应该尽可能多地掌握广告心理学的知识和应用能力。

思考题

你的理想是成为广告人还是广告主？学习广告心理学将对你有什么帮助？

第2章 广告心理学研究的对象和方法

广告,作为商业营销活动中的重要一环,能否有效地发挥其应有的功能,是人们长久以来一直在研究的问题。以心理学的观点来研究广告的效果问题,是广告心理学的基本内容。随着心理学领域新成果的不断出现和营销活动中新问题的不断产生,广告心理学的研究对象和方法也在不断地发展。

2.1 广告心理学的研究对象

心理学(psychology)一词,原由希腊文中的 psyche 与 logos 组合演变而成。前者意指"灵魂"(soul),后者意指"讲述"(discourse)。两者组合则谓:心理学是阐释心灵的学问。这在当时是作为哲学上的主要问题来进行探讨的。直到19世纪末叶,心理学才开始被列入科学的范畴,称谓:心理学是研究心理活动的科学。到20世纪20年代后又演变成:心理学是研究行为的科学。这一阐述维持了40多年,直到70年代才形成了现代心理学的概念,谓:心理学是研究行为和心理现象规律的科学。

如前文所言,广告心理学所研究的心理现象及其存在的心理规律是广告活动与受众在相互作用过程中产生的。而广告活动既包括营利性广告(商业广告),又包括非营利性广告(公益广告)。商业广告是通过传递商业信息来获取盈利,是最主要的广告种类,本书的第3章至第8章将对此展开陈述。公益广告是通过传播传媒呼吁公众对某一社会性问题引起注意,抨击不道德行为,提倡新的道德风尚、新的观念,以助社会、人类的健康发展。它在现代社会中起着愈来愈重要的作用,本书第9章将对公益广告的系列问题进行阐述。

广告心理学(advertising psychology)研究的是在广告活动中受众的行为和心理现象规律,这一概念至少包括了下述三个方面的内容。

2.1.1 受众中的"显在"顾客和"潜在"顾客

所谓"显在"顾客,是指对广告所宣传的商品早有购买企图的受众。对于这类受众而言,广告所能起的作用是影响其购买时的选择。成功的广告不仅能留住老顾客,还能争取来新顾客;失败的广告则相反。

所谓"潜在"顾客,是指对广告所宣传的商品原本毫无购买打算,但在接触了广告后才有所企图的受众。对于这类受众,广告的作用首先是激发其购买欲望,其次才是影响其购买选择。这种情形下,广告的成功之处在于能够对激发欲望和引导选择同时产生作用。

最初的广告(advertising)一词,来自拉丁语的 advertere,意为"转变方向,加以注意"。直到18世纪中叶以后,才有了英语的 advertise(做广告),意为"运用公告形式吸引公众的注意"。因此,最初的广告受众对象是"显在"的顾客,广告心理学研究的目标受众也是"显在"顾客。随着市场竞争的不断加剧,企业已经不再满足于以"显在"顾客为广告的目标受众了,他们开始把广告攻势转向"潜在"顾客。因此,广告心理学研究的目标受众不仅包括了"显在"顾客,还包括了"潜在"顾客,而且后者的位置已显得越来越重要了。

2.1.2 生产资料顾客和生活资料顾客

生产资料顾客和生活资料顾客,这两者由于发生购买行为时所站的角度不同,其受广告引导的影响方式和程度也会有所不同,因此,广告人必须研究这两类不同的目标受众在购物时是怎样决策的,从而研究决定如何在心理上发动有效的广告攻势。

具体研究生活资料顾客时,还会发现仍存在两类不同的购买决策过程。一类是购买日用消费品,顾客的决策过程受广告影响极大,因而必须研究有哪些影响因素会对决策起特殊作用,从而确定广告所能起到哪些作用。另一类是购买耐用消费品,顾客的决策过程一般不轻易受到广告的影响,这就给广告人的工作增加了难度。但并非有了难度就放弃这部分目标受众,只要在购买决策时存在心理上的影响,就有机会发挥广告的功效。

生产资料的购买决策过程往往比购买生活资料更为复杂。原因很多,比如购买者不仅受本岗位所在部门的影响,还受到其他部门的影响,尤其是生产制造、研究开发、库存控制、技术和财务部门。另外,供需双方之间的相互依赖性也会是广告宣传效果的障碍。但这些困难并不能成为削弱广告宣传的充分理由。加深企业在受众头脑中的印象,树立良好的企业形象,都是广告宣传的用武之地。图2-1是一幅强调生产资料商品广告价值的广告。

2.1.3 受众的消费行为和心理现象的产生及其发展规律

顾客从接触广告到购买商品的全过程,始终贯穿着心理活动。顾客对商品的认识过程,是从感觉开始的。广告,作为宣传商品服务价值的方法之一,直接作用于受众的眼、耳等感觉器官,刺激引起神经兴奋,然后传入大脑皮层的神经中枢,形成对被宣传商品个别属性的反映,这是由广告作用引起的感觉过程。随着感觉的深

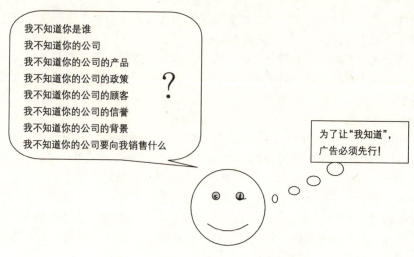

图 2-1 强调生产资料商品广告价值的广告

入,神经中枢把感觉的信息资料汇总进行综合分析,对商品的各种属性再作整体的反映,即知觉过程。

换句话说,顾客对商品的认识过程,是从感觉到知觉、从感性到理性的一个心理过程。也就是说,顾客作出购买商品这一行动,是一个心理过程,也是一个思维过程,是经过认识和思考后的一个理智行动。而在影响顾客(广告受众)对商品的认识的诸因素中,广告的作用是不可忽视的。

顾客在购买商品前,他们是怎么认识商品和进行思考的?有什么规律?他们中的个别差异、动机以及社会行为的影响和广告的作用效果等等,都是广告心理学研究的问题。

2.2 广告心理学的研究方法

人们在研究解决问题时所采用的方法是否科学、正确,将直接影响最终问题的解决效果。广告心理学的研究也不例外。在思维方式上,要适应现代社会不断进步的变化,面对现在,展望未来,不仅要研究广告心理的成功范例和失败教训,更要能预测广告心理效果的变化趋势。科学方法有很多种,本节将介绍广告心理学研究中最常用的几种研究方法。但是,人们普遍最关心的是:哪一种方法最好?对于这一类的问题,没有肯定的答案,也不应该有肯定的答案。比如:哪种食物最好?哪种学科最好?哪种文学最好?等等,都不会有肯定的答案。是否因为没有肯定的答案,就不再研究了呢?虽然人们难以寻求到肯定的答案,但在选择方法时应考虑:每个问题都有其特殊性,方法的选择应与研究问题的特殊性相适应。

现代广告心理学研究中最常用的方法有:观察法、调查法和实验法。

2.2.1 观察法

由研究者根据一定目的，有计划地直接观察研究对象（被试者）的言行表现，从而分析有关心理活动和行为规律的一种方法，称为观察法（observational method）。这是一种普遍采用的方法。在广告心理学的研究中采用这一方法时，是在不施加任何压力或影响下对受众进行直接观察、记录和分析的，受众对广告的反应完全是一种心理的自然流露。

观察法有其不足之处，如带有一定的被动性、片面性和局限性，因而不是一种严密的科学研究方法。但观察法使用方便，如应用得当，仍可获取大量的信息以供研究使用。虽然观察法在通常进行的广告心理研究中难以回答"为什么"，但这一方法回答的"是什么"，是进一步进行研究的"敲门砖"。

运用观察法进行广告心理的研究时，应该根据任务和目的的不同有选择地进行观察或作全面的观察，以分析和研究广告受众的心理现象和行为规律。

2.2.2 调查法

有些心理现象能够直接观察，有些则不能。当所研究的心理现象不能被直接观察时，可预先拟就问题，让受调查者（被试者）自由表达其态度或意见，从而间接了解被试者的心理活动和行为规律的一种方法，称为调查法（survey method）。调查法可采用两种不同的方式进行。一是问卷调查，称为问卷法（questionnaire method）；另一种是访问调查，称为访问法（interview method）。问卷法可以在同一时间内调查很多人，在时间或环境上被试者没有压力；访问法只能是面对面或以电话通话的方式进行，有时间上（立即回答、思考时间较短）和直接对话中的无形压力。

根据调查对象和调查范围的不同，有典型调查、抽样调查、全体调查。将有代表性的个人或事物作为研究对象进行个别调查的方法，称为典型调查（case study）；对调查对象的总体全部进行调查的方法，称为全体调查（all survey）；从调查对象总体中随机抽取若干个调查对象进行调查，进而推断总体的心理活动和行为规律的方法，称为抽样调查（sampling survey）。典型调查的效果取决于选取的调查对象是否真正具有代表性；抽样调查的效果则取决其样本对总体的代表性；全体调查的效果则取决于工作的周密性。在实际操作时，还同时可采用分层法（stratification），如在分层基础上的典型调查、分层抽样调查（stratified sampling）和对全体的分层调查（stratified study）。

运用调查法进行广告心理的研究，广告人必须清楚了解所研究的课题，明确调查的目的要求，继而确定调查对象，拟定调查内容、方法和步骤。对于调查过程中可能遇到的情况和可能参与的外来因素，要有一定的预见和估计。另外，还必须设法尽可能地使调查对象（被试者）能配合调查，说真话，反映真实情况。

调查法简单易行，在广告心理的研究中一直被广泛采用。但是，调查法与前述的观察法一样，不是一种很严谨的方法，只能由此了解事实是什么，不能进而解释为什么。因此，调查的结果还需多方面的对照和验证，并和其他研究方法的结果互相补充。

2.2.3 实验法

实验法（experimental method），是有目的地严格控制或创设一定条件来引起某种心理现象以进行研究的一种方法。与观察法和调查法相比，实验法在广告心理的研究中不但研究问题的"是什么"，而且还进一步研究问题的"为什么"。其优越性在于广告人可以主动地引起他（她）所要引起的心理现象，而不是被动地等待某一心理现象的出现。在科学性方面，实验法比观察法和调查法显得严谨。实验法有两种：自然实验法和实验室实验法。

实验室实验法（laboratory experiment），是指在实验室里进行研究的一种方法，通常是在实验室内借助于各种仪器并模拟各种环境条件进行研究的。比如，测定受众对广告的记忆率，就可以在实验室内运用音像、图片、文字等广告媒体，测定受众的广告记忆效果。

自然实验法（natural experiment），也称现场实验法（field experiment），这是在自然环境（而不是实验室）有目的地创造某些条件或变更某些条件（如广告），给实验对象（受众）施加一定的刺激或诱导，从而了解受众心理活动和行为规律的一种方法。这一实验环境是自然而又不是纯自然的，其中含有广告人主动地、有目的地施加的一些影响，因而取得的研究结果比较准确。

用于广告心理学研究的方法自然不止这三种，而且在实际操作中人们也已根据具体问题对方法的应用有所发展，限于篇幅和作者水平，本节仅限于对上述这三种常用也是最基本的方法作简单介绍。

思考题

广告心理学研究的对象是什么？广告心理学的研究方法对于更好地认识广告受众的心理规律并有助于提升广告的效果等方面有哪些积极的作用？

第3章 广告心理学基本理论

广告心理学以普通心理学为基础,它的基本理论则同样涉及需求、感觉与知觉、动机与情绪、行为、学习与心理发展、个性与个性差异、社会心理与行为等研究领域。

3.1 需求

广告是否具有感染力,会影响到广告效果甚至广告的成败。广告感染力是吸引广告受众去购买广告中所宣传的商品的魅力。这种魅力来自广告受众确信那些商品会给他们带来的好处,也就是说,来自该商品能够满足广告受众的某些需求和动机。

多少年来,心理学家和其他对人类行为感兴趣的科学家都在努力探讨人类的需求和动机。广告学家和广告心理学家也在从事这方面的工作。例如早在20世纪20年代,美国哈佛大学的一位商业心理学家就编制了一份含有人类动机的清单,供广告人作为参考。后来又发现,这样的清单太长,并不实用。因此,有的广告心理学家认为应当把人类众多的需求加以概括,整理为概括性的需求。

但是,人类的需求和动机问题的研究远非这么简单。本节我们首先探讨需求和动机的一些基本问题:需求的概念、种类、广告受众的需求及其特征等。

3.1.1 需求的概念

需求(need)是个体的一种主观状态,是产生行为的原动力。它是在一定生活条件下,有机体对延续和发展生命所必需的客观事物的需求的一种反映。

需求和刺激是密不可分的,它是在各种刺激的作用下产生的。刺激有多种多样,但一般说来,需求的刺激可以分为两大类:一类来自机体内部,它通过内部感受器官感受到,如饥饿、性欲、情感等,是人类本能和心理活动的反映;另一类是外部的刺激,它是通过外部感受器官,如眼、耳、鼻、舌等感受到的,是客观环境,包括自然和社会的各种事物在人的大脑中的反映。生物有机体对外界环境中某些条件的需求,是个体积极性的源泉,是人类进行活动的基本动力,它使有机体的各种反映机能向着适应外界环境的方向发展。因而，随着外界环境的变化、发展以及人类社会文明的进步，作为自然和社会关系的结合体——人，不仅对客观事物的需求越来越复杂多样，而且对外界环境的需求越来越具有社会性。

3.1.2 需求系统

人的需求是多种多样的，对它可以从不同的角度进行分类。大多数学者采用二分法把各种不同的需求归属于两大类，也有学者把需求分为五大类或三大类。其实人的需求是一个多维度多层次的结构系统。因此，当我们从某个维度考察需求时，应该注意到人的各种需求都不是彼此孤立的，而是相互联系的。

1. 需求按其产生的对象分类

按需求的产生和起源，可以把需求分为生物性需求（也称生理需求，biological need）和社会性需求（social need）。前者是指与保持个体的生命安全和种族的延续相联系的一些需求，如饮食、睡眠、休息、性、御寒、避痛等。这类需求是由人体生理机能的反映而产生的，由人自身发展、遗传作用而形成的，具有维持、延续生命，保持人体的正常生理功能的作用。后者是指与人的社会生活相联系的一些需求，如对劳动、交往、文化、归属以及对社会地位、成就和威望等方面的需求。这是人类所特有的高级需求，是在人的社会实践中形成和发展起来的，并且受到社会生产和政治、经济、文化、地域、民族等因素的制约，它随着社会生活条件的不同而变化。

2. 需求按其对象的性质分类

按照需求的对象的性质，需求可以分为物质需求（substantial need）和精神需求（immaterial need）。物质需求是指人们对物质对象的需求，如对衣、食、住等有关物质的需求，对工具和日常生活用品的需求，它既包括生物性需求，也包括社会性需求。精神需求是指人对社会精神生活以及产品的需求，如对知识、文化艺术和美的欣赏的需求。

3. 马斯洛需求理论（Maslow's theory of hierarchy needs）

马斯洛（A. H. Maslow，1908—1970）是美国著名的社会心理学家，人本主义心理学的创始人之一。1967—1970 年曾任美国心理学会（APA）主席。他于 1954 年提出需求层次理论，之后又不断加以发展，形成了颇有影响的需求理论。

马斯洛的需求理论的基本要点是：人是一个一体化的整体，不能像传统的本能研究者那样孤立地、不分主次地研究人类需求。人类的基本需求是按照优势出现的先后或力量的强弱排列成等级的，即所谓需求层次，如图 3-1 所示。

（1）生理需求，如对食物、水分、氧气、性、排泄和休息等的需求。这类需求在所有需求中占绝对优势。如果这类需求没有得到满足，此时有机体将全力投入为满足生理需求的活动中。

（2）安全需求，如对于稳定、安全、秩序、受保护，免受恐吓、焦躁和混乱的折磨等的需求。如果生理需求相对充分地得到满足，安全需求就会成为重要的需求。

（3）爱和归属的需求，如对朋友、爱人或孩子的需求，渴望在团体中与同事间

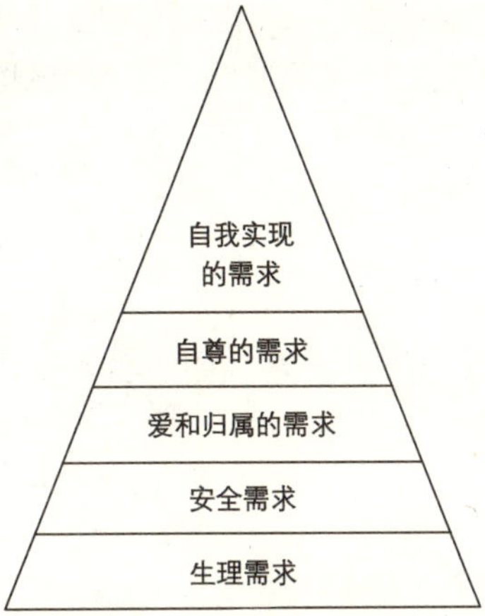

```
        自我实现
        的需求
      ┌─────────┐
      │ 自尊的需求 │
    ┌─┴─────────┴─┐
    │ 爱和归属的需求 │
  ┌─┴─────────────┴─┐
  │    安全需求      │
┌─┴─────────────────┴─┐
│      生理需求        │
└─────────────────────┘
```

图 3-1 马斯洛需求层次图

有深厚的关系等。如果生理需求和安全需求都很好地得到满足，爱和归属的需求就会上升到重要位置。

(4) 自尊的需求，可分为两类：一是希望有实力、有成就、能胜任、有信心，以及要求独立和自由；二是渴望有声誉或威信、赏识、关心、重视和高度评价等。这些需求一旦受挫，就会使人产生自卑感、软弱感、无能感。当归属感得到满足时，自尊的需求就会增强。

(5) 自我实现的需求，就是使自己的潜能和价值得以实现的趋势。这种趋势是希望自己越来越成为所期望的人物，完成与自己的能力相称的一切。自我实现需求的产生有赖于前述四种需求的满足。

马斯洛的需求理论有过于强调自我、忽视社会因素的缺点。但是它对于学习广告心理学、理解受众的需求、动机及在市场策略上是有价值的。顾客购买商品的目的在于满足一定的需求。具体说，购买食物和衣物适合生理需求的满足；购买防护用具、防火设备等可带来安全的满足；购买有关美容、妆饰等物品，倾向于满足社会的需求；而支付受教育和艺术培训费用和一切智力投资，则完成自我实现的需求。因此，马斯洛的需要层次理论，可以为广告的定位提供重要参考。

需求层次理论认为，没有一种需求是已经完全得到满足的。因此，广告要善于从许多竞争对手的产品中，寻找尚未被占领的位置，从而期待未来的广告受众被产品所吸引，例如，许多高级轿车的广告主经常把广告定位在表明身份、地位的需求上（"给您的朋友留下深刻的印象"），或者尊重的需求（"您理所当然应有最好的轿车"），或者社交的需求（"全家能乘坐高级舒适的轿车"），但是，却很少突出安全的需求。为此，前联邦德国"奔驰"轿车的广告毅然占领了这一"空位"，把安全需求和社交需求结合起来（"当您的妻子带着两个孩子在暴风雨的漆黑夜晚开车回家时，如果她驾驶的是奔驰牌汽车，您尽管放心"）；又如，国外有个颇为出名的纸牌制造商，起初将广告定位于"高尚娱乐"上，用的是一幅合家欢乐的画面，画着丈夫、妻子和他们的两个孩子在一起打牌，后来，把该广告主题由单纯的娱乐与社交需求结合起来，变成"广交朋友"，即画面显示了四个朋友在一起玩牌，于是，纸牌的销售量猛增两倍。

3.2 感觉与知觉

广告心理学对感觉与知觉的研究，旨在探究受众如何以其各种感觉器官去觉察、认识以至解释其周围的世界。

3.2.1 感觉

感觉（sensation）是多种感觉的总名词，是由于客观事物直接作用于人的感觉器官，在人脑中产生的对这些事物某一方面的个别属性的反映，如光波作用于视觉器官而产生视觉；声波作用于听觉器官而产生听觉；气味作用于嗅觉器官而产生嗅觉；食物作用于味觉器官而产生味觉等等。在广告心理学的研究中，最主要的是视觉和听觉，其次是嗅觉、味觉、肤觉等。

1. 视觉

在人类的所有感觉中，视觉（visual sense）无疑是最重要的。

（1）视觉刺激。任何感觉皆由一定的刺激所引起的，而引起视觉的刺激是光。构成视觉的光有两种，一种是由发光体直接发射的光，另一种是由物体反射的光。因此，人类凭视觉见到的物体也分为两类，一类是发光体，如太阳、电灯、电视机等；另一类为反光体，如月亮、玻璃等。人类生活中多数物体属第二类，靠反光构成视觉刺激，所以，在光线不足或黑暗中，肉眼就看不清楚东西。

广告心理学在研究视觉刺激中，重点在于由光波引起的颜色感觉。颜色感觉的心理属性有色调、亮度、饱和度。色调（hue）由光波的长短所决定，如400nm的光波会引起紫色感，480nm的光波会引起蓝色感，570nm的光波会引起黄色感，700nm的光波会引起红色感。短于400nm的紫外线光波和长于700nm的红外线光波，都是肉眼看不见的。亮度（brightness）决定于光波的强度。同样是红色，有的看来是鲜红或亮红，有的却呈暗红，其色调虽然相同，但在亮度上有所差别。饱和度（saturation）决定于光波的纯度，如有的物体反射的光主要是蓝光，但其中也夹杂着反射一些别的光波，这种情形即为低饱和度。反之，颜色比较单纯，则为高饱和度。值得注意的是，饱和度的高低，只表示颜色的纯度，并非肯定或否定这一颜色是否令人产生美感。

（2）视觉适应。由于感觉器官因长久接受（或缺乏）刺激而使其敏锐程度改变的现象，称为感觉适应（sensory adaptation）。视觉适应有两种现象，一为暗适应（dark adaptation），常发生在由亮处进入暗时；另一为亮适应（light adaptation），常发生在由暗处进入亮处时。视觉适应现象也会在光强不变的情境之下发生，如在强光下工作时间较长会降低视觉对光的敏感度，而在弱光下工作时间较长会提高视觉对光的敏感度。

（3）视觉的主要现象。引起视觉刺激的光有三个物理属性，即光波的波长、强度、纯度。对应的颜色感觉有三个心理属性，即色调、亮度、饱和度。三种物理属性与三种心理属性的变化，将产生很多视觉现象。其中主要的视觉现象有：混色与补色、后像与颜色对比、色觉缺陷与色盲。

（4）由几种不同颜色的光波混合之后所得到的色觉，称为混色（color mixture）。由两种颜色相混时，所得的混色将介于两色之间。显然，混色并未完全失掉原来各色自身的特性。如红色与黄色相混成为橙色，黄色与绿色相混成为黄绿色等等。但如果两种颜色相混后失去了原来的特性，变为灰色的话，这一现象称为补色（complementary color）。如红色光与绿色光相混、黄色光与蓝色光相混均为灰色，即红绿二色光互为补色，黄蓝二色光也互为补色。这是色光混合时出现的补色现象，若用颜料混合，则结果可能不同。这是由于色光混合为相加混色（additive mixture），而颜料混合则是相减混色（subtractive mixture）。

晚上熄灯之后的短暂时间内，在视觉上仍然留存着灯亮时的形象，这种视觉刺激消失而感觉暂时留存的现象称为后像（afterimage）。后像有两种不同的形式，一为正后像（positive afterimage），其特征是原刺激消失后，其后像与原刺激的色彩及亮度均相似；另一为负后像（negative afterimage），其特征是后像的亮度与原刺激相反，色彩与原刺激互补。

颜色对比（color contrast）是指不同颜色的物体并列或相继出现时，所得的色觉与单一颜色出现时不同，如黑白并列，可见黑者更黑，白者更白。颜色对比有三种形式：同时对比、连续对比和亮度对比。

一般人都会因为光波长度不同而产生不同的色觉。如果能对各种颜色都能明确辨别，则称为色觉正常。而对颜色有色觉缺陷（color deficiency）而不能明确辨别者，称为色盲（color blindness）。色盲有全色盲和部分色盲之分，前者对所有颜色都分辨不清，后者仅对一二种颜色难以辨别。

颜色和图形可以使受众产生某些奇特的情感，从而刺激（增强或削弱）受众的购买欲望。如儿童喜欢鲜明的颜色、几何图形、动物造型等。正是由于颜色对受众的情绪、态度有很大的影响，所以无论是广告字画还是广告影视，广告人都很注重适度（光波的长度、强度、纯度）用色。

2. 听觉

广告心理学的研究认为，受众在获得广告信息的感觉中，听觉（auditory sense）的重要性仅次于视觉。但是，当视觉功能失效（如电台广告节目播出时），听觉的重要性将超过视觉。

引起听觉的刺激是声音，其物理特征为声波。声波有三种心理属性：一为音调（pitch），也称音高；二为声强（loudness），也称响度；三为音色（timbre），也称音质。声波的这三种心理属性决定于其三种物理特性：音调决定于声波的频率（frequency）；声强决定于声波的振幅（amplitude）；音色决定于声波的复杂度（complexity）。

音调的高低决定于声波频率的高低，频率越高，音调就越高。声波频率以每秒内波幅振动的次数为计算单位，以赫兹（Hz）表示。人类的听觉器官能感觉到的声波频率大约介于20Hz至20000Hz之间。

声强的高低决定于声波振幅的大小，振幅越大，声音也越强。表示声强的单位，称为分贝（decibel，简称为db）。人类的听觉器官所能接受的声强大约介于16db至160db之间，但在90db以上时已感到声音刺耳。

音色决定于声波的复杂度，而复杂度是由基音和陪音的比例关系决定的。全部振动的声音叫基音，部分振动的声音叫陪音。由于各种乐器都有其特殊结构，其振动方式不同，因而产生了不同的音色。如果各种不同频率与不同振幅的声波组合在一起，成为有规律的振动，其声音即为乐音，否则，构成噪声。

由于声音对受众的情感有很大影响，所以，广告词的播讲必须考虑年龄、性别、节奏、语气、声调，对背景音乐必须十分重视。

3. 其他感觉

除了视觉、听觉之外，其他感觉如嗅觉、味觉、肤觉（包括触觉、温觉、痛觉）、动觉、平衡觉等，都属广告心理学研究的感觉范畴。这里主要介绍前三种感觉。

（1）嗅觉。引起嗅觉（smell）的刺激是气化的化学物质。气化物靠空气扩散，故而嗅觉是距离性感觉，不必直接与刺激源相接触，即可产生嗅觉。呼吸平衡，嗅觉不敏感；呼吸急剧，则嗅觉敏感度增强。所以，当人们欲辨别某种气味时，往往故意加剧呼吸，以增强其嗅觉的敏感度，比如在商店里，受众在试用香水时，会有意识地快速呼吸几下。嗅觉的个别差异很大，因而成为广告设计者们研究的重要领域。

（2）味觉。人类的味觉（taste）至少有酸、甜、苦、辣、咸五种。与嗅觉不同的是，味觉必须与刺激源相接触。因而，请受众品尝也成为广告人的常用武器。味觉的作用通常不是孤立的，往往与视觉、听觉、肤觉（痛觉、触觉、温觉）等相互影响，并使味觉得到加强。

（3）肤觉。肤觉（skin sense）是靠皮肤表面为感受器接受外来刺激而产生的感觉。肤觉包括触觉、痛觉和温觉等感觉。对触觉的研究有两个方面：一是研究主动触觉与被动触觉，一般认为主动触觉的敏锐程度略高于被动触觉；二是研究敏感的差异性，人与人之间有差异，每个人身体的各部位之间有差异。引起痛觉的刺激可能是物理性的（如刀割、撞击等），也可能是化学性的（如腐蚀等）。当刺激的强度达到对皮肤组织有破坏作用时，即会引起痛觉。痛觉一般令人厌恶，但有时是对人们行为的一种警告，有利于提醒人们及时进行行为调整，具有正面的效用。痛觉的另一个最大特征是具有很大的心理因素作用，比如注意力、暗示、情绪、动机等心理状况，都会影响痛觉的感受。温觉的刺激是接触到皮肤的空气或物体的温度。外在温度高于皮肤温度，即有热的感觉；外在温度低于皮肤温度，则有冷的感觉。与痛觉有一个相同之处是，温觉也会受到人的情绪、暗示等心理因素的影响，因而也成为广告人研究的重要对象。

对感觉的研究，概括地讲是要研究其一般规律，目的在于提高广告作品的功效。

探求的一般规律有：(1) 适宜刺激：对特定感觉器官的特定性质的刺激，如适合于视觉的广告课题不要在味觉上多浪费时间和精力。(2) 感受性：对刺激强度及其变化的感觉能力，如刺激的强度发生变化，而人们可能并未感觉到这一变化，但有时人们却对一些微弱的变化很敏锐，这是值得加以研究的。(3) 适应：由于刺激的持续作用而使人们的感觉发生变化。白天人们进入电影院会感到一时不适，过一会儿就能看清了，这是暗适应；当人们走出电影院后在阳光的刺激下又有不适感，但一会儿又能适应了，这是亮适应。(4) 感觉的相互作用：各种感觉的感受性在一定条件下出现此强彼弱的现象，如黑暗中人的听觉会得到加强。广告使受众获得了对商品的某种印象，刺激着受众的购买行为，只有给受众以良好的感觉，才能充分发挥其作用。

3.2.2 知觉

知觉（perception）是人脑对直接作用于感觉器官的事物整体的反映。感觉与知觉这两个阶段，在性质上有很大不同。人的所有感觉均有赖于感觉器官接受的外在信息，具有较大的普遍性，个别差异较小。知觉虽以感觉为基础，但不以现实环境的刺激为限，而是多种感觉的综合，包括人的情绪、愿望、经验、学识等，具有较大的个别差异。受众对各类广告的知觉，并不是单纯地对广告内容的客观反应，而是具有一定程度的主观解释。

1. 知觉的心理特征

知觉的心理特征主要包括：知觉的相对性、知觉的选择性、知觉的整体性、知觉的恒常性和知觉的组织性。

(1) 知觉的相对性。知觉是根据感觉所获的资料而作的心理反应，这一反应是以已有经验为基础的主观解释。知觉的经验不是绝对的，而是相对的。知觉的相对性中有两个最典型的心理现象：一是主体与背景。如图3-2中（a）所示，以黑或白互为主体或背景，将会有不同的解释；另一是知觉对比。如图3-2中（b）所示，圆 a 与圆 b 相同，但由于对比作用会导致观察者在心理上形成圆 a 小于圆 b 的知觉经验。

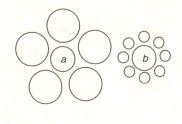

(a)   (b)

图3-2 知觉的相对性
(a) 主体与背景；(b) 知觉对比

(2)知觉的选择性。人类在接收刺激信息时，并不是全盘接收的，而是有选择的，比如，人的视觉器官不同于照相机，听觉器官不同于录音机等等。如图3-3所示，正方体的正面选择不同，会有不同的解释。

(3)知觉的整体性。这是指超越部分刺激相加之总和所产生的一种整体知觉经验，即引起知觉的刺激可能是零散的，而由此产生的知觉却是整体的。如图3-4所示，刺激本身没有轮廓，而知觉经验中却显示出"无中生有"的轮廓。

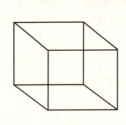

图3-3 知觉的选择性

图3-4 知觉的整体性

(4)知觉的恒常性。无论距离、角度、照明度如何变化，人们对一熟知物体的物理特征（大小、形状、颜色等）有固定的知觉。常见的知觉恒常性心理现象有：亮度恒常性（如对照片中阴影的知觉）、大小恒常性（如对天空中的飞机与鸟的知觉）、形状恒常性（如从不同角度看钟时的知觉）、颜色恒常性（如戴变色镜片眼镜看物体的知觉）、方向恒常性和声音恒常性等。

(5)知觉的组织性。虽然构成知觉经验是感觉资料，但这一转化却是有组织性的、有系统的和合乎逻辑的。知觉的组织性心理现象主要体现于：相似性、接近性、闭合性、连续性（如图3-5所示）。

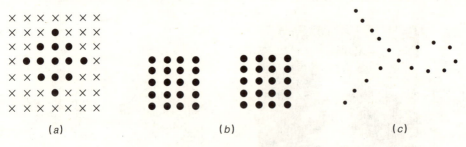

图3-5 知觉的组织性
(a)相似性；(b)接近性；(c)连续性

2. 知觉的分类

根据知觉反映的事物特性，可分为空间知觉、时间知觉和运动知觉。

(1) 空间知觉。这是以感觉为基础，对自身所处的空间与周围空间中的各事物之间关系综合了解的心理过程。对于常人而言，空间知觉主要有视空间知觉与听空间知觉两种。如果是盲人或聋者，则必须借助于其他感觉的经验。

(2) 时间知觉。这是指在不使用任何计时工具的情况下，个人对时间的长短、快慢等变化的感受与判断。既没有外界刺激，又不靠感觉器官，因而不同的人在时间知觉方面会有很大的个别差异。这一差异性主要是由人的心理状况决定的。

(3) 运动知觉。这是指对环境中所见物体是否运动，以及对该物体运动快慢、方向等所作的解释与判断。常见的运动知觉心理现象有：真实运动、相对运动、自动现象、闪动现象、诱动现象等。

3. 错觉

当知觉经验中对客观的刺激物所作的主观性解释存在失真或扭曲事实时，称为错觉（illusion）。错觉有很多种，凭视觉、听觉、味觉、嗅觉等所构成的知觉经验，都会有错觉。如前所述的知觉对比、相对运动、自动现象、闪动现象、诱动现象均属错觉现象。如：接近地平线的月亮看上去要比月亮当空时的面积大；汽车在街道上跑的时候，乘客会发现月亮也在跟着运动等等。图3-6展示了几个具有代表性的视错觉现象。

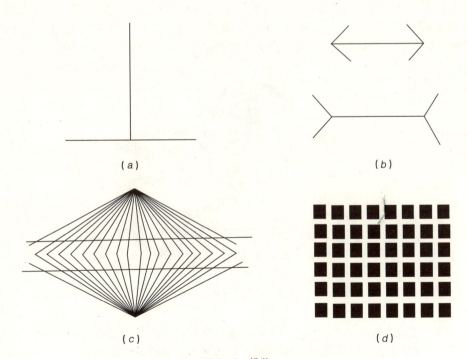

图3-6 错觉
(a) 横竖错觉；(b) 缪勒错觉；(c) 赫林错觉；(d) 方格错觉

（1）横竖错觉。横竖两等长直线，竖线垂直立于横线中点时，会错认为竖线较长。

（2）缪勒错觉。两等长直线，由于两端各自的箭头方向不同，会错以为下边的横线较长。

（3）赫林错觉。两直线平行，由于被多方向的直线所截，会产生不平行的错觉。

（4）方格错觉。白色方格交点粗看呈灰色，但仔细注视会发现灰色消失（错觉消失）。

4. 影响知觉的心理因素

知觉经验的获得，除了依靠感觉器官接受刺激之外，更重要的是个人对刺激情境的主观解释。在某一刺激情境下，要想了解某人对此产生的知觉，不能单凭刺激情境的特征就可肯定，而是要根据当事人自己的所见所闻。因为，在某些刺激情境下，当事人常会视而不见、听而不闻，根本就没有获得什么知觉。所以，影响知觉的主要因素是心理，刺激情境只能是必要条件，而不是充分条件。心理因素的影响主要包括：学习与经验、观点差异和动机等。

（1）学习与经验的影响。人们对许多刺激信息的解释都来自于学习和经验，比如：在室内听见雷声（未见闪电，靠学习和经验辨别声响）；街口的交通指示牌（从学习和经验中解释其意义）等等。

（2）观点差异。对某一刺激情境所持的观点不同，自然就会有不一致的知觉。如图3-7所示的这幅画，如果置于面对面的两个人之间，会因为站的位置不同（观点差异）而得出截然不同的错觉。因此，广告设计者必须考虑受众的观点。

图3-7 知觉的观点差异

（3）动机因素。动机是行为产生的原因，任何行为都受动机因素的影响。面对同一个刺激情境，不同动机的人会得出不同的知觉，从而导致不同的行为。产生动机的因素是需求，是对某一目标的渴求与欲望。从体内平衡这一意义上讲，需求来自个体生理或心理上的缺乏（或不足），其程度直接影响到动机的强度。面对一条大街、画家、摄影师、投资者、规划师、建筑师、广告受众等,都会有不同的知觉,一方面是由于他们的学习和经验不同、观点不同,另一方面,可能更主要的是他们的动机各异。

3.3 动机与情绪

相比较感觉、知觉、学习、个性,动机与情绪是更直接影响人们行为的心理因素。

3.3.1 动机

1. 动机的概念

动机（motivation）是指引起和维持个体活动并使之朝着一定目标和方向前进的内在心理动力,是引起行为发生,造成行为结果的内部原因。它是人体中内在的、主动的力量,是由某种需要所引起的某种心理冲动。人只要处在清醒状态之中,其从事的任何活动都要受一定动机支配。这里需要注意的是：

（1）动机虽然是引起行为的内在原因,但同样的动机可以产生不同的行为,而同样的行为又可能是由不同的动机所引起,如图3-8所示。

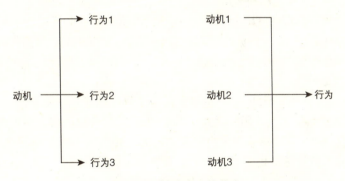

图3-8 动机与行为的联系

这种情况在现实的购买活动中屡见不鲜,例如,同样是出于解渴的动机,有的人可能选择大碗茶,有的人可能购买可口可乐,还有的人可能购买雪糕等等;又如,同样是购买一套书籍的行为,可能出自多种动机——自用、增加藏书、馈赠亲友或仅仅是为了显示儒雅等等,不一而足。

（2）引起某一行为的动机往往不是单一的,而是混合的,甚至可能是相互矛盾的。在这种情况下,可能发生动机冲突,而最终支配行为的将是主导动机（即强烈、持久的动机）。

这里还需要指出的是：

1）人的活动目的和动机是既相联系又相区别的。目的是人们期望活动达到的结果,动机则是推动人们达到目的的主观原因。目的相同,动机可能不同;动机相同,目的也可能不同。人的活动结果如何，不仅与动机及其强度有关，而且也与能力有关。活动的结果可用下面公式表示：

$$活动的结果 = f(能力、动机)$$

活动的结果是能力与动机的函数。能力与动机两者缺一不可，否则活动的结果将无目标可言。

2）动机来源于需要。动机和需要是两个既相联系又相区别的概念。需要是个体缺乏某种东西时所产生的一种主观状态，是个体客观需求的主观反映，是引起人们行为的基础和根源。动机是在需要的基础上产生的，它是推动人们去行动（或活动）的直接动力。当人的需要具有某种特定的目标时，需要才能转化为动机，例如，一个人在荒山秃岭上口渴难忍，这时他有饮水的强烈需要，如果周围没有水，也就是没有特定的目标时，并不能促使他进行目的明确的活动，需要还没有转化为动机。只有当他听到远处有淙淙的流水声，饮水的需要才能转化为动机，促使他向水源走去。所以，广告制作与宣传就是要把握住人们的需要心理，使所宣传的产品成为激发潜在需要转化为购买动机的特定目标（诱因），促使广告目的的达成。

2. 动机的分类

在现实生活中，由于人的需要是多种多样的，因而，动机也是多种多样的，可以从各种不同的角度，分成种种类型，如：按其属性，可分为物质的（或低级的）和精神的（或高级的）动机；按其作用时间，可分为持久的动机和短暂的动机；按其作用结果，可分为高尚、正确、积极的动机和低级、错误、消极的动机等等。这里我们就与广告关系较大的分类方法所分为的原始（先天）动机和习得（后天）动机作一介绍。

（1）原始动机

原始动机（primary motives）主要是指与生俱来的生理动机，是由于身体的组织缺乏某种物质而引起的，因而又称生物性（或天然性）动机，例如饥饿、口渴、困乏、回避痛苦等，都是由于身体组织有"缺乏之感"而产生"满足之愿"的内驱力。这些动机的满足是维持个体生存的必要条件。此外，还有原始性心理动机，例如好奇、探求等。这些动机不以生理上的需要为基础，却也是生来就有无需学习的，属非生理性的原始动机。这类动机对童年早期的智力发展、创造能力和求知欲的培养有重要意义，也是广告设计制作中必须考虑的重要动机。

（2）习得动机

习得动机（secondary motives）不是与生俱来的，而是通过后天学习获得的、以人的社会性需要为基础、与他人相关联的动机，因而又称为社会性（衍生性）动机。主要有成就动机、归属动机、交配动机、亲和动机和社会赞许动机等。这类动机较原始动机而言是更高层次的动机，对人的行为具有长期的驱动作用，如成就动机是指人对自己认为重要或有价值的工作，表现出愿意从事，并期望完美地完成的内在动力。人类社会的进步，个人的发明创造，事业的成功，多为成就动机所推动。支配动机是指支配他人的欲望，以获得别人的顺从为满足。支配动机强烈者的行为表现常常是自信，敢于发表意见，观点明确，态度明朗，在竞争中处于主动地位。

推荐领导人时,毛遂自荐,当仁不让。改革中的积极投标者等就其人格方面讲,主要是支配动机在起作用。社会赞许动机是指做事取悦别人,以得到他人的赞许为满足。这种动机从儿童直至成人普遍存在,人都希望得到别人的肯定和称赞;得到他人对自己行为的肯定和赞赏,会强化他原来的行为。若他原来的行为是符合社会道德标准的积极的行为,得到肯定或赞赏,就能保持和发展这种行为。

习得动机的形成主要是个体为了与社会环境保持平衡,以此划分可分为三种:一是政治动机,即地位、威望、信仰和归属引起的动机,如风行于20世纪六七十年代的"国防绿",主要是由于当时的社会政治环境下所形成的崇拜时尚,人们为了与时尚、归属协调而效仿。往往由于人们政治动机的影响而形成潮流。二是文化动机,即对知识、技能、宗教、风俗、习惯需求引起的动机,如宗教信仰不同,对某些特定商品的反映和购买动机就不同,由于宗教文化的影响,各种信教徒的消费动机都具有明显的宗教特征。因此,在民族地区搞广告创意和宣传必须考虑这种特殊动机。三是社会学动机,即爱情、相关群体、流行等引起的动机,例如,不管承认与否,人们都在追赶服饰、生活保健方面的时髦。面料的变化、裙子的长短、裤脚的松紧,无不在某种程度上反映了追求时髦的动机。那些自以为不赶时髦的人,最终也会迫于各种压力,不同程度地引发时髦动机。广告创意能引发人们对商品的时髦动机,将会导致极佳的效果。

3. 动机的特性

从动机的产生及其实现过程来分析,动机主要有以下三种特性:

(1) 动机的原发性。需要是动机的直接原因,动机是行为的直接原因。因此,动机是主体进行活动的原发推动力。动机一旦形成,主体就将围绕实现动机而进行活动。在谋略的作用下,他可能选择不同的方法,以达到不同的目的。但无论他的目的和方法怎样改变,都是为了实现其既定的动机。

(2) 动机的内隐性。动机是人的心理活动,它隐藏在行为背后,看不见,摸不着,无法直接观察与判断。在意识的作用下动机往往具有内隐层、过渡层、表露层等多层次结构。内隐层是活动的真正的内心起因,即为了满足自身的需要。它使动机潜伏隐藏起来,不易直接察觉。过渡层反映着一个人从事活动的间接目的,是为了满足将来的需要,使行为间接地体现动机。表露层是人希望达到的直接结果,即目的。广告创意时要注意分析并激发受众的隐形动机,并要使其通过广告宣传由"隐形"变为"显形",进入表露层,从而直接引发购买行动。

(3) 动机的实践性。动机不是意向,它已经与一定的作用对象建立了心理上的联系。所以动机一旦形成必将导致行动,而这种行动也必然反映着动机。因此动机无论隐藏多深,只要留心观察,认真分析,人们总可以根据行为追溯到真正的动机。

4. 动机的功能

动机在人的活动中占有重要地位,它从本质上说明人的活动的内在心理原因。按照心理学分析,动机有三种功能:

(1) 始发功能。动机引发人的行为,是行为的直接动力。受众的购买行为就是受其购买动机的驱使而进行的。

（2）导向（或选择）功能。动机使行为朝着特定的方向、预期的目标进行。

（3）维持功能。动机的实现往往要有一定的时间过程。在这个过程中，动机可以贯穿于某一具体行为的始终，不断激励人们，直至动机实现。

（4）强化功能。即由某种动机引发的行动结果对该行为的再生具有加强或减弱的作用。动机会因良好的结果而加强，使该行为重复出现，叫作"正强化"；也会因不良的结果而减弱或消失，从而使该行为不再出现，叫作"负强化"。商业广告中的良好的广告创意和商业信誉，往往会促使受众产生惠顾动机，强化光顾和购买行为。反之，则会导致受众的不满，从而拒绝光顾和购买。

5. 引起动机的主要因素

广告心理学研究引起动机的主要因素，旨在通过广告宣传来引发受众的购买动机。

人的动机是一个受多种条件制约和影响的复杂的心理构成物。引起动机的主要因素有三个方面，即内部动力、目标引力、外界压力，如图3-9所示。

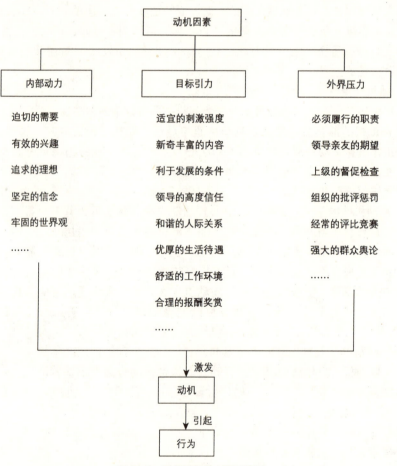

图3-9 引起动机的主要因素图

(1) 内部动力

内部动力包括迫切的需要、有效的兴趣、追求的理想、坚定的信念、牢固的世界观等。这些因素都可以成为人们行动的原因，使人产生生活动机。其中世界观决定个性的面貌，决定人的行动水平。信念和信念的体系，是人的行为最有力、最复杂和最高的动机。在人的信念充分发展和具有深刻的内容时，其他一切动机都服从于信念。理想是人的行动的动机和推动力，兴趣是短暂不稳定的动机。需要是直接动机，从这个意义上说，需要是动机的基础和前提，动机是需要的表现和反映。世界观、信念、理想和兴趣之所以也能够使人产生动机，是因为他们程度不同地反映着人的需要。

而人的动机的产生仅有需要（内因）还不够，还必须有外部条件（外因），即刺激。外部条件主要有两个方面，一是目标引力，二是外界压力。

(2) 目标引力

目标引力主要包括适宜的刺激强度，新奇、丰富的内容，利于个人发展的条件，领导的高度信任，和谐的人际关系，优厚的生活待遇，舒适的工作环境，合理的报酬、奖励等等。目标吸引力是动机产生的外因。实践证明，目标条件越充分，对人的吸引力越大，越能够激发人积极的活动动机。反之则不然。

(3) 外界压力

外界压力主要包括必须履行的职责，领导和亲友的期望，上级的督促检查，组织的批评惩罚，经常的评比竞赛，强大的群众舆论等。外界压力是动机产生的外因，它是有形无形地强加于人的一种力量，迫使人们不得不前进，同样能使人产生动机。

一般来说，动机强度的大小与上述三种力量的大小是成正比的。但是，三种力量的作用是不同的。其中目标引力起激励作用，外界压力起鞭策作用，内部动力起决定作用。内部动力之所以起决定作用，是因为目标引力和外界压力（外因）只有通过它（内因）才能起作用。三种力量相互联系，不可分割。如果只讲内部动力，就会失去具体、客观的目标和必要的外援；只讲外界压力，就会失去能动性；只讲目标引力，就会单纯追求"实惠"而失去正确的方向。只有三种力量同时发挥作用，方向一致地向目标推进，才能使人产生积极、稳定、有力的活动动机。

由上可见，要引发受众的购买动机，广告创意和广告宣传要同时考虑既要激发受众的内部动力（了解把握内因），又要加大目标引力和外界压力（创造良好的外部条件），以使三种力量同时发挥作用，从而引发并强化购买该商品的动机。

3.3.2 情绪

1. 情绪的含义

所谓情绪（feeling），是指人对客观事物所持的态度的体验。人们在现实社会中的活动，无非是认识世界和改造世界两个方面。人在认识和改造客观世界的过程中，总要与客观现实发生联系，接受各种外界刺激。人对外界刺激（人和事）总是采取某种态度：赞成或反对，喜欢或讨厌，肯定或否定，亲近或疏远等。这种态度的存在，说明人在认识和改造客观世界时，对外部影响不是无动于衷的，而总是带有某种倾向，这种态度倾向，若被主体体验到了就表现为某种情绪，例如，顺利完成工作任务使人轻松愉快，失去亲人带来痛苦悲伤，敌人的挑衅引起激动和愤怒，遭遇危险感到恐惧和震惊，美好的事物使人产生爱慕之情，丑恶的现象使人产生憎恶之感。所有这些喜、怒、哀、乐、悲、忧、惊、惧等，都是情绪的不同表现形式。

情绪的产生是以需要为基础的。人有多种不同层次和种类的需要。有无需要、需要能否得到满足，决定了情绪能否产生及其性质。如果没有任何需要，人也就无所谓情绪。若客观事物能够满足人的需要，就会产生肯定的情绪体验，如高兴、满意、喜爱等。不能满足人的需要，就会产生否定的情绪体验，如不满、气愤、憎恨、惧怕等。因此，情绪是主体的需要与客观事物之间关系的反映。

情绪的产生是以认知为中介的。情绪的产生是在需要的基础上由外界刺激物引起的。但是，客观刺激物并不能直接地决定情绪，某种刺激物能否引起情绪体验，决定于主体对该刺激的评估或认知，例如，同样是受众，当遇到同一刺激物——看到或听到"红豆"牌西服的广告时，由于认知的不同会产生不同的情绪反应。对"红豆"商标的文化内涵有认知的人，会由此联想到王维的《红豆诗》，以其深厚的文化底蕴引发喜爱情绪，激起购买欲；而对"红豆"商标的文化内涵毫无认知的人，对此广告也许会无动于衷，甚至在广告多次出现时会产生厌烦情绪。可见，情绪的产生与对刺激情况的评价和认知有关。情绪产生的一般过程是：刺激——认知（评估）——情绪。在广告创意中，如何通过提高受众对本商品的认知程度进而激发其喜爱情绪和购买欲，是必须注意和研究的问题。

2. 情绪的分类

人的一切心理活动都带有情绪的色彩。根据情绪发生的强度、持续的时间和紧张度，可把情绪分为心境、激情、热情三种基本状态。

（1）心境

心境（mood）是一种微弱、弥散而持久的情绪状态。微弱性、弥散性和持久性是其主要特点。所谓微弱性，是指心境与其他情绪状态，如激情、热情相比，强度小而平稳。所谓弥散性，是指心境一经产生，便会扩散和蔓延到人对其他事物的态度上去，使人的其他体验和活动都染上情绪色彩。所谓持久性，是指心境具有延续一定时间的特点，例如，有的人早晨获悉一个不幸的消息后，整天心情烦闷，郁郁不欢，看什么都不顺眼，干什么都不顺意。相反，若他一旦得知一个喜悦的消息后，则较长时间心情愉快，轻松舒畅，工作起来劲头十足。正所谓"忧者见之则忧、喜者见之则喜"等就是心境的具体表现。可见，心境会影响人们对周围环境作出的判断。

心境对人的工作、学习、生活和健康都有很大影响。积极愉快的心境，可以使人精力充沛，充分发挥工作的主动性和创造性，提高工作能力和效率；消极悲观的心境，可以使人精力不济，意志消沉，缺乏购买欲。因此，创造条件使人们处于一种积极向上的心境，防止产生消极的心境，分析产生消极心境的原因，做好把消极心境转化为积极心境的工作等,对激发受众的商品购买欲望有着十分重要的意义,也是广告人必须考虑的因素。

(2) 激情

激情(passion)是一种迅速、强烈地爆发而短暂的情绪状态,其主要特点是冲动性、强烈性和短暂性。所谓冲动性,是指激情的产生和表现都具有易激动、理智控制薄弱的特点。所谓强烈性,是指激情的强度较大,像暴风雨般。所谓短暂性,是指激情持续的时间不长。狂喜、暴怒、恐惧、剧烈的悲痛、绝望等,是激情的具体表现形式。

激情的产生一般是由生活中具有特殊意义的事件强烈刺激引起的,往往出乎当事人的意料之外。激情具有突出而鲜明的外部表现。处在激情状态时,人的认识范围往往会缩小,仅局限在引起激情的事物上。因此,激发受众的激情,可以调动受众对宣传主体的极大关注,是引起其购买行为的巨大动力。

(3) 热情

热情(enthusiasm)是一种强有力的、长久的、稳定而深厚的、火热的情绪状态。热情具有巨大的持续性和行动性的特点。它不是今天出现而明天消失的。热情往往历久不衰,是意志的行动,是一种具有巨大推动力的情绪。它控制人的整个身心,并且决定人全部思想行动的基本方向,它强有力地鼓舞人们去从事某种活动。热情能够使人长久地、坚持不懈地完成艰巨任务。因此,若能鼓舞起受众对商品或品牌的热情,就能使该商品或品牌持久地占领市场,这也是广告人必须认识到的。

3. 情绪的特征

人的情绪有很多特征,它是自身规律的表现,是广告创作中"动之以情"的基本心理依据。只有掌握情绪的基本特征,才能自觉运用情绪理论,做好广告创意和宣传工作。

(1) 情绪的情境性与以境育情。所谓情境性,是指人的情绪总是在一定情境中产生的。人没有无缘无故的爱与恨。"触景生情"、"一见钟情"等都说明情境在激发人的情绪和情感方面具有特定的意义。情境的各种因素对情绪的产生具有综合性的作用。一般来说,良好的情境容易引起积极的情绪,不良的情境容易引起消极的情绪。

情境性说明,情绪的产生受客观条件的制约。情绪是随着情境的产生而产生、变化而变化的。这一特点为广告制作中"以境育情"提供了重要依据、提出了两方面的要求:一方面要研究并明确人们在什么样的情境中能产生积极、愉快向往的情绪;在此基础上,另一方面要善于创造能引发人们积极的购买热情的广告情境,这样才能以境育情,实现较高的购买率。

(2) 情绪的感染性与以情育情。以情动情,叫做情绪的感染性。就是说,在一定条件下,一个人的情绪可以感染别人,使他产生同样的情绪;别人的情绪也可以感染自己,使自己产生同样的情绪。情绪的最明显的表现之一,就是情绪共鸣,例如扣人心弦的演讲,感人肺腑的事迹报告,绘声绘色的广告等,都可以使在场的人身不由己地被感染，产生相应的情绪。

当然，并不是任何一种情绪都具有感染性。情绪的感染性强弱，主要取决于两个条件：一是对方的表情、造型和艺术方式是否真挚、形象、活泼、新颖，符合主体需要，具有鲜明的对比和可感性；二是个体是否只有思想认识的一致性、情趣的相似性和接受情绪的灵敏性。从客观方面说，可感性强，从主观方面来说，灵敏性高，二者有机统一，才有较好的感染性。相反，则差。因此，在广告制作和宣传中，要激发受众积极的情绪，还必须学会正确运用情绪的感染性。

(3) 情绪的两极性与以需育情。人的情绪，常常会出现两种对立的性质，这就叫情绪的两极性，如肯定与否定的情绪，积极和消极的情绪，紧张和轻松的情绪，激动和安静的情绪，强和弱的情绪等等，均表现为相互对立的不同性质。

情绪的两极性说明，在广告宣传教育中，不能盲目地育情，而应该从需要出发，强化积极面，抑制消极面，培养适中的情绪。特别要善于把消极的情绪向积极的方面转化，激发"苦尽甘来"的情绪，也要防止积极情绪向消极的方面转化，避免"乐极生悲"。

(4) 情绪的差异性与因人育情。情绪的差异性，是指人与人之间在情绪方面表现出来的个别特点，它表明情绪的品质不同。主要有：1) 倾向性不同（情绪指向不同）；2) 深刻性不同（情绪体验的深度不同）；3) 稳定性不同（个体对事物的体验及其影响的持久性不同）；4) 丰富性不同（个体情绪所体现的范围大小不同、内容广狭不同）；5) 外露性不同（个体情绪表现方式上的不同）；6) 效能性不同（情绪对人的行动的影响力不同）。

情绪的差异性，既是鉴定一个人品质的基本标准之一，又是培养良好情绪的重要依据。在广告制作和宣传中，只有全面了解和掌握情绪的个别差异，才能对人的情绪状况作出科学的评价；也只有针对每个层面人的不同情绪特点设计和制作广告，才能收到良好的效果。

(5) 情绪的理解性与以知育情。情绪的理解性，是指情绪是在认识的基础上产生的。人对某一事物的情绪的倾向性与丰富性、深刻性与全面性、正确性与和谐性，依赖于人对某一事物的理解。俗话说，"只有知之深，才能爱之切"，就说明了情绪具有理解性的特点。

情绪的理解性是以知育情的心理依据。这一特点要求广告人在广告育情工作中，必须用科学和丰富的知识创造各种有利条件，广泛开辟广告受众新的知识领域，采取有效的方式方法，迅速、准确、全面、深刻地认识和理解广告内容中的各种事物，以激发积极情绪，引起相应的有效行为。

(6) 情绪的动机性与以情促行。情绪的动机性是指情绪对人的行为有触动、引发的作用，是行为的激励因素。已知情绪有肯定与否定之分，快乐是肯定的情绪，不快乐是否定的情绪。引起快乐的情绪对象，一般人的行为反应是趋向它，想拥有它。反之，引起不快乐情绪的对象，人们总想躲避它。由此看来，情绪可以影响人的行为，具有动机作用。广告心理学就要研究如何利用某种刺激来引起广告的目标受众积极的快乐情绪反应，避免和防止消极的不快的情绪反应，以促进动机性行动的发展和引发新的广告引导的行为，例如，商业广告一个很重要的技巧就是操纵受众的喜好和恐惧的心理。如有关年轻妇女的化妆品广告，往往标榜其如何使人健美、漂亮，使青春永驻等。而推销灭火器的广告，则要强调失火后人财两空的残酷后果。两个不同的广告，前者是利用喜好情绪招引受众，后者是借助于人们普遍存在的对火灾的恐惧情绪，使受众产生要避免灾难的愿望，从而达到引发购买行为的目的。虽然两者手段不同，但其直接目的都是为了引起受众对广告内容的有利情绪，激发其购买动机，最终促使购买行为的产生。

综上可知，情绪是人类心理生活中极其重要的因素，是人的精神生活的重要组成部分。它渗透到人类生活的所有方面，并对人类的实践活动产生深刻的影响。人如果没有了情绪，就会麻木不仁，形同枯木，不知欢乐与痛苦，没有爱慕与憎恨，无所谓悲伤与忧虑，不需要友谊与幸福，如此也就失去了人生的意义。积极的情绪是推动人们去追求真理、探索新事物的强大动力，也是人们工作和各种行动的巨大推动力和引发力。

广告人应该在广告制作和宣传中，充分考虑广告受众的动机、情绪因素、努力促使广告受众产生积极的动机和情绪状态，尽量避免或消除消极的动机和情绪的产生，以便提高和激发广告受众的积极性，从而提高广告工作的有效性。

3.4 行为

行为一般泛指有机体外现的活动、动作、运动、反应或行动。在一些心理学著作中，行为一词用得比较广泛，有的心理学家把一切心理活动均视为行为。本书在使用行为一词时，仅指人类可观察的行为，包括个体行为和群体行为，包括先天的行为和后天习得的行为，包括行为现象和行为过程。

3.4.1 人类行为的复杂性

行为是生物体的生存方式，是立足现实且影响现实的活动。人的行为是世界上最复杂、最难认识的现象之一。人类起源于自然界，经历了漫长的演化进程。人类从古猿转变成世界上独一无二的万物之灵，在日趋复杂的社会环境和自然环境中，展开了丰富多彩的物质生活和精神生活，至今这一进程还在加速进行着。然而对这其中的规律性，人类还未能从理智上获得充分认知。

在人类历史的早期，虽然人类和其他动物都曾面对着相同的自然环境，行为对象和结果也近乎相同，无非都是为着寻食觅物、造穴钻洞、回避侵害、繁衍后代、保障生存……但人类行为在本质上就不同于一般动物行为。一般动物行为是基于生理需要或外界刺激所作的被动反应，是本能的活动，也是消极的适应，它的行为模式的变化主要是物竞天择、适者生存的结果。而人类行为则不然，这是对客观世界认识改造和利用基础上的自觉能动活动。人的劳动能力、制造和使用工具的本领使人类行为增加了较多的主动性，很大程度上突破了自身认识和行动器官的限制。借助语言和思维的帮助，人类行为上升到了自觉的理性高度，彼此间可以相互协调、修正和改善，行为的效果是可感知、可控制的。这样的人类行为已经蕴含了无限丰富、高度发展的可能。不仅如此，人的本质在于社会性。现实的人总是生活在一定的社会环境当中，人的行为必然受到社会诸因素的影响、制约和引导。社会生活是丰富多彩的，社会政治、经济和文化的多元化倾向通过人类行为的差异得到生动的体现。这样，人类行为就形成了社会行为。虽然人的自觉能动性从来就没有被埋没过，但只能局限在一定的社会历史条件中，符合相应的社会标准和规范。在这种情况下，整齐划一的人类行为几乎是找不到的，人与人之间的行为总是千差万别的，具有高度的复杂性和不确定性，比如：

（1）年龄差异：人在一生中行为差异极大，同一个人在胎儿期、幼儿期、青少年期、壮年期和老年期的行为差异是极大的，而且并不单纯局限在生理和心理方面。

（2）性别差异：男性和女性的社会地位和社会角色是不同的，行为取向的不同显而易见。

（3）职业差异：社会分工在人类社会中是相当普遍的，工作和职业对人的行为有明显影响。工人、农民、军人、教师、科技人员和机关干部，其行为都受到各自的职业规范制约，呈现出群体行为差异。

（4）社会环境差异：社会形态不同和社会制度变迁，导致古代社会、近代社会和现代社会各自相去甚远，人的行为相应的已是今非昔比。

（5）时代变迁：有时在同一社会制度下，时代的落差也会映射到人的行为上。社会主义的中国在建国初期、"大跃进"时期、"文化大革命"时期及改革开放时期，人的生活方式和行为模式就曾急剧变化。

（6）种族差异、居住区域差异、自然环境差异：中国人与外国人、汉族与少数民族、南方人与北方人、沿海居民与山地居民等等，各自都有不同的行为模式。

（7）意识形态、思想观念、风俗习惯甚至宗教信仰差异：这些在当今世界上随处可见，往往导致人群之间或离或合，使人的行为更趋多样化，人们可以求同存异、和平共处，但也可能势若水火、兵戎相见。

3.4.2 考察行为的基本线索

人的个体行为千差万别，因人而异，呈现出高度的复杂性、变异性和多样性。那么，面对几乎相同的社会现实，人为什么会有不同的行为呢？这其中是否存在客观规律？这是心理学和行为科学不容回避的基本问题。答案当然是肯定的！

例如，经济行为是足够复杂了。在市场经济环境中，人们从事着取向多元、种类繁多、时刻调整变幻的经济活动，有产有销，有买有卖，彼此之间可能是分工合作，融洽共处，互惠互利；也可能是尔虞我诈，锱铢必较，激烈竞争。各种经济行为层出不穷，贸易商战波谲云诡，几乎无雷同，让人目不暇接，无所适从。然而，这只是经济行为的表象。若究其实质，却是异常简单的。市场经济中的所作所为都是发挥自己的最大优势，获取尽可能多的经济利益，最大限度地满足人的物质生活和精神生活的需求，即"成本消耗最小化，利润收益最大化，需求满足充分化"。100多年前经济学家早就指出市场经济如同是"看不见的手"，以价格变动显示全社会的实际供应和潜在需求，以商品交换实现供求的衔接，从而诱导和支配了人们的经济行为。这就是复杂无序的经济行为背后井然有序的共同规律。

由此可以认识到，行为不是随心所欲的任意妄为，也不是漫无目的的无聊举动。行为科学认为：人的行为蕴含着深刻的行为动机，是人体对各种内外刺激的主动反应，是通过具体的活动（动作）实现特定的目的。有时候行为者可能未曾充分意识到自己的行为动机，但若拂去纷乱杂驳的行为表象，体察行为发生、发展和变化的全过程，就能发现，每项行为背后都有客观依据，遵循着不可抗拒的行为规律。

任何一个完整的行为过程都必然涉及到行为主体、行为对象和行为调控，这是所有人类行为的共同要素。各种行为差异都与这三种因素有关。认识和探究人类行为规律，必须从这里出发。行为主体是生活在社会环境下的人。无论多么复杂的行为，也无论是个体行为还是群体行为，都是由人来完成的。行为是人的活动，总是在具体的社会环境中展开，而心身健康只是行为的基本保障。

行为总是使客体发生不同形式的变化，行为对象可以是自然环境、社会环境以及行为者自身。只有在行为过程中，才使得人与行为对象建立了相互联系，发生了相互作用，改变了行为对象的存在和发展方式。这也是行为的客观功效所在。

行为受到人主观意识的支配和调控。思维和认知全面介入到行为的全过程之中，使得行为保持相应的方向性和持久性，抵达特定的目标，进而满足人的特定需要。意识的主观能动性使人能够分析出行为的影响，模拟可能的行为路径，甚至预测出未来的行为结果，尽可能消除或减少不利影响，作出最优的行为抉择。另外，通过主观意识的监控，可以随时排除各种偶然干扰，调动心身潜能，提高行为能力。

从行为的表现方式来看，所有行为不外乎有以下几种：

（1）姿态变动。通过人体躯干相对位置的调整，作出种种姿态，如坐、立、卧、蹲等等，再辅以四肢的定位摆布，即使在固定的位置上，人的动作也是丰富的。

（2）行动。人可以直立行走，这在生物界中是绝无仅有的。人的下肢已经特异化发展，以双足支撑身体，行止自由，运用灵活。人的上肢前端进化为手，感觉敏锐，动作精巧，极大地扩展了活动能力。通过四肢的配合运用，人的行动适应性极佳，既能跑跳进退，又能匍匐攀援，在水中也能一展身手，借助器械帮助，溜冰、滑雪、划船、骑车等亦非难事。在哺乳动物中，人类的行动能力无疑是最强的，

（3）面部表情。借助面部肌肉群的精细调控，辅以五官的姿态变动，人的面部表情是相当丰富的，能够自然而然地与各种行为交相呼应，体现出内心的情绪和心理感受。

（4）言语交流。这有口头言语、书面言语和体势言语三种途径可供利用，通过看、听、读、说、写、译等具体方式交流思想，传递情感，沟通信息。

只有了解了行为的基本要素和行为的具体表现方式，人们才能分门别类地从各

个侧面认识行为的奥秘。实际上，对以上几类特定的行为方式而言，生物力学、人体工程学、生理学、心理学、语言学、医学、社会学和人类学已经给出了令人信服的解释。行为科学所做的是把这些认识统合在一起。

3.4.3 行为活动的共同特征

从更深刻的层次来看，人的行为有一些共同特征，遵循着共同的行为规律。这主要有以下几点：

（1）行为的社会性。在多年前，马克思主义就高屋建瓴地判定：人的本质不是生物性的简单叠加，而在于人的社会关系的总和，就是说人的本质是社会性。人的行为能力都是在社会生活中后天形成的，也受到社会环境的极大制约。行为的最初动因与社会环境的刺激有关，行为过程无法孤立地进行，总是处在社会条件的限制和诱导下，行为后果必定会产生种种社会影响，各种各样的行为差异从社会角度分析研究往往能得到最好的说明。

（2）行为的目的性。任何人类行为都有特定的行为目标指向，最终是为了满足人的特定需要。尽管现实生活中也有一些"漫无目的"的行为，有时连行为者自己也说不清目的何在，但这并不等于说行为没有任何客观依据，能够自然而然的发生。因为这类行为往往是下意识的动作，是内心状态的曲折反映，是潜意识作用的结果，其行为动机隐藏在意识深处。

（3）行为的自主性。人不同于一般动物，行为过程不完全是生物本能驱使作用的结果。人的行为总是受到意识的支配调控，能够根据自身状况，自主引导并控制行为过程，扬长避短，预见可能的行为后果，从而使潜在的方案变为行为的现实。另外，行为与人的思维倾向、知识水平、实践经验、生活阅历和心理情绪有紧密联系，这其中价值观是引导和调控理性行为的重要依据。人们有时也会违背自己心愿，做"违心事"，但这多半是迫于外界压力，权衡了利弊得失，不得已而为之的屈从行为。一遇有合适的条件，屈从行为即刻中止。

（4）行为的灵活性。人生活在变化的世界中，人自身也时刻都在变化之中。人为了生存和发展，必须接受并适应变化的现实，其物质和精神需要也会经常调整，各个时期追求的人生目标不尽相同，又由于人的许多行为是在社会实践中后天习得的，通过不断地学习和创造，人们能够掌握新知，发展技能，更新意识形态，变革行为方式。这是行为的灵活性。

（5）行为的择优性。行为的发生和发展是个曲折多变的动态过程，多元价值取向、多种行为动机、多种行为能力、多种社会环境、多种性格特征等等都能够对行为产生显而易见的行为影响。这些因素能够交织作用在一起，使得抵达行为目标的具体途径相当多样化，这就有个怎样取舍选择的问题。实际上，人的行为处事是极富理性化的，往往是根据自身状况，尽可能考量到各种环境因素的制约影响，估计到可能的事态发展，权衡了行为的利弊得失和风险代价，在此基础上的行为都是最优化的决断。这个"最优化"是相对于行为者个人而言的，是私人性的。因为在不确定因素众多的情形之下，行为者难以准确把握行为后果但又不得不有所作为的情况下，学识、经验、习惯就成了行为择优的依据。有些行为举动在外人看来可能是不可理喻或是愚蠢之极，但在行为当事人的主观意识之中，这却是恰当的择优选择。看看报刊广告上的动人词句"买一送一"、"免费品饮"、"年终清货大甩卖"……买家和卖家各自心知肚明，彼此的感受该是多么的不同。

由以上的行为特征分析，可以总结出各类行为过程的大致脉络：行为的发生和发展涉及到需求、动机、目标、主观调控等因素，这些因素之间存在着稳定的制约联系。行为科学认为：正常人为了维持生存和发展，必然产生各种物质需要和精神需要。综合考量自己的行为能力和客观环境的可能，如果某些需要至为迫切，应该满足但尚未满足的时候，就导致了紧张、焦虑的心理状态，产生了去满足需要的强烈冲动，这就是行为动机。这种动机驱使人去寻找可行的行为目标，选择最优的行为途径，制定具体的行动方案。随后，展开实际行动，这就是行为过程。行为过程中还受到各种内外因素影响和制约，随时进行主观调控。行为结束，人的需要得到满足，紧张心态得到缓解。此后又会产生新的需要，诱发新的行为动机，确定新的行为目标，展开新的行为活动。如此周而复始，生生不息，须臾不能或缺，直至人的生命终结。这个漫长的过程既是一连串现实可觉察的行为举动，又是各种观念丛生的心理感受。

借助控制论观点剖析人的行为过程，就可以更清楚地看出个体行为发生发展模式。图3-10绘出了行为模式方框图。这是一个行为发生发展的简明模式，以正方向的选择、决定、调控为主，反方向的修正、反馈、调节为辅，可以循环反复进行，并不断地扩展和提高。借助这个模式，无论是认识行为的客观依据，还是希望实现行为的调控、激发和强化合理行为、遏制和纠正不良行为，从中都能够得到启发。

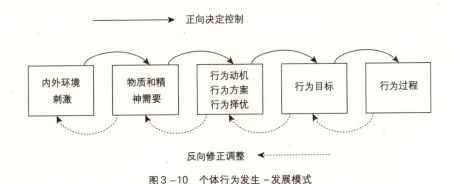

图3-10 个体行为发生-发展模式

3.5 学习与心理发展

3.5.1 学习

学习（learning）是因经验而使行为或潜在行为产生较为持久改变的过程。

1. 学习可导致行为或潜在行为的改变

"学与不学判若两人"指的是通过个体行为的表现来推知其与否学习。但是，事实中反映出来情形不尽如此。比如，在柜台前某顾客向售货员请教有关商品的用途，时而提问，时而点头。显然，其行为已显示了该顾客的学习过程。但是，同一时间旁边站着另外一位顾客，他既不提问，也不点头，似听非听地站在一边。这位顾客没行"请教"（学习）的行为表现，但可能在事实上他已取得与具有"请教"行为的顾客同样的学习经验。这一情形称为潜在行为。正如在教室里举手回答老师提问的学生已以其行为反映了他（她）的学习经验，但并非未举手的学生就没有同样的学习经验。广告的作用也是如此，并非所有知道广告内容的受众都去购买广告宣传的商品。所以，教室里，老师要设法调动每一位学生都能举手踊跃回答提问；广告宣传中，广告人要设法鼓动（通过广告内容、传媒等）每一位接收到广告信息的受众都产生购买该广告宣传的商品的欲望。哪怕只产生了一丁点儿购买欲，也是广告的效果。

2. 学习导致的改变比较持久

无论是显在的行为，还是潜在的行为，只要行为能比较持久，才被视作学习。一讲饮料就谈起了"Coca-Cola"，一讲汽车就提到"Benz"，一讲家用电器就说开了"SONY"、"PHILIPS"等等，这就是人们从广告中学习到的。但是，学习获得的行为并非一定能永久存在，因为"遗忘"（forgetting）也是众所体验到的事实。为了增强学习的"记忆"（memory），广告人又得花费一番心思。所谓记忆，是保留由经验所学得的信息，在需要时即可重现的心理过程。为了"持久"这一目的，刺激的强度、频率和更新是必须的。强度决定了每次刺激后学习经验的持久程度，频率决定了学习经验不被遗忘的程度和经济性，更新是避免"适应"所必须的。

3. 学习因经验而产生

经验（experience）来自于自己或别人的体验积累。由于获得经验的途径很多，因而学习的种类也很多。比如，学校内的听课和训练、练习等，是有计划地获取经验；闪电过后就是雷声，体验过几次后，小孩见到闪电就会立即捂住耳朵，这是因为前几次打雷学得的经验；杀鸡儆猴之举，是让旁人获取经验；亲眼目睹车辆闯红灯造成车毁人亡的车祸场面，会体验到遵守交通法规的重要性等等。因此，广告人已经想到，以某种传媒进行广告宣传，为受众进行购物决策提供"经验"。

4. 高层次的学习过程

理解和思考通常被看作高层次的学习。

（1）理解

理解（comprehension）是针对表达（production）而言的。表达的方式是多种多样的，比如：一段（句）话、一组（个）词、一组（个）符号、一组（个）画面、一组（个）动作、一段音乐或它们的任意组合等等。表达方自己理解表达的意义是不足为奇的，这不是表达的目的。让接受方理解表达的意义，并按表达方的意图有所行为时，表达的目的才得以体现。

广告人所要考虑的首先不是"如何表达",而是"如何理解"。从不理解到理解,从难以理解到容易理解,从不愿理解到积极主动地去理解等等这些过程,都存在着学习。比如,理解过程的一个重要条件是具有概念(concept),而概念的形成(concept formation)就是一个学习(经验积累)过程。对概念的理解和对概念的表达如能取得一致,则称为共识(common understanding)。从一无所知到形成概念,是理解的加深过程,在心理学上一直被看作是学习心理的一部分。并且,对这方面内容的研究越来越得到人们的关注。

(2)思考

思考(thinking)是指为某一目的或受某一刺激引起而进行比较深刻、周到的思维(心理)活动。思考的心理过程中含有学习活动,因而是学习心理的重要研究内容。

1)思考的分类。思考涉及面极广,在心理学上常有以下几种分类:

按思考的方向分类,分为联想思考和导向思考。联想思考是无固定方向的思考,一般是由于某一外部或内部刺激所引起,而后任其发展,想到哪儿就是哪儿;导向思考是有方向有目的的,是为了解决某一问题而引起的。

按思考的过程分类,分为创造性思考和模仿性思考。模仿性思考是指按传统规则按部就班或模仿别人的方式进行思考,凡事循规蹈矩;创造性思考则摆脱传统程序束缚,力图创造奇迹。

按思考的运行分类,分为收敛性思考和发散性思考。收敛性思考是以已掌握的知识与经验为根据,按逻辑规则去寻求惟一的最优解答;发散性思考是考虑多种解决问题的可能途径,而不同于单一的解答。

2)推理。推理(reasoning)即所谓的"合理思考",包括演绎推理和归纳推理。演绎推理是以一个公认的原则为前提,从而推演到特定的事例,最后得出一个肯定结论。这一思考方法中最典型的是三段论法(syllogism)。归纳推理是以多个事例的经验为根据,归结出一个概括性的原则作为判断的结论。

3)影响思考的心理因素。经验的积累有助于思考(更好地学习),但有时也会起到相反的作用。从心理学的角度进行研究,影响思考的因素主要有以下三个方面:1)习惯性倾向。这是指在处理某些事物时,常采用某种方法且很有成效,久之成为习惯(经验的积累)。以后遇及类似情境时,会不加思索地以同样的方式去思考和处理。2)概念模式。这是指在处理某些事物时,常会受情境中条件因素的概念(经验的积累)的影响,致使思路中断。3)利益影响。对切身利益影响大的,视为重点对象;反之,则事不关己,高高挂起。这些因素一直困扰着人们的购买行为,广告的作用是顺应受众的思考方式投其所好,或是打破常规,引导受众按新的方式进行思考(受众需要调整其认知结构、承受较大的心理风险),这些值得广告人好好研究一番。

3.5.2 心理发展

一个人从出生到成熟,他的心理是如何发展的?是怎样从一个无知无识、软弱无能的个体,发展成为具有一定的思想观点知识文化、各种能力和品质的独立的社会成员?心理发展的动力和一般特点是什么?影响心理发展的主要因素有哪些……这都是广告人必须要了解并考虑的问题。

1. 心理发展的含义

一个人从出生到死亡,他(她)的心理特征和个性特征不是固定不变的,而是处在一个不断变化发展的过程之中。概括地说,心理发展就是指个体心理有规律的变化过程。但是并非所有的心理变化都可以叫作心理发展,例如,由于病理原因而引起的心理上的变化就不能称之为心理发展。因此,通常所说的心理发展(psychology develop),主要是指个体从出生到成年心理活动所发生的积极变化。辨证唯物主义认为,个体在心理上所发生的这个积极变化过程,实质上就是指个体出生之日起,随着他们生理发育的日益完善和实践活动的不断发展,他们对客观现实整个反映活动的扩大、改善和提高的过程,是心理从低级到高级、从简单到复杂、从旧质到新质的不断变化和完善的过程。心理的发展既有连续的、渐进的、量的变化,也有质的飞跃。随着新质的出现,心理的发展就到了新的阶段。

2. 心理发展的年龄阶段

(1) 心理发展的年龄特征

心理发展既然是一个从量变到质变的过程,那么,在发展的整个过程中,就必然显示出阶段性。心理发展的阶段性是以年龄为标志的,所以又称之为"年龄阶段"。在不同的年龄阶段中,人的心理发展有着不同的质的特点。这种在一定的社会和教育条件下,心理发展的各个不同年龄阶段中所表现出来的一般的、典型的、本质的心理特征,叫作心理发展的年龄特征。心理发展的这种年龄特征是指心理的年龄阶段特征,是从许多具体的、个别的心理发展的事实中概括出来的。

(2) 心理发展的年龄阶段的划分

目前,心理学界把人们从出生到成人之间的心理发展过程分为六个主要阶段:

1) 乳儿期:(0~1岁)
2) 婴儿期:又称先学前期(1~3岁)
3) 幼儿期:又称学龄前期(3~6、7岁)
4) 童年期:又称学龄初期(6、7~11、12岁)
5) 少年期:又称学龄中期(11、12~14、15岁)
6) 青年初期:又称学龄晚期(14、15~17、18岁)

儿童心理发展的阶段性既然是由量变引起质变而产生的,那么不同发展阶段之间必然存在着差异,并且这种差异不只是量的差异,更重要的是质的区别。如若看不到或否认这一点,就会抹煞儿童心理发展各个阶段的本质特点,就难以进行有针对性的、有效的广告宣传。

(3) 心理发展的关键期

所谓关键期是指在心理发展的早期阶段中,某些外部条件对某种心理现象发生的影响超过其他任何时期所能达到的程度。也就是说,在这一时期中,有机体对环境刺激的作用最为敏感,其影响的效果也最佳。为此,有人认为2~3岁是儿童学习口头语言的关键年龄;4~5岁是开始学习书面语言的关键年龄;5岁左右是掌握数的概念的关键年龄等等。在心理现象的思维发展中,也表现出较稳定的阶段性。如0~3岁的孩子主要是直观行为思维;幼儿期或学前期的儿童,主要是具体形象思维;学龄初期或小学期,主要是形象抽象思维,即处于从具体形象思维向抽象逻辑思维的过渡阶段;少年期,主要是以经验型为主的抽象逻辑思维;青年初期,主要是以理论型为主的抽象逻辑思维。心理学研究认为,在关键年龄阶段,给以相应的刺激和教育,会取得最佳效果。

(4) 心理发展的成熟期

人从出生到青年初期,主要矛盾是不成熟状态和成熟状态之间的矛盾。从婴幼儿时的无知无识到青年初期,就已初步发展成为一个具有一定觉悟和知识的人,这个变化是巨大的,即进入了成熟期。尽管每个个体诸心理现象的成熟总是一致的,但其每种心理现象的成熟期并不是同时实现的。有研究表明,16~17岁(高中一年级第二学期至高中二年级第一学期)是思维活动的初步成熟期。据对北京市一些中学的调查,发现高一学生的智力变化较大。高一入学考试的学习尖子,经过半年或一年后不一定仍是尖子,有的甚至显得比较平庸;而高二以后的学生,他们的智力日趋稳定和成熟。凡是高一末期发现的学习尖子,并且都能保持到高中毕业时的学习尖子,约有80%以上在上了大学之后,仍是学习尖子。

心理发展成熟的特点是什么呢?一般认为:一是成熟后思维的可塑性比成熟前要小得多;二是思维一旦成熟,其年龄差异的显著性逐步减少,而个体差异的显著性却越来越大。

心理发展的年龄阶段是关键问题,尤其对心理的发展和教育是很有价值的,它能促使广告人不失时机地给各种年龄阶段的受众策划不同的、得以充分发展各种潜力的机会,在可能范围内加速他们心理发展的进程,为长久接受广告影响打下良好的基础。对此,我们应当正确对待并给予足够的重视。

3. 心理发展的一般特点

心理发展是有规律的,它是通过量变而达到质变的过程;是矛盾着的对立面,即既统一又斗争的过程。个体心理发展表现出一些带有普遍性的特点,概括起来有以下几点:

(1) 连续性

心理发展是一个持续不断的变化过程。每一心理过程和个性心理特征都逐渐地、持续地发展着,由低水平到较高水平。人的心理发展从出生就已经开始,以后日渐丰富和完善,是一个不断由量变到质变的连续发展过程。

(2) 顺序性

心理的发展有一定的顺序。不仅整个心理的发展有一定的顺序,个别心理过程和个性心理特征的发展也有一定的顺序。如儿童的思维总是从直觉行动思维发展到具体形象思维,再发展到抽象逻辑思维。情感总是从一般的情绪发展到高级情感。

(3) 阶段性

心理发展过程呈现出许多不同的年龄阶段，各个相邻的心理年龄阶段既互相区别又互相联系。前一阶段为后一阶段准备了条件，后一阶段是前一阶段的继续和发展，从而有规律地从上一个阶段过渡到下一个阶段。

(4) 联系性

心理的各个方面的发展是相互联系和相互制约的，如儿童感觉、知觉的发展是记忆发展的前提，而记忆的发展反过来又影响感觉、知觉的发展。感觉、知觉为思维提供具体的、直观的材料，这是思维发展的基础，而思维的发展又完善了感觉、知觉，使之成为有目的的观察。不仅心理过程之间的关系体现出连续性，而且各种心理过程和个性心理特征之间的关系也是互相联系的。

(5) 差异性

心理发展有明显的个别差异。由于影响人们心理发展的遗传因素不同、所处的环境不同、所受的教育不同、个人从事社会实践的不同，以及主观努力的程度也不同等等，使得人们心理发展的速度和心理各个方面的发展水平也是因人而异。这就造成了同一年龄阶段中不同的人在心理上存在差异。例如，两个同是 16 岁的少年，其中一个少年的抽象逻辑思维已获得较好的发展，已经由经验型上升到理论型；而另一个少年却还离不开具体形象的支持，理论思维还很差。又如在个性的心理特征方面，人们的某些才华的出现早晚各不相同，有的是"才华早露"，有的却是"大器晚成"。可见，心理发展的个别差异是客观存在的，对此要有正确的认识，并在广告活动中要考虑到心理发展存在差异，以适应不同受众的心理需求。

4. 心理发展的条件

心理发展受条件的影响。遗传、环境、教育、成熟和主体的积极态度都是影响心理发展的基本因素，都是心理发展的一般条件。如何科学地确定这些条件的作用，也是广告心理学研究的课题。广告心理学研究这些因素是从它们影响心理变化的作用来考察它们的意义的。

(1) 生物遗传因素是心理发展的自然条件

人的心理是在一定的生物遗传的基础上发展起来的，它是心理发展的必要物质基础和自然条件，它为心理发展提供了可能性。

生物遗传是人们生来就有的解剖生理方面的特点，它又称为"天资"，是个人的天赋资源。它包括感觉器官、运动器官和神经系统，特别是神经系统中大脑的结构与功能。

良好的遗传素质无疑是心理正常发展的物质基础。遗传在心理发展上的作用主要表现在两个方面：第一，通过素质影响能力和智力的发展。如生来听觉器官对声音感受性强的人，易于发展成为一个有才能的音乐家；有的人则由于身体的自然形态和运动器官的灵敏性和坚韧性，易于发展成为一名优秀的体育运动员。每一个具有健全遗传素质的人，都有可能发展成为一个具有正常的心理水平的人。但大脑先天发育不全的人，就会引起智力低下或智力缺陷。有机体生长、成熟和衰老也会引起心理机能的变化。第二，通过气质类型的因素影响人的情绪和性格的发展。儿童自出生时起，高级神经活动的类型就表现出不同的特点，如初生儿有的表现得安静些，容易入睡；有的则手脚乱动，哭喊不停。在后天的社会实践活动的影响下，不同气质类型逐渐形成不同的性格特征。同时，随着感官、神经系统的结构和机能的不断变化发展，为心理发展由简单到复杂、由低级到高级提供了可能。这些都说明遗传因素、生理成熟是心理发展的必要条件，但并不是决定条件。

(2) 环境、教育因素是心理发展的决定性条件

心理是在一定的客观环境影响下发展起来的。环境是心理发展的外部条件，它使人的心理发展潜在的可能性在一定程度上成为现实。人类赖以生存的客观环境，包括自然环境（天然自然和人工自然）和社会环境（广义环境，包括学校教育等特殊环境）。自然环境对人的心理发展的方向、速度和水平有一定影响，但主要的是社会环境的影响。

社会环境因素是很复杂的。如社会的生产方式、经济制度、政治制度、社会组织、风俗习惯等。其中最重要的是社会生产方式，即一定的社会生产力和生产关系。影响心理发展的其他一切社会因素都是因这一根本因素所决定的。社会生活方式对儿童心理发展的影响往往是通过经常接触的家庭、邻友、公共娱乐场所、市场、商店、校外教育机关等周围环境来实现的。

那么，社会环境对心理发展所起作用的基本特点是什么呢？一是方向性。社会环境在很大程度上决定着心理发展的方向、速度、水平和内容；二是广泛性。社会环境通过各种各样的渠道影响人的心理；三是复杂性。社会环境对人的心理的影响既有积极的，也有消极的；四是经常性。社会环境对人心理发展的影响无时不在，无处不有，以潜移默化的形式发挥作用。

(3) 实践活动因素是心理发展的重要条件

马克思主义认为：人的认识，人的知识与才能，人的一切心理现象不是从天上掉下来的，也不是头脑固有的，而是从实践中来的。离开实践，心理发展也是不可能的。人的一生，更多的岁月是在从事某种劳动或工作，即使在学龄前和接受学校教育期间也参与了很多实践活动。不同的实践活动，对人的心理品质又会提出不同的要求。例如：印染厂工人对颜色色调有惊人的辨别力；汽车司机能够根据发动机的声音，判断出它的运转情况等等。又如音乐家的听觉、音乐节奏感，艺术家的形象思维，科学家的抽象思维，哲学家的逻辑思维等，都是在各自的工作实践中得到了较高的发展。因此，对人的心理发展来说，实践活动的影响是长期和巨大的。

(4) 主观能动因素是心理发展的内部条件

人的心理发展是与个人的主观努力分不开的。有良好的遗传素质、社会环境和教育条件，而个人主观上不发奋努力，心理也是不能得到充分发展的。在现实生活中，可以经常看到人与人之间在心理发展上有着很大的差异，而他们在先天条件和后天社会环境教育条件上并没有明显的差别。这是由于他们的主观能动因素在起着不同的作用。因此，个人的主观能动因素对心理发展可以起延缓或促进的作用，是

心理发展的重要内部条件，是"内因"。外因是变化的条件，内因是变化的根据，外因通过内因而起作用。在人的心理发展中，各种外部因素必须通过内部因素起作用。这就要求发挥人们的主观能动性，以便自觉、主动地促使心理发展。

5. 心理发展的动力

任何事物的发展，既有一定的内因，也有一定的外因，心理发展也不例外。马克思主义哲学认为："事物发展的根本原因，不是在事物的外部而是在事物的内部，在于事物内部的矛盾性。任何事物内部都有这种矛盾性，因此引起了事物的运动和发展。"显然，心理的内部矛盾是心理发展的动力（根本原因）。

那么，心理的内部矛盾指的是什么呢？一般认为：在主体个人和客体事物相互作用的过程中，亦即在个体不断积极活动的过程中，社会向个体提出的要求所引起的新的需要和个体已有的心理水平（或心理状态）之间的矛盾，就是人的心理发展的内部矛盾。这个内部矛盾也就是人的心理不断向前发展的动力。

可见，心理发展的内部矛盾包含了两个方面：一方面是新的需要，另一方面是已有的心理水平或心理状态。

新的需要是指人们对客观要求的反映，主要是对社会要求的反映，它经常代表新的、比较活跃的一面，因为事物总是在不断变化和发展的，主客观的关系也是在不断变化和发展的。由于人的周围事物变了，人的需要也就跟着改变。一种需要满足了，又会在新的条件下产生另一种新的需要。这种需要表现为动机、兴趣、理想、信念和欲望等各种形态，它是心理发展的动力系统。

新的需要是否得到满足，关键在于原有的心理水平如何。原有的心理水平，包括心理过程（认识，情感和意志）的发展水平；个性特征（能力、气质、性格）的发展水平；知识技能的发展水平及年龄特征和当时的心理状态（如注意力、心境、态度和身体状况等）。它代表着人的心理活动中旧的和比较稳定的一面，是人对过去反映的结果。因此，新的需要和已有的心理水平或状态的矛盾是新旧之间的矛盾，是当前的反映与过去的反映之间的矛盾。新的需要是不断产生的，它和已有的心理水平就会不断地发生矛盾，形成对立统一的关系。从而，一方面"新的需要"依存于"原有水平"，因为前者总是在后者的基础上产生的，如果外界的要求脱离已有的心理水平，就不可能被主体接受，也就不可能引起主体产生新的需要；另一方面，一定的心理发展的"水平"又依存于主体是否有相应的"需要"，因为没有一定的"需要"来推动，是不能形成与之相适应的心理发展水平的。就这样，随着矛盾的不断发生、不断解决，心理水平也就随之提高。可见，心理发展就是这种心理矛盾的不断产生、发展和解决的结果。

对心理发展动力的研究得到了下列启示：

第一，要善于利用"外因"促进"内因"活动起来，保证心理的健康发展。广告人要善于把社会的要求转化成切合受众心理水平的情境，转化成受众新的需要，诸如激发其求知欲、求成欲、好奇心、事业心、责任感及需求欲等等，以促使其心理的健康发展。

第二，有效的广告宣传必须建立在受众心理发展水平的基础之上。过高或过低的要求，过难或过易的要求，都不利于目标受众心理的健康发展。成功的广告宣传应该是能够激发目标受众出现"想要知道"、"想要做到"，但又"还不知道"、"还未做到"，这就打破了原来的矛盾平衡，从而促进心理的内部运动，促使心理水平不断提高。

3.6 个性与个性差异

广告心理学研究个性及其差异的目的就在于深入分析影响受众的消费行为的个体心理特征，进而提高广告创意的针对性和受众心理接纳率。

3.6.1 个性概述

1. 个性的含义

个性一词源于拉丁文的 Persona，是"面具"的意思。它最初是指演员所扮角色的脸谱，其后是指演员本身和他扮演的角色。英文 Personality 为"人格"之意。在我国，从心理学角度也将"个性"和"人格"作为同义词用。

众所周知，一棵树上没有两片完全相同的叶子，世上也没有两个完全相同的人。每个人都与别人有所不同，都具有自己独特的风格，人与人之间存在着个体差异。现代心理学把那些在个体身上经常地、稳定地表现出来的带有一定倾向性的心理特征的总和，包括一个人怎样影响别人，如何对待自己，以及他的可以被认识的内在和外在的品质全貌，称之为个性。一般认为，个性的含义主要包括个性心理倾向和个性心理特征两个方面。

个性心理倾向是决定一个人的态度和积极性的选择性的诱因系统。它是个人行动、动作发生前内心的蓝图和计划，是个性的主要特征，包括需要、动机、兴趣、理想、信念和世界观等。个性倾向性是个性结构中最活跃的因素，是个性的潜在力量，是人进行活动的基本动力。如果已知一个人的个性倾向性，就可以有较大的把握来预测他的行动。

个性心理特征是一个人本质的、经常的心理特点，包括能力、气质和性格。个性心理特征是性结构中比较稳定的成分，它保证个性典型的心理活动和行为的一定质与量的水平。能力是保证活动成功的潜能系统，标志着活动的水平；气质主要反映心理活动的自然性和动力系统，影响着活动的方式，它使人的心理活动染上独特色彩；性格是稳定的心理风格和习惯的行为系统，决定着一个人的活动方向。

个性心理倾向和个性心理特征呈辩证统一关系，是个性体系中两个不可分割的方面。一方面，个性特征受个性倾向的制约和调节；另一方面，个性倾向也受个性特征的促进和影响。例如，一个人在性格方面是诚实、谦虚，还是虚伪、骄傲，要受到个人世界观的影响；一个人需要的满足方式和程度，要受到个人能力的制约。正是由于这样或那样的个性倾向和这样或那样的个性特征错综复杂地交织于一个人的身上，成为一个统一整体，才构成了人们各不相同的个性，体现出个性差异。因此，要提高广告宣传的针对性、及时性和有效性，就必须研究人的个性，掌握人的个性差异，按人的个性规律开展广告活动。

2. 个性的基本特点

(1) 共同性与个别性（差异性）

人的个性既有共同性，也有个别性。所谓共同性，是指个性结构中包含着一切人共有的心理规律和心理特点。例如，每个人都有认识活动、情感活动和意志活动等心理过程的发生发展；每个人都有本民族共同的传统、习俗和感情；阶级社会中每个人都有本阶级、本阶层、本集团的价值尺度与世界观，这是由于人们在共同的社会、经济、政治和文化环境中生活的缘故。

所谓个别性（差异性），是指个性结构中还包含着个人与他人相区别的心理特点。个别性是个性最突出的特点。每一个人的个性都是其各种心理特点的独特结合。俗话说"人心不同，各如其面"，就是指人的个性很难完全一致，总是存在着差异。例如，有人敏捷，有人呆板；有人深刻，有人肤浅；有人热情，有人冷酷；有人顽强，有人懦弱等等。个别性主要是由形成个人个性的遗传特点、生活环境、教育条件和社会实践不同造成的。

(2) 稳定性与可变性

人的个性既有稳定性，也有可变性。所谓稳定性是指个性形成之后具有相对的稳定性。心理现象不同于物理、化学等自然现象，不可能在某一瞬间突然形成。它是在人的长期生活实践中，通过反复强化、巩固而形成的"定型"。因此，个性一经形成，就显得比较稳定，一定条件下，某些个性因素能够伴随人的一生，即使在不同时间、不同地点、场合、不同的人群组织中，当遇到相似的刺激时总是以已经相对稳定成形的是非判断、几乎雷同的理智、情感态度下产生相应行为模式去对待人或事。这就是个体各异于他人的基本的、相对稳定的精神风貌，从而充分显示出每个个体的个性差异性。这为广告设计、广告宣传、管理工作及思想工作等活动预测和掌握人们在某种情况下习惯性地做什么或习惯性地怎样做提供了参考依据。

任何事物的静止都是相对的，运动则是绝对的。个性也是如此，其稳定性是相对的，而可变性是绝对的。导致个性可变性的原因很多，一般如下面两种情况比较明显。一是人的个性是在生活实践过程中形成和发展的，而人的生活实践是不断变化的。因此，人的个性也会随着生活实践的变化而变化，变化的强度与外界刺激的强度有关。例如，某人平时活泼、开朗、爱好交际，不幸由于生产事故造成毁容致残。他一反常态，从此郁郁寡欢、沉默孤独，不愿与人交往。二是社会的需求、期望，促使个体自觉地努力撞击个性的稳定性，使之发生变化。例如，某人在工作中因办事拖拉、散漫、缺乏责任心而遭受重大挫折，就会在大脑中留下深刻的印记，在以后的工作中就会努力使其个性向迅速、果断、认真负责方面转化。个性结构中诸要素的变化速度、幅度并不一致。一般说来，受先天遗传生理特点制约强的要素的变化就比较缓慢、困难，如气质；受社会环境、生活条件制约弱的要素就比较容易改变，如人的需要、兴趣、价值观、态度、能力等。

(3) 积极性与消极性

从社会意义和作用来分析，人的个性既有积极的一面，又有消极的一面。需要、动机、理想、信念、世界观以及能力和性格，都有好坏、优劣等质的差别。气质虽无好坏之分，但每一种气质类型都有积极面和容易形成的消极面。例如，倾向抑郁气质的人，既有观察敏锐、工作细致等好的一面，但也容易形成拖拉、适应性差等不良的一面。即使是同一种个性成分，也存在积极性和消极性两个方面。例如，爱助人，既可以驱使个人为祖国、为人民多做些有益的事情，也可以成为个人包庇坏人而违法犯罪的一个心理条件。

因此，凡是对进步行为有强化作用，对落后行为有抑制作用的，是个性积极的一面；反之，则是个性消极的一面。

(4) 制约性和能动性

人的个性既有制约性，又有能动性。个性的形成和发展受多种因素的制约，既要受生理性条件制约，又要受社会生活条件的制约；既要受阶级性制约，又要受自身心理过程（认识过程、情感过程、意志过程）的制约。

个性的能动性主要表现为它既是人自觉生活实践的结果，又是人自觉指导生活实践的特质。在社会生活实践和心理过程中形成的能力，对人的社会生活实践和心理过程有巨大的调节作用。人的生理变化能够引起心理变化，而心理变化同样也使人生理上发生变化。"笑一笑，十年少；愁一愁，白了头"就是心理对生理产生作用的形象说明。

总之，人的个性是共同性与个别性、稳定性与可变性、积极性与消极性、制约性与能动性的辨证统一。这些特点说明，人的个性是可知的、可塑的。必须用辨证的观点，对人的个性作具体的分析，不能只看一面而忽视了另一面。否则，就会导致认识上的绝对性和片面性，行动上的盲目性和被动性。只有全面掌握个性的特点，才能科学地揭示个性的形成、发展以及实质与规律，从而培养塑造良好的个性，有效地矫正不良的个性。

3. 个性的形成

影响个性形成的因素很多，概括而言，个性的形成受制于两方面因素的影响。一方面受制于个体的先天素质（即遗传因素），俗话说"龙生龙，凤生凤，老鼠的崽子会打洞"；另一方面受制于个体后天所处的社会环境、教育条件等。也就是说，遗传因素为个性的形成和发展提供了前提，提供了一个发展的可能，但不起决定作用。一个人的个性向什么方向发展，发展到什么水平，是在遗传的基础上，由后天的社会环境、教育条件决定的。正如美国心理学家华生（P·C·Wason）所说："你给我一打儿童。你要什么样的人，我就给你什么样的人。要法官给法官，要贼给贼。"这说明了后天社会环境和教育因素的重要性。

具体而言，可以从下面四个方面来说明个性心理的形成，即制约个性的主要因素。

(1) 遗传素质和生理成熟

一个人个性的形成,首先要受制于他从先辈那里获得的遗传素质。遗传素质主要是指人从上代那里继承下来的生理解剖上的特点,包括诸如肌体的结构、形态,脑的特点与感觉器官、运动器官、神经系统特征等。生理心理学的研究表明,人的遗传素质是人的个性形成和发展的自然前提。离开这个物质基础,人的个性形成就无从谈起。同时,有较好的遗传素质,在生理未成熟时期受到意外事件的干扰而阻碍了其生理成熟,也同样会影响个性的形成与发展。比如严重的早期脑损伤或脑发育不健全的人,其智力发展受到障碍,无论你怎样培养、教育和训练,也不会成为你所期望的人才。所以说,遗传素质和生理成熟是个性形成和发展的物质前提和基础。但这只为个性的形成提供了一种生理方面的可能性,它并不是现成的知识、才能、思想、品质。况且,人们之间的遗传素质虽有差别,但其差别是很小的。正如马克思所说:"搬运夫和哲学家之间的原始差别要比家犬和猎犬之间的差别小得多。他们之间的鸿沟是由后天的分工掘成的。"一个天赋智力素质比较好的儿童将来不一定成为科学家,一个音乐素质好的儿童也不一定成为音乐家。因而,遗传素质不能决定个性形成的内容和发展的水平。

(2) 社会环境

人一生下来,就受着社会环境的影响。在环境的影响下,形成各种个性心理和行为习惯。社会环境是个性形成和发展的客观条件。社会环境因素主要有:人类社会的生活条件,家庭及家庭周围环境,社会阶级、阶层和文化传统因素等。

1) 人类社会的生活条件对个性形成的影响。社会生活条件对个性的形成和发展起决定性作用,不同的社会生活条件会形成不同的个性。比如,十分优越的生活条件可能会使人形成养尊处优、挥霍无度、好吃懒做的个性心理;相反,较差的生活条件容易促使人形成勤劳节俭、敦厚朴实、善良勇敢的个性心理。而且,特定的生活条件会使人形成特有的个性。例如"狼孩",虽然他们是人的后代,具有人的遗传素质,但由于后天早期就离开了人类社会,脱离了人类生活而生活在狼群中,使得他们具有了狼性而无人性。由此足见社会生活条件对个性形成和发展所起的决定性影响作用。

2) 家庭及家庭周围环境对个性形成的影响。在影响个性形成的因素中,家庭影响是最初的根源。人一降生首先就置身于家庭成员之间,家庭成员尤其是父母对子女个性的形成和发展,必定起着最先的、直接而重要的潜移默化的影响作用。家庭影响主要是父母的个性和教育方式这两个方面。

父母的个性品质及行为表现,如对工作的态度,与同事的交往,和亲友的关系,对挫折和胜利的反应,对事、对人、对己的态度等等,都将熏陶和影响着子女的个性形成和发展。所以,人们常说:"有其父必有其子"、"孩子是父母的一面镜子"。

心理学研究表明,父母亲养育子女的态度和方式与子女个性形成有很大关系。良好的家庭教育对个性的形成和发展具有奠定基础的作用。基础打得好,有助于往后的发展;基础打得不好,甚至有了缺陷,那么以后再修补和校正也会遇到不少问题和困难。调查研究表明，在违法犯罪的青少年中，有相当一部分是由于家庭教育失败而走上错误道路的。

家庭周围环境对个性的形成也有重要影响。历史上有"孟母三迁"之说，就是为了给孟子选择一处适于成才的家庭周围环境，孟母费尽周折，三度搬迁。由此足见家庭周围环境对个性形成的重要性，正可谓"近朱者赤，近墨者黑"。

3）社会阶级和阶层对个性形成的影响。在阶级社会中，每一个人的个性形成无不打上本阶级的烙印。同样，也无不受到本阶层的影响。

4）文化传统对个性形成的影响。每个社会都有自己的文化传统，每个生活在这个社会的人的个性都不能不受到文化传统的影响。研究表明，文化传统从多方面影响着个性的形成，比如：影响着人与人的关系，影响着需求和满足需求的途径，影响着解决冲突的方式，影响人们如何去看待事物的真善美与假恶丑。不论我们是否意识到，从生到死一直都会有不断的压力，督促我们去遵循别人为我们定好的行为模式。

(3) 教育

教育，尤其是学校教育是有目的、有计划、有组织的培养人的活动，它能根据一定社会或阶级的需要，按照一定的方向，选择适当的内容，采取有效的方式，利用集中的时间，对人进行有系统的教育和训练，使人获得比较系统的文化科学知识和技能，形成一定的世界观、道德品质等个性心理。教育还可以弥补或发扬某些遗传素质。因此，教育比起社会环境中的其他自发影响来，对个性的形成和发展起着主导性作用。

(4) 社会实践

社会环境对人的个性形成与发展，无论提供什么条件，都要通过人的社会实践。人们受环境的影响不是消极的、被动的，而是积极的、能动的实践过程。可以说，社会实践是个性形成和发展的重要途径。

3.6.2 个性差异

世界上万事万物都存在差异，人的个性更不例外。个性差异是客观存在的，具有普遍性、绝对性。所谓个性差异（individual difference），指个体在成长过程中，因受遗传与环境的交互影响，使不同个体之间在心理活动的特征上所显示的彼此各不相同的现象。具体讲，包括个性心理倾向性的差异和个性心理特征的显著差异。由于各人的理想、信念、世界观、需要的层次不同，对同一件事情就有高尚的个性心理倾向和低级的个性心理倾向的差异；更由于人们的能力、气质、性格不同，使人们的个性心理特征表现出明显的差异。下面侧重分析心理特征的差异。

1. 能力差异

(1) 能力的含义

能力（ability），是指促使个体顺利地完成某种活动的心理特征，它直接影响着活动的效率。如在其他条件诸如训练水平、所花费的时间等相同时，能力强则效率高,反之则相反。能力总是与人的活动相联系,活动是能力表现的场所。考察一个人的能力往往是在活动中进行的,以活动的效果评价、考察其能力。

(2) 能力的分类

人在复杂多变的社会实践中能顺利、有效、成功地完成某项活动任务,必须要有某些能力相适应才行。活动的复杂性要求能力的多样性。多种多样的能力可以活动为依据给予分类。

1) 根据活动的领域把能力分为一般能力和特殊能力。一般能力是指人们从事一切社会活动应该具备的基本认识能力,也即智力,它是由感知、记忆、观察、想法、思维、操作等基本心理素质构成的。特殊能力则是指人们为了顺利地从事某种专业活动应具备的一些特殊的心理素质,它只适合于某种较狭小的范围,为完成某种特定活动所需要,如画家必须具备观察力、空间想像力和辨色的能力;音乐家必须具备节奏感、曲调感和音调的辨别能力等。

2) 根据能力的创造性程度把能力分为再造能力和创造能力。再造能力是指能够顺利地学习和掌握前人所积累的知识经验和生产技能,并能按照已有的图纸或式样进行某种学习、工作和生产活动的心理素质,是一种再现能力。创造能力是指能够根据社会的需要,在总结前人知识经验的基础上,个体独立地创造出对人类社会有一定价值的、新的、独特的东西的心理素质。如在自然科学中的发明创造,在社会科学上的独到见解,作家的著书立说,工人的技术革新等等,都是创造能力的具体表现。

3) 根据能力的性质和水平还可把能力分为认识能力、实践活动能力和社会交往能力。

(3) 能力差异

人的能力是有差异的,能力的个别差异主要表现在:

1) 量的差异(水平差异)。所谓量的差异是指人与人之间各种能力都有发展水平高低的差异。如果在同一项活动中,其他客观条件基本相似,排除非智力因素影响,则有的人能顺利地完成任务,有的人不能顺利完成任务,这就表明前者有较强的能力,后者能力较差。再如,正常人均有记忆能力,但人与人之间的记忆力也有强、弱之分。如小说《三国演义》里的张松,只看了一遍曹操的《孟德新书》就能够从头至尾地背诵下来,这说明张松具有"过目不忘"的很强的记忆能力。另外,现代心理学还把人的智能分为超常(智商140以上)、正常(智商在100左右)、低能(智商在70以下)三种类型。

2) 质的差异(类型差异)。所谓质的差异是指人们在完成同一任务时,可以通过不同能力的综合而实现。比如,有人擅长音乐,有人擅长体育,有人则擅长数学计算等等。

3) 表现时间的差异(发展差异)。人的各种能力在发展速度上也是不同的,有些人能力早熟,在儿童少年时期就崭露头角,属于少年英才。也有人各种能力发展较晚,属于大器晚成。人的智力早熟或晚成均属于特殊情况,大多数人的优秀能力多表现在青壮年时期。

(4) 能力差异的启示

1) 能力水平要与工作要求的能力阈限值相适应。心理学研究表明，每一种工作都对人的能力水平有一个量的需求——能力阈限值，即能力需要限度和胜任的标准。它表明既不需要人的能力水平超出这个阈限值，也不能低于这个阈限值。只有掌握这个尺度，工作才能高效率，人的能力才能适应该项工作。就是说，承担某一种工作，只需要某种恰如其分的能力水平。如果让一个工作能力很强的人去从事一项简单工作，他势必会感到索然无味，影响工作效率，是人才的浪费；同样，让一个能力较低的人士从事高难度的工作，他必然力不从心，无法胜任，既会给工作带来影响，也会使本人产生焦虑心理。但无论受众能力高或低，都是广告所要影响的目标。因此，广告人对此要加以认真研究，使不同能力的受众都能接受广告的"劝导"。

2) 能力类型要与工作内容和特性要求的类型相吻合。每个部门、每种工作都有自己相对独立的工作内容和特性，这就对任职者的能力类型提出了相应的要求。广告人要研究受众的能力，更要研究本组织人员的能力配置，以适应目标受众的需要。

3) 能力早熟也并不意味着永远是天才，因为他们若只依赖天资聪慧而主观不努力或教育不当，则有可能变为平庸之辈。理由很简单，一是社会在前进，知识在深化，不勤奋、不努力、不竞争就会被淘汰；二是人的智力是动态发展的，个体智力水平的高低主要是由他参加社会实践的广度、深度，掌握有关知识信息量的多寡和有效性，以及个体的自觉性、能动性发挥程度所决定的。

4) 能力表现较晚并不意味着没有能力，其关键在于后天的奋发努力。曹操在他的《选举令》中说："失晨之鸡，思补更鸣"。即喻意人一旦觉悟，当奋发补救，思成大功、立大业。

2. 气质差异

(1) 气质的含义

在日常生活中，有的人活泼好动，兴趣广泛，反应敏捷；有的人安静稳重，兴趣专一，反应迟缓；有的人性情急躁，情绪外露；有的人慢慢吞吞，不动声色。这些人与人之间个性心理方面的差异，在心理学中称为"气质"的不同。气质是个性心理特征之一，是指人对外部刺激的典型的、稳定的反应类型。它是在人的心理活动的强度（如情绪的强弱等）、速度（如感知的快慢等）、灵活性或稳定性（如注意力集中时间的长短等）以及指向性（如有人倾向于外部事物，有人倾向于内部等）等方面表现出来的。它只反映了一个人情绪与活动的外部表现形式，而不涉及情绪或活动的动机与内容。例如，同样是热爱本职工作的人，有些人在工作中表现得精力充沛，热情洋溢；而有些人则表现为任劳任怨，踏实肯干。所以，气质为每个人增添了独特的风采。由于人们对个人气质有很大的关注，正是广告人发挥心理工具作用的机会。

(2) 气质的类型差异

最早研究气质类型的是古希腊著名医学家 Hippocretes。他早在公元前5世纪就观察到人的气质差异,从而创立了"体液优势论"。他认为人体内有四种液体:血液、粘液、黄胆汁和黑胆汁。这四种体液在人体内的不同比例就形成了不同的气质类型,主要分为四种:胆汁质,多血质,黏液质和抑郁质。后续的学者发展了Hippocretes的体液优势论的四种类型气质:一是强而不平衡型,又叫不可遏制型,是胆汁质的生理基础;二是强而平衡灵活型,又叫活泼型,是多血质的生理基础;三是强而平衡不灵活型,又叫安静型,是黏液质的生理基础;四是弱而平衡不灵活型,又叫抑制型,是抑郁质的生理基础。

这四种气质类型在行动方式上的表现特征主要是:胆汁质的人富有精力,情绪兴奋高昂而且强烈,反应速度快,热情直率,易于冲动,是热情而急躁的人,具有外倾性。多血质的人反应迅速,动作敏捷灵活,感情强烈而富于变化,注意力和兴趣易转移,善于交际,是活泼而好动的人,具有外倾性。黏液质的人一般沉着稳重,动作迟缓,反应速度慢,不善交往,善于克制自己,感情含蓄而不外露,注意力和兴趣持久而不易转移,经常表现得心平气和,沉默寡言,是沉着而稳定的人,具有内倾性。抑郁质的人多敏感,多疑,多愁善感,感情脆弱,但思想敏锐,观察精细,性情孤僻,优柔寡断,情绪、情感体验深刻而不外露,是情感深厚而沉默的人,具有内倾性。

(3) 气质类型的特点

1) 在全部人口中,典型的气质类型者占少数,混合型者占绝大多数。

2) 气质类型没有好坏之分,每一种气质类型都有积极的一面和消极的一面。如胆汁质的人热情直率,但易于冲动暴躁;多血质的人情感强烈,但兴趣容易转移;黏液质的人情绪稳定但不善交往;抑郁质的人感情细腻,做事谨慎,但性格孤僻不易接近等等。任何一种气质类型的人都是企业的顾客,都是广告主和广告人的研究对象。

3) 气质类型不能决定个体的智力发展水平和价值观。

(4) 气质差异的启示

气质虽然在人的活动中不起决定作用,但却贯穿于人的心理活动的一切方面,使个性具有独特的色彩。在社会交往中,个体之间的气质存在着明显的差异性。气质差异影响人的活动、行为方式和一切外在表现。广告人必须对这种差异有所了解,尤其是POP广告的制作人员。

3. 性格差异

(1) 性格的含义

性格(character)是指个体对客观事物的稳定的态度和习惯化了的行为方式。性格是个性心理特征的最主要的方面,是个性的核心,它制约着气质、能力的表现。在个性中,能力标志活动的水平,气质影响活动的方式,而性格则决定人的活动方向。

性格不是天生的,性格常常被看作先天的神经类型与后天的生活环境影响的"合金"。它贯穿在人的全部言谈举止中,是反映人的精神面貌的主要标志。一个人的兴趣爱好、行为习惯、知识技能，都以性格为核心而转化，所以性格可以从本质上反映一个人的个性特征。

性格是一种稳定的态度和习惯化了的行为方式，决不能把那种偶然出现的、一时性的表现认为是一个人的性格特征。这就是性格的确定性。这种确定性表现为一个人对周围的人、事、物所特有的、恒定的倾向。

(2) 性格的构成

性格是由个体的处世原则、对事态度和活动方式三要素构成的。在三要素中，处世原则反映了个体的思想意识、道德品质和人生观，是性格的核心；对事态度反映了个体怎样对待事业、对待别人、对待自己的态度体系，是性格的主体；活动方式反映了个体基本心理的表达方式或行为方式，是性格的表现特征。

每个人都有自己的处世原则，它是人们衡量事物的尺度。每个人从他的处世原则出发，决定对周围不同事物采取不同的态度，并结合他的其他个性特征，表现在他的行为方式上。例如，抱有"为人原则"的人，待人处事，总是先人后己，宽以待人，严于律己，公而忘私；抱有"为我原则"的人，只顾自己，不管别人，甚至为了自己的私利而损害他人利益也在所不惜；抱有"对等原则"的人，在待人处事时总是按等价交换的原则进行等等。

(3) 性格的差异

性格的个别差异也是很大的，一般分为以下几种：

1) 按照个体独立性的程度，可以把人的性格分为顺从型、独立型、反抗型三种。

2) 按照理智、情绪、意志的心理机能哪一方面占优势，把人的性格分为理智型、情绪型、抑郁型、中间型四种。

3) 按照个人倾向性，把人的性格分为内向型、外向型和内外平衡型等三种。

(4) 性格差异的启示

人的个性差异首先表现在性格上的差异。了解和掌握受众的性格差异对广告人有重要意义：

1) 有机地将企业或商品的特征与受众的各种性格相吻合，使各种性格的受众都能感觉到广告的感召力。

2) 有针对性地展开心理攻势。比如：对于顺从型性格的受众，广告应能让其感到安全、放心；对于独立型性格的受众，广告应能让其感到具有独特的风采，能显示其独特的个性；对于反抗型的受众，广告则应能让他们的逆反心理得到满足。因此，组合广告既能增加广告的视听率，又能有针对性地激发各种性格类型的受众的购买欲。

3) 加强POP广告和营销人员（即POP广告员）的工作。处于现场的受众受到POP广告的影响较大，而现场的营销人员对受众的消费行为的影响更大，所以也可称他们是POP广告人员。营销人员应学会"察言观色"，根据受众的不同性格采用不同的劝说方式，刺激受众的购买欲。

3.7 社会心理和行为

对人的社会心理和行为的研究，也是广告心理学不可缺少的研究课题。对人的社会心理和行为的研究，不同于对其他方面的研究，如前面所讨论的感觉与知觉、学习心理、身心发展、个性差异、动机与情绪等，都是以个体为研究对象的，而对人的社会心理和行为的研究是以个体与个体之间或个体与群体之间的心理和行为为研究对象。

社会心理与社会行为是人在社会情境中受到种种社会因素影响所产生的心理与行为。社会心理包括在社会情境影响下的各种认知与评价、态度与情感、倾向与决策等的心理活动。例如，一位刚参加工作的员工，他总会试图了解和评价具有成就的合作伙伴或同事，并产生相应的情感与态度，同时也会通过与同事的比较重新调整对自己的认识和评价。他也许会因为同事的高傲和成就感而自卑，不愿意与对方交往；或认为对方手段卑鄙而心生厌恶、自觉清高。这位新员工的内心活动就属于社会心理的范畴，主要与社会认知和社会态度有关。

人们不仅在内心会对社会中的各种人或事产生认知、评价与情感体验，而且也会通过自己的外部活动对这些人或事施加一定的影响，后者就是社会行为。所谓社会行为（social behavior），是指人与人之间产生交互影响时所表现的外在行为或内在感觉与思想。社会行为虽然是由个体表现出来的，但其表现的行为总与他人有关。德国籍心理学家 Kurt·Lewin 认为，人所表现的一切行为，都是个人与其环境两方面因素交互作用的结果，可以用等式表示：$B = f(P, E)$。等式中 B 表示行为（behavior），P 表示个（person），E 表示环境（environment），f 表示函数。例如，在一场交通事故中，有的人可能会提供积极的帮助，积极救助伤者；有的人可能会袖手旁观，甚至个别人说不定还会趁火打劫。这些人的助人、旁观或偷窃行为都属于社会行为在社会情境的影响下，人们产生的种种社会心理活动，而这些社会心理活动往往又会引发某种社会行为，社会行为反过来会导致社会情境的某种变化，由此产生从社会情境经社会心理到社会行为的相互作用过程。

下面围绕着对社会心理和行为的研究，着重对社会知觉、社会态度、社会动机、人际关系、社会影响及群体行为等展开讨论。

3.7.1 社会知觉

所谓社会知觉（social perception），是指人对人的知觉。在本章 3.2 中已经讨论的知觉是人对物的知觉（object perception），而且人对物知觉并不客观，在很多情形下会产生错觉。人与物作比较，物的特征静态者较多，人的特征是永恒变化的；同类物之间个别差异小，而人与人之间则个别差异甚大。因此，对人的知觉远比对物的知觉要困难得多。

1. 第一印象

所谓第一印象（first impression），是指观察者在第一次与对方接触时，根据对方的外表相貌及外在行为所得的综合评价。很多广告的画面或传播均由人来担任主角，如果他（或她）给人留下的第一印象并不理想，则广告推出的频率越高，越会引起受众的反感；反之，有了良好的第一印象，每次接触该广告就会加深认同感。为了避免在"第一印象"上栽跟头，很多策划者选用著名人物比如名演员来担任广告中的主要角色。

对第一印象的形成有较大影响的因素有两类：以貌取人的相貌因素和言行举止所表现出的性格特征因素。

2. 行为归因

所谓行为归因（sttribution），是指人对自己或他人所表现的行为（或某事物的发生），就其主观的感受与经验对该行为发生原因予以解释的心理过程。行为归因有两个原则：一是情境归因（situational attribution），即把行为的发生归因为情境因素；二是性格归因（dispositional attribution），即把行为发生的原因归之于个人的性格因素。

广告人在进行广告的设计、制作时，必须关注行为归因问题，因为受众在接受广告时会对广告的意图进行归因。比如对于一个化妆品的广告，受众如果相信女主角的话，则是性格归因的解释；而如果认为这是女主角拿了报酬后在说假话，则是情境归因的解释。就广告目的而言，显然广告人希望受众采用性格归因对广告予以解释。

3. 自验预言

所谓自验预言（self-fulfilling prophecy），是指在有目的情境中，个人对自己所预期者常在自己以后行为结果中应验。如果广告能使受众产生自验预言的心理作用，会增强其购买决策的自信和对该广告企业及其宣传的对象的信赖，从而激励其购买动机和行为。

3.7.2 社会态度

1. 态度的定义

所谓态度指个体自身对社会存在所持有的一种具有一定结构和比较稳定的内在心理状态。对此界定可以从以下几个方面进行理解：

（1）态度的对象是社会存在。社会存在是指与个体有关联的他人、他事、他物以及个体自身等具有社会意义的存在物。

（2）态度的构成具有一定结构。态度作为一种心理状态不仅由多种成分组成，而且呈一定的结构。正因为如此，态度才具有一定的职能，对人的内潜心理和外显行为起着动力作用。

（3）态度具有比较持久的稳定性，能够持续一定的时间而不发生改变。态度的这种稳定性是相对而言的，指的是在一定的时间内和在一定的程度上态度是稳定的。

（4）作为态度的心理状态是内在的，存在于个体自身内部的，是难以直接观察到的。人们通常所表露于外的意见、看法、观点、主张等，虽然反映和体现了个体所持有的对某事物的内在态度,但这只是态度的表达或态度外化的产物,而不是态度本身。

2. 态度的特性

作为一种重要的社会心理现象,态度具有如下几种特性:

(1) 态度的社会性。态度不是生来就有的,而是个体在后天的社会生活中通过学习而获得的。个体在其后天长期的社会生活中,通过与他人的交往和相互作用,通过接受周围生活环境和社会文化的不断影响和习染而逐渐形成其对他人、他事、他物的一定态度。态度本身所包含的内容及其变化充分体现了态度的社会特性。

(2) 态度的主观经验性。个体的意识世界可分为两种:一种是观念的世界,它是在后天社会生活中不断积累各种经验的基础上形成的,其中包括以一定的观念形态而存在的信仰、价值观、人生观及其他各种思想观念;另一种则是经验的世界,它是个体在与周围环境的直接相互作用中形成的,其中包括以一定的经验形态而存在的认识、判断、评价及各种体验和感受。态度则介于这两者之间,一方面它与个体的观念世界尤其是其中的信仰和价值观保持有密不可分的联系,常常反映个人所持有的各种思想观念;另一方面它又包含了相当大的经验成分。因此,态度本身就具有了主观经验性。

(3) 态度的动力性。态度对个体自身内潜的心理活动和外现的行为表现都具有一种动力性的影响,同时对个体与他人的相互作用和个体对社会生活环境的适应也具有着这种影响,表现为一种激发、始动和调整、协调的作用。

3. 态度的构成要素

目前大多数社会心理学家对态度所持的是一种"三元论"的看法,即认为态度是由认知、情感和行为倾向三个部分组成。这种看法较早是由 S·Rosenberg 和 C·I·Hovland 提出的。他们认为,态度是个体以特定的几种反应方式对某种刺激作出反应的预先倾向。这特定的几种反应方式即是认知的、情感的和行为倾向的。这种观点对后来的研究具有较大的影响。时至今日,在态度的界定及构成问题上虽仍未得出一个为大家公认且都能接受的看法或主张,但大多的研究者都赞成态度是一种内在的心理状态,是由知、情、行三部分组成。

(1) 认知成分:指个体对态度对象所具有的知觉、理解、信念和评价。态度的认知成分常常是带有评价意味的陈述,即不只是个体对态度对象的认识和理解,同时也表示个体的评判,赞成或反对。

(2) 情感成分:指个体对态度对象所持有的一种情绪体验,如尊敬和鄙视、喜欢和厌恶、同情和嘲讽等。

(3) 行为倾向成分:指个体对态度对象所持有的一种内在反应倾向,是个体作出行为之前所保持的一种准备状态。

一般地说,尤其是从理论上来看,态度构成中的这三种成分之间是协调一致的,如果出现了矛盾和不协调,则个体会采用一定的方法进行调整,重新恢复其间的协调一致。但在现实生活中,这三者之间的关系的问题就并不如此简单,在一定程度上往往存在着不协调和不一致。

此外，认知、情感、行为倾向这三种成分相互之间的关联程度也不尽相同。研究结果表明，情感和行为倾向的相关程度高于认知与情感和认知与行为倾向的相关程度。由此可见，在三种成分中，认知成分的独立程度要更高些，与其他两种成分之间的相互影响也相应较小。

再有，情感成分的地位和作用是十分重要和非常明显的。S·Rosenberg 和 C·I·Hovland 就曾指出"对于大多数研究者来说，情感成分的评价作用是主要的"；而 U·Fishbein 则更是力主态度构成的"情感一元论"主张。对于态度测量而言，情感指标显然较其他指标更为有效和便于使用，因此，不少的态度测量实际上只是喜欢不喜欢这一类情感成分的测量。

3.7.3 社会动机

在人们的共同活动中，各人所表现出来的行为及其效果各不相同，而产生这种差异的最直接、最基本的一个因素就是动机。因此，对于动机的研究是了解人们社会行为产生、变化和发展的关键问题。

所谓社会动机，就是指引起、维持、推动个体活动以达到一定目标的内部动力。每个人的一切社会行为及活动方向都是由一定动机所驱使的，它是社会影响和个体行为之间的心理中介。换言之，动机是行为的原型，行为又是动机的外显表现。

社会动机是由个体的社会性所引发的，对于现代人来说，社会动机比起自然动机对个体具有更大的影响和作用。社会动机的种类很多，这里就一些经常被提及的社会动机给予介绍和分析：

（1）成就动机。所谓成就动机就是推动个体去追求、完成自己所认为最重要的、有价值的工作，并且设法将其达到某种理想地步的一种内在力量。通俗地说，就是指对成就的欲求。作为一种重要的社会动机，自从 1938 年 Murray 对成就动机进行最早的探索以来，它已受到心理学家的广泛关注，并取得了丰富的研究成果。

（2）权力动机。所谓权力动机，顾名思义就是对权力的欲求。一种强烈的权力动机不仅会影响个体的自我看法，而且还会影响他的信念、思维方式和感情定向。

（3）亲和动机。亲和动机，也称合群动机，是指个体害怕孤独，希望和他人在一起建立协作、友好的联系的一种内心欲求。

3.7.4 人际关系

所谓人际关系（interpersonal relation），是指人与人交互影响时存在的人与人之间的关系。人与人之间的关系是心理性的，是对两人或多人都发生影响的一种心理性连结。

人际关系主要有三类：1）以感情为基础的人际关系；2）以利害为基础的人际关系；3）缺乏任何基础的陌路关系。广告心理学研究的主要是前两类关系，因为只有这两类关系才能建立起人的倾向心理，尤其是第一种关系更为重要。

人际关系中的人的倾向心理来源于人际吸引。所谓人际吸引（interpersonal attraction），是指人与人之间彼此注意、欣赏、倾慕等心理上的好感，并进而彼此接近以建立感情关系的心理过程。这种人际吸引，对于受众的购买动机有着很大的推动作用，因而是广告心理研究不可疏忽的重要课题。

3.7.5 社会影响

除了以个人为基础的社会行为之外，人类更多的社会行为是在个人与群体或群体与群体之间产生的。就个人在群体中的行为而言，至少有两个明显的特征：一是个人离不开群体，如家庭、学校、单位或社会，每个人随时都处于某个群体之中；二是个人行为随时受群体的影响，如父母、老师、同学、上司、同事或群体整体的影响。这种个人行为脱离不了社会关系的现象，称为社会影响（social influence）。在"社会影响"主题下研究广告心理，有四个最主要的内容：

(1) 角色。在群体中的个人，都有其身份与任务，这称为角色（role）。当个人自己和群体对这一角色都认可的话，个人会按其角色表现其行为，称之为角色行为（role behavior）。如果广告能提醒受众关注自己的"角色"和相应的行为，就能由此引导受众扮演其角色的心理倾向，实现广告目的。

(2) 从众与反感。个人为获得群体的认可而表现其行为，称为从众（conformity）。这是一种个人的心理倾向。利用从众心理是广告不可缺少的一部分，但并非都能成功。一些个性比较独立的人，在认知判断和其行为上未必全然从众。尤其当个人感觉到受到群体压力和自由受到威胁时，在心理上自然会产生不满，称为心理反感（psychological reactance）。比如，当顾客希望安静地挑选有否适应自己的有关商品时，来了几位销售员过分热情的接触，也会导致顾客的极度反感。

(3) 态度及其改变。广告能否引起受众共鸣，并推动其行动、与受众的态度密切相关。构成态度的因素有三项：1) 认知（cognition），即对事物的认知为基础；2) 情感（affection），即对事物的好、恶情感反应；3) 行为，即对事物的行为倾向。因此，所谓态度（attitude），是指个人对某一事物的心理和行为倾向。

受众的态度能改变吗？这是广告人极为关心的问题。在心理学研究中，解释个人态度改变或不改变的理论主要有调和论（consistency theory）。调和论认为，个人的态度与其行为两者调和一致时，态度不会改变；两者不能调和一致时，态度就有可能会改变。1957年美国心理学家L·Festinger提出了认知失调论（cognitive dissonance theory），认为任何时候只要个人发现有两个认知彼此不能调和一致时，就会感觉到心理冲突，并由此而引起紧张，转而形成一种内在的动机，促使个人放弃或改变认知之一，而迁就另一认知，藉以消除冲突，恢复调和一致的心态。L·Festinger的观点，不但可以用来解释态度改变的原因，而且可用于广告人改变受众的消费行为的有关课题研究。

(4) 助人行为。在社会行为中，凡是利人而不求回报的行为，均可称为助人行为（helping behavior）。虽然在商业行为中，没有纯粹的助人行为，但要刺激起人们对助人行为的重视,却是极为重要的。每一个国家或地区都视自己的产业为经济发展的原动力和基础,因而在本国或本地区的广告中也不时地激发受众的民族自尊心和自豪感,促进其商品的销售。

1970年心理学家B·Latane和J·M·Darley提出了一种图解方式,以解释个人助人行为的心理因素,见图3-11所示。

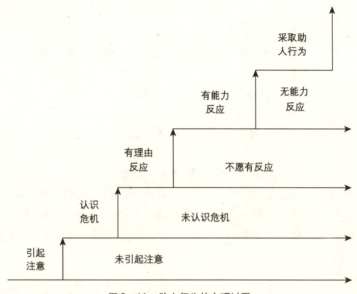

图3-11 助人行为的心理过程

3.7.6 群体心理和行为

在社会生活中,人们是不能离开社会群体的,人总是作为群体的成员而存在的。在群体中人们获得了安全感、责任感、亲情和友谊、关心和支持。群体是个体的价值、态度及生活方式的主要来源,个体在群体中互动,维持了群体的活力,发展了群体的规范,巩固了群体的结构。群体虽由个体集合而产生,但群体是动态的有机的构成,群体决非个体的简单累加,本部分将讨论群体的心理与行为。

1. 群体的含义

群体作为社会心理学体系中的一个范畴,是指那些成员间相互依赖、彼此间存在互动的集合体。在大部分群体中,成员之间存在面对面的直接接触,彼此相互影响。

许多学科也对群体进行研究,而在社会心理学的研究意义上,简单的统计集合体、围在路边看热闹的人群、喜欢看电视新闻的观众等不能归为群体之列,因为其成员不存在依附关系,不发生互动,在多数情况下,彼此间无丝毫影响。而学校篮球队、家庭、工厂中的班组等,则可称为群体,因为其成员常常是为了共同目标而组合一起的,彼此间不但有面对面的接触,而且有频繁的互动、多方的影响。

一般来看，要构成一个群体必须具备以下条件：首先是有频繁的互动，即成员间有生活、学习和工作上的交往，有信息、思想、感情上的交流；其次是有共同的目标与利益，群体内有相互协作与配合的组织保证，有群体意识。一切密切结合在一起的家庭是一个群体，有时由于特殊原因短暂结合在一起的几个陌生人也可以形成一个群体，如几个人同乘一辆缆车上山，由于意外事故，车被困在半山腰，在这突如其来的情况下，本来素不相识的人组成暂时性的群体，有的人出主意，有的人修机器，有的人向外呼喊求救。这些本无任何关联的人，为了共同目的，彼此互动起来。他们平安脱险后，互动即告结束，在一个十分短暂的时间内，几位陌生人形成了一个临时群体。群体可以有不同的持续时间，可像家庭那样数代延续下去，也可以在数天或数小时内解体。规模也是群体的一个重要方面。夫妻两人组成的家庭是最小规模的群体，数百人组成的车间也可归为群体之列。

社会心理学研究所关心人组成的群体。数百人集合在一起而形成的大规模群的主要是个体，其成员不可能熟知每一个人，不可能发生充分的互动，也很难产生群体归属感。

群体是介于个体与组织之间的人群集合体。个体在群体中的活动，巩固了群体的关系，增强了群体的凝聚力，鼓舞了群体的士气。群体精神造就了群体成员，促进了其能力的发展和发挥。群体和个体的关系是互相促进、互相增强的。组织是一种社会内部关系的结构或体系，是权力的表示，是社会秩序的基础，群体和个体是社会组织不同层次的组成部分。

2. 群体心理

在现实生活中，我们常常可以看到一个人单独表现的行为，与在群体中表现的行为是不一样的。这是因为群体心理存在的结果。概括起来，群体心理对个体的作用，主要表现在三个方面。

（1）群体归属感

这是个体自觉地归属于所参加群体的一种情感。有了这种情感，个体就会以这个群体为准则，进行自己的活动、认知和评价，自觉地维护这个群体的利益，并与群体内的其他成员在感情上发生共鸣，表现出相同的情感、一致的行为以及所属群体的特点和准则。例如，一个大学生在社会上表明自己身份时，总是说我是某个学校的，到了学校，则强调是某个系的和某个班级的。这种表现学校、系、班级身份的意识，就是归属感的一种具体表现。群体的归属感，由于群体凝聚力的高低不同，其表现的程度也就不同。群体凝聚力越高，取得的成绩越大，其成员的归属感也就越强烈，并以自己是这个群体的成员而自豪。所以，先进群体成员的归属感比落后群体成员的归属感要强烈。另外，一个人在一生中可以同时或先后参加几个不同的群体，他对这些群体都产生归属感，而最强烈的归属感是对他生活、工作和其他方面影响最大的那个群体。一般来讲，人们对家庭的归属感要比对工作群体的归属感强烈得多。

（2）群体认同感

群体认同感，即群体中的成员在认知和评价上保持一致的情感。由于群体中的各个成员有着共同的兴趣和目的,有着共同的利益,同属于一个群体,于是,在对群体外的一些重大事件和原则上,都自觉保持一致的看法和情感,自觉地使群体成员的意见统一起来,即使这种看法和评价是错误的,不符合客观事实,群体成员也会保持一致。例如,某个成员与群体外的他人发生意见冲突,那么,群体内的其他成员就会与本群体的这个成员的意见保持一致,认为他说得对而批驳对方。

一般来讲,群体中会发生两种情况的认同,一是由于群体内人际关系密切,群体对个人的吸引力大,在群体中能实现个体的价值,使各种需要得到满足,于是,成员主动地与群体发生认同,这种认同是自觉的。另一种认同是被动性的,是在群体压力下,为避免被群体抛弃或受到冷遇而产生的从众行为。后一种认同是模仿他人,受到他人的暗示影响而产生的,尤其是在外界情况不明,是非标准模糊不清,又缺乏必要的信息时,个人与群体的认同会更加容易。

(3) 群体的促进和干扰作用

在现实生活中可以看到,个人单独不敢表现的行为,在群体中则敢于表现,这是由于归属感和认同感使个体把群体看做是强大的后盾,在群体中无形地得到了一种支持力量,从而鼓舞了个人的信心和勇气,唤醒了个人的内在潜力,作出了独处时不敢做的事情,并且当群体成员表现出与群体规范的一致行为,做出符合群体期待的事情时,就会受到群体的赞扬,从而就使个体感到其行为受到群体的支持。这种赞扬和支持,主要体现在个人心理的感受上,一个动作,一个眼神,一种表情,甚至仅仅是同伴在场,都可以成为促进作用而被个体体会到,从而强化其行为。然而,群体的这种鼓励作用,并不是等同地发生在每个成员身上,有的受到的支持力量较大,有的则较小,还有的则感受不到支持,甚至还会产生干扰作用。因此,一个群体能否对其成员产生促进作用,要受成员个人一定条件的制约。

群体心理的存在对于个体有着重要的意义。个体的社会化,个体自我的形成,都是在这种群体心理的影响下进行的。个体心理也是在群体心理的制约下获得的。因为社会是一个宏观环境,对个体而言,是一种抽象的关系。而群体是一种微观环境,对个体而言,是一种具体的关系。社会要把每个生物人塑造成为社会人,就要通过群体这种微观环境发生作用。因此,群体心理自然会对个性的发展产生影响,并部分地成为个体心理特征。在现实生活中群体是多样的,个体要生活在许多群体之中,这样就造就了个体心理的丰富性,并使个体得到全面的发展。

3. 群体行为

所谓群体行为(group behavior),是指在群体目标之下,个体成员受群体影响或个体成员之间彼此影响所表现的行为。由于每一个人都同时隶属于多个群体(如家庭、学校、工作单位等),群体行为的复杂和多变可想而知。广告心理学所关心的主要是:群体决策问题、领袖及领导问题。下面就这两类问题作简单的研讨。

(1) 群体决策

所谓群体决策(group decision),是指对于群体的共同事务,经由群体中多数成员同意后所定的决策方案。其特点是:每个成员都有表达其意见的权利;最后的定案遵循少数服从多数的原则。广告心理学所关心的问题是：群体决策是在怎么样的心理过程中达成的？

心理学的研究结果表明，群体决策所表达的意见趋向极端化。如果群体成员较多属于冒险激进者，其决策会比个人决策更为激进；而群体成员中谨慎保守者多的话，其决策会比个人决策更为谨慎。群体冒险激进，其成员个人未必一定激进，可是一经群体决策，就会显出群体的极端激进的性格。反过来，属于谨慎保守群体者，也会显示其极端谨慎保守的性格。

显然，个人在群体决策过程中之所以会支持趋向于极端的决策，是因为他受到了群体气氛的影响。这一心理倾向，称为群体极化效应（group polarization effect）。广告心理的研究，就是要设法创造出有利于促销活动的群体极化效应，而且不局限于某个群体，连锁反应才是其目标效果。

（2）领袖与领导

在同一个群体中，成员们相互间的影响程度不尽相同，有的只能影响个别一二个人，有的能影响群体中的多数人甚至全体。在群体中，影响、支配、控制别人程度最大的人，被称为领袖（leader）。因此，没有群体就没有领袖。领袖对群体成员施加影响及支配、控制过程，称为领导（leadership）。

领袖所担任的角色是领导别人，其领导别人时所表现的行为，称为领导行为（leadership behavior）。领袖的领导行为，会因为领袖个人、群体性质与需要的不同而有所差异。广告人既要考虑到这种差异，又要设法将这种差异加以有效的利用。

受众群体的领袖是如何产生的呢？可以肯定地说，这一类领袖是难以任命的。一般讲，这是一个在特定受众群体中影响最大而成为大家崇拜、模仿的角色。如果你的广告能吸引这类"领袖"，一定会取得事半功倍的、意想不到的效果。甚至还可请"领袖"担任广告中的主角，以充分利用其对群体成员的感召力。

思考题

广告心理学的这些基本理论对于认识受众的心理活动和行为有什么帮助？为什么广告心理学要研究人的个性和个性差异？

第4章 广告策划与受众心理研究

广告活动的重要任务之一就是进行广告策划,以便更有效地表达与传达广告信息。所谓"策划"(Planning or Strategy),原是指运用脑力(智慧)进行的一种决策性或理性行为,现在主要指针对未来要发生的情况制定当前的决策,即对预先做什么、何时做、如何做、谁来做以及做得怎么样等一系列问题的决策与规划。也可以形象地说,策划如同一座桥,它连接着人们的目前与未来。而广告策划是一个包括从构思、分解、归纳判断,一直到设计、实施、评估等阶段的动态过程。

本章将对广告策划中的受众选择、受众心理分析以及受众心理效果与行为变化的预测展开研讨。

4.1 广告策划与受众选择

4.1.1 广告策划

对受众心理的研究,目的是为了进行有效的广告策划,所以,先要回答什么是广告策划这个问题。

1. 什么是广告策划

以策划为主体、以创意为中心是现代广告活动的重要特征。那么,什么是广告策划呢?以商业广告的角度,一般认为,广告策划是指根据广告与营销目标和对象,依据对特定产品或服务的市场调查情况,制订出一个与市场情况、产品或服务特点、受众心理相适应,营销上有效的广告方案(内容、时机、地区和传媒),并对实施活动进行决策的过程。

由此可见,一个完整的广告策划应包括策划目标、策划对象、策划依据、策划方案和实施策划五大要素。这五大要素也可以归纳为来自内外两方面的因素,即外部因素主要是对环境分析、对象分析和广告策划,内部因素主要是对受众的沟通与说服过程。这样,广告效果就是广告策划的内外要素相互作用的结果。广告策划的要素及关系构架可以图4-1示之。

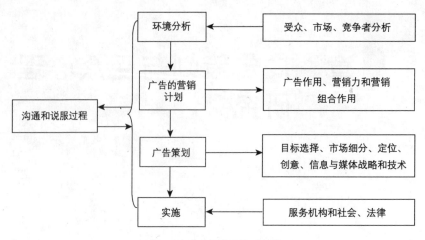

图4-1 广告要素及关系架构

由此可见,广告策划所要解决的任务包括广告的目标、广告对象、广告策划、广告媒体和广告评估等,要解决广告"对谁说、说什么、如何说以及说的效果"等一系列问题。

目前广告界对广告策划并没有形成一个统一的概念,对广告策划的认识主要有三种观点:

(1)广告策划是一种管理和决策活动

这一观点认为,广告策划是对广告进行管理和决策的一种程序或过程,是一种前瞻性工作。它规定了广告活动的进程并且对广告的目标对象、广告的诉求策略、广告传媒、广告评价进行决策。

(2)广告策划仅是广告运作中的一个重要环节

这一观点认为,广告策划是广告运作的一个重要环节,与广告创意、广告设计、广告制作和发布等环节同等重要。同时,在整个广告运作中,广告策划是核心性质的,它对其他环节具有指导意义。

(3)广告策划是在确定条件下,对广告行动方案的一种组合

这一观点认为,广告策划是对广告活动的各种行为策划进行组合,以形成一个总的策划。这一观点具有一定的片面性,忽视了广告策划对整体广告战略进行决策的作用。

2. 广告策划的定位

广告会对广告主及其商品的形象产生深远的影响,否则,广告就失去了存在的意义。因此,广告策划与广告主的发展规划、营销策划等密切相关,并成为它们内容的一部分。

所谓营销策划(marketing plan),就是为企业或企业的某种商品、某种品牌制定营销目标,以及为达到这些目标所制定的战略规划(strategic plan)和战术方案(tactical plan)。制定营销目标时,必须要阐明营销主体——企业、商品或品牌——所对应的市场划分(market segmentation)及营销对象——受众。达到营销目标的

战略和战术包括四个要素的组合（marketing mix），即品种、价格、渠道以及推销等策略。其中，推销策略包括了广告、人员推销、促销、公关等形式。显然，广告策划是营销策划的一部分。

讨论营销策划并不是本书的任务，重要的是必须认清广告策划是营销策划的一部分，而且也是达到营销目标的重要手段之一。因此：

(1) 着手制订广告策划时，必须有明确的营销目标或营销战略规划。
(2) 制定广告策划必须考虑到营销策划的制约，比如预算。
(3) 所制定的广告策划必须与其他的营销组合要素（品种、价格、渠道）以及推销策略中的其他要素（人员推销、促销、公关）能相互协调。

3. 广告的影响过程

制定广告策划，必须对广告的影响过程有充分的认识。对于广告的影响过程，学术界和企业界已提出了许多模式。比如，AIDM 模式（attention 注意→interest 兴趣→desire 欲望→memory 记忆→action 行动）；R. H. Colley 模式（未知 unawareness→认识 awareness→理解 comprehension→确信 convication→行动 action）；T. S. Robertson 模式（问题 problem→认识 awareness→理解 comprehension→态度 attitude→知觉 perception→承认 legitimation→试用 trial→采用 adoption→不和谐 dissonance 即问题 problem）等等。日本人仁科贞文推崇的影响过程为：接触→接受信息→态度变化→行为变化。如图 4-2 所示。

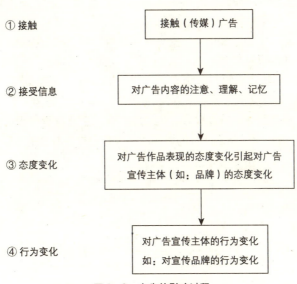

图 4-2　广告的影响过程

图 4-2 所要强调的是，广告突出的重点不一定直接在于宣传主体（如品牌）上，而可能是导致受众对宣传主体态度变化和行为变化的其他方面。如广告中的人物、背景、音乐、语言或接触广告的时间、环境等等。

对广告的影响过程进行描述，可以认识广告（产生刺激）、受众（购买主体）、心理活动变化（受众态度、行为的变化）之间的关系，并以此为基础，确定广告的战略目标、广告的特定对象范围以及广告的具体手段，即广告策划。

4. 广告策划的程序

图4-3显示的是为某一营销活动而进行的广告工作。

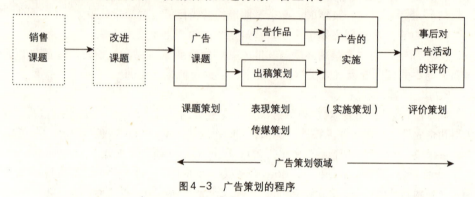

图4-3　广告策划的程序

从图4-3中可以看出，围绕着销售与改进活动而进行的广告课题活动，必须制定相应的课题策划；围绕着广告作品与出稿，策划必须制定相应的表现策划和传媒策划；围绕着广告的实施，要制定相应的实施策划；围绕着事后对广告活动成功与否的评价，还要制定评价策划。所谓的广告策划，是指除了实施策划以外的四个策划——课题策划、表现策划、传媒策划和评价策划——的联结。

由图4-4可见，企业通过广告向受众施以各种影响，这一影响过程的各个阶段与广告策划的有关内容相互对应：有无"接触"或如何"接触"，都有赖于"传媒策划"；"接触"的效果如何则同时有赖于"传媒策划"和"表现策划"；能否产生所希望的"态度变化"则取决于"表现策划"；而出现怎样的"行为变化"则取决于"课题策划"。由于广告策划与影响过程有这种对应关系，企业就可以根据其营销目标和受众的心理现象及行为规律，制定广告的影响战略，确定广告策划的各项内容。

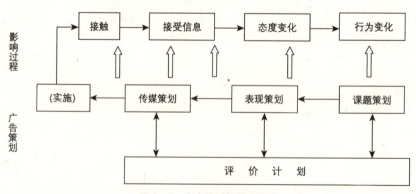

图4-4　广告策划与影响过程

5. 广告课题与心理

广告策划的第一步，是要确定广告活动的目标，包括长期目标和近期目标，这就是广告课题。这项工作将营销活动的意图体现到广告作品和传媒策划之中，并将广告以外的各种影响营销目标的活动与广告区别开来，阐明广告的分工。

广告课题可分为长期和短期两种。比如，树立品牌形象是长期的课题；而大嚷着"降价"以期达到吸引受众的目的就属于短期的课题。在广告的影响过程中，产生与广告表现相关联的行为变化以及对广告品牌的态度、行为变化，都反映了广告课题所对应的受众心理变化。

（1）长期课题与品牌战略

一种新牌子的商品进入市场，或是老牌子更新换代后再次打入市场，作为营销策划的重要内容之一就是树立良好的品牌形象。品牌问题不仅是广告策划的课题，也是品种政策、价格政策、渠道政策、推销政策的共同课题。因此，为了能促使受众对某一品牌有所行动表示（喜欢或购买），影响受众对这一品牌的态度，就是广告策划以及上述各项政策的共同课题。

树立良好的品牌形象，是为了使受众对品牌的态度比较积极、接近一致。由于受众之间存在个别差异，这就需要对受众的心理现象和行为规律作一番调查分析，以掌握受众兴趣集中的所在或范围，确定品牌的概念。品牌概念一旦确立，为树立与此相符的品牌形象的广告策划明了方向，这就是广告长期课题的作用。

（2）长期课题的确定

广告的长期课题要确定品牌的概念。品牌是否有效依赖于三个条件：保证品牌的商品特性；与广大受众的需求相一致；与竞争的品牌相比存在明显优点。要使这三个条件得到满足，可运用"定位"策略。

（3）长期课题中的定位（positioning）程序

以某品牌的化妆品为例。第一阶段：在该品牌有可能涉及的市场领域中，对同类商品其他品牌进行分析、比较，更好地把握这一类商品的特征。

第二阶段：在对化妆品的分类中，分析受众的品牌观点（对品牌的有关评价）。

第三阶段：分析受众的愿望（分层次的）。

第四阶段：从化妆品的特性加以判断，分析其可能的分类与市场位置。如果改变其分类和市场位置，可能性是否存在？

第五阶段：根据受众的愿望和竞争中的位置顺序，分析研究吸引受众的可能性。

通过这一"定位"程序的分析研究，明确商品的市场位置（position），决定了品牌概念的基本性质。定位成功，则品牌的宣传具有充分的吸引力，成为该市场领域内受众的购买目标，并对周围领域的其他品牌商品构成强有力的竞争威胁。

（4）长期课题中定位的类型

类型一：用途分类型。这是受众根据用途划分和选择品牌的结果。比如：Boss牌西服、PUMA运动服、三枪牌内衣等。

类型二：用途联系型。这是将新品种从原有的分类中脱离出来，但又必须揭示

"新老两代"之间的联系时,所采用的方法。比如:三菱生产的"翠绿供热器"虽然具有原来的集中供热站的特征,但体积、外观、安装使用等方面已有突破性的进展,因而使用了"集中供热站的零售"这一广告语后,取得了爆发性的畅销。

类型三:生活习惯联系型。许多需求来自于受众的生活习惯。定位恰当,则广告能深入人心,卓有成效。比如:广告语"你今天喝了没有"就使乐百氏奶家喻户晓。

类型四:细分类型。在市场或商品已有的分类中再进行细分或重新进行细分,找到自己的位置(定位)。比如:在众多的化妆品中细分出男性化妆品,在各种台式或立式电风扇中细分出仿自然风型等。

类型五:追求形象型。按受众的自我心理形象目标进行定位分类。比如:Marlboro 广告语和图片、包装等毫不含糊地展示出男子汉气概十足的美国西部牛仔形象,其广告 1954 年问世后,就使 Marlboro 的销量一年内整整提高了 3 倍,从默默无闻一跃成为全美香烟销售的第十位,1968 年再次升至第二,1975 年登上了全美香烟销量第一的宝座,以后又努力开拓国外市场,最终成为全球香烟销量的老大。Marlboro 的成功主要归功于其广告的制作成功,这已成为世人的共识。如今,仅 Marlboro 这个牌子已升值至 300 亿美元。

类型六:排序型。这是一种通过排序来显示自身优势,从而吸引受众的方法。比如使用"同行业第一"、"历史最悠久"、"十大畅销品牌之一"等广告语。这些广告语突出了品牌的序列,是为了让受众有一个"公认"的概念,以利于顺利地被大众"接受"。

类型七:功能列举型。这是把品牌概念与其功能联系起来宣传的一种方法。比如"三九胃泰"和"孔府宴酒"等直接将品牌与功能相联结,"太平洋保险保太平"则突出了品牌及功能用途,使受众经常耳闻目睹,构成了某品牌与某功能必然联系的印象。

(5)短期课题与影响行为的策略

广告的短期课题主要针对受众的近期行为变化。目的是希望受众能在广告的直接驱动下,或在某一环境下联想起广告的宣传而被诱惑时,在心理和行为上有"拥用某种商品(或品牌)"的反应。

以某种品牌的感冒药为例,广告短期课题可包括五个场景的行为过程。

场景一:认识问题。这一阶段是引起对需求的共鸣——"感冒了需要用药"。

场景二:收集、分析信息。第二阶段是给出敏感的信息"首选哪种品牌的感冒药好"。

场景三:购买行为。第三阶段提示了购买行为——"购买行为中对该种品牌指名道姓"。

场景四:用后评价。第四阶段显示对该品牌满意的评价——"名不虚传"。

场景五:用后行为。最后阶段展示发自内心的共鸣(向他人施加影响)"感冒了就用这一品牌的药"。

这五种场景展示的广告课题主要考虑受众近期的心理和行为反应，是短期课题的目标和任务。

(6) 短期课题的确定

广告的短期课题则必须保持动态的信息：市场的状况、受众状况、企业的状况。

(7) 短期课题与促销

短期课题考虑的重点是受众的行为变化。具体包括了三个方面的信息：市场状况、受众状况和企业状况。考虑市场状况是为了对市场需求进行细分，确定促销对象。比如：对某一类商品的需求所反映的购买类型进行细分，可分为新购、试购、换购、续购、增购、扩购等；而对品牌的选择进行细分，可分为专一选择、转换选择、随大流等。考虑受众状况是为了对受众关于品牌的行为和态度进行细分，分析购买行为的"决定动机"掌握促销要素。考虑企业状况主要是为了对广告以外的营销状况进行分析，力求改善营销条件，明确广告分担的任务。

1972 年 P·Kotler 提出了促销活动的新划分（如表 4-1 所示），把短期课题有关的"品牌行为改变和态度改变"换成了"团体、个人、场所、社会性活动形成的特定的行为和态度的细分。"

促销活动的新划分　　　　　　　　　表 4-1

Ⅰ. 商品/服务销售	c. 向有选举资格的人销售
a. 耐用消费品销售	d. 影响销售
b. 非耐用消费品销售	Ⅳ. 场所销售
c. 服务销售	a. 不动产销售
Ⅱ. 向有组织的机关团体销售	b. 企业地产销售
a. 企业销售	c. 土地投资销售
b. 行政机关销售	d. 旅行销售
c. 文化团体销售	e. 国家销售
d. 服务机关销售	Ⅴ. 社会性销售
Ⅲ. 向个人销售	a. 观念销售
a. 向选举候选人销售	b. 策划销售
b. 向知名人士销售	

4.1.2 广告的受众选择

在制定广告策划之前，先要明确广告传播的对象，即进行广告的受众选择。首先要确定市场对象，即广告的预想受众范围；其次是从中选出应重点考虑的积极受众；再次是要从采购者而不是从使用者的角度来确定广告所要打动的受众。

1. 市场受众

为了确定预想受众，在对受众进行层次分割、分析竞争关系与企业能力时可以采用下述三种战略：

（1）不分割战略。即不考虑对受众进行层次分割，以单一品牌投入整体市场。

（2）分割战略。即根据某些特征对受众进行划分，并对各分市场分别制定最佳的营销策划。

（3）集中战略。即对受众进行划分后，选择某一分市场作为本企业的主攻目标，集中投入，以求全面占领。

划分受众的方法称为细分市场（market segments），一般可按两个特征即受众（因人而异）和地域（因地而异）进行划分，这是市场学或营销学研究的内容。在以受众为特征的市场细分过程中，可以加入按受众心理特征细分市场的方法，如受众的性格特征、品牌心理作用等。

市场受众主要与广告的长期课题相对应，常用"定位"的方法加以分析、确定。比如：三菱生产的"翠绿供热器"就是采用了与集中供暖相关联的"定位"，把市场受众选定为希望采用集中供暖，但由于受经济和居住条件限制而只好放弃的人。并可将这些市场受众进一步细分为显在需求者和潜在需求者，以推测需求量的时间序列和广告的潜力。

2. 积极受众

与广告的短期课题相对应，在市场受众中分析受众与品牌的关系，选出当前应列为重点的积极受众。

积极受众可根据购买类型进行分类：按使用情况可分为未使用者、少量使用者、平均量使用者和大量使用者等；按品牌的选择情况又可分为专一品牌继续使用者、更换品牌继续使用者、对品牌不作选择的继续使用者等。从上述的分类中进行比较、分析，可找出列为重点的积极受众。

一般地讲，企业往往把大量使用者作为积极受众、以求得稳定的市场占有率。广告的作用在于：1）对某一品牌的购买者，培植为专一品牌的继续使用者；2）对其他品牌的购买者，激发其更换品牌的兴趣，一旦成为某一品牌的购买者，则培植为专一品牌的继续使用者；3）对不选择品牌的购买者，培植他成为某一品牌的使用者，继而成为专一品牌的继续使用者。

3. 广告要打动的受众

客观上存在一种现象，决定购买者或实际购买者并不一定是真正的使用者。比如儿童用品、礼品等。对市场受众和积极受众的注意力主要集中在使用者身上，对于广告来讲是不够的。广告所针对的是"购买——使用"过程的所有作用者，这些均是广告要打动的受众。

"购买——使用"过程中起作用的受众分为：提倡者、影响者、决定购买者、实际采购者、使用者。由于各种原因，有时一个受众"身兼数职"，有时却在一个过程有许多成员参与。比如，一对夫妇作为一个购买单位，则两人在购买过程的作用关系可分为：

（1）自律型。各买各的东西；

(2) 一方为主型。由某一方作主决定购买；

(3) 共同协商型。两人商量后决定是否购买。

所以，广告究竟做给谁看，要打动的受众是谁，必须具体情况具体分析。一般讲，广告宣传的主体（如商品的功能或品牌）起很大作用。

对某些商品进行评价需要具备一定程度的专门知识，这就要从一个受众群体中选择出对其他成员的购买行为有影响力的人作为广告的打动受众，以便利用他的言论权威来影响和带动整个购买整体。比如：SONY 公司、AEG 公司、SIEMENS 公司等，在推销其家用电器时都将商店的营业员、电器专家、记者、教授等列为广告的受众。这一思想已蔓延到了一些中小企业，如在上个世纪末，德国的 Peter Kolln 公司、HEM 股份公司、Asmussen 兄弟公司等，就已经专门制定并实施了以中国的大学教授为影响者的广告战略，以期在中国市场取得突破性影响。

4.2 受众心理分析

在广告策划的过程中，深入进行广告受众的心理分析是非常重要的。因为它有助于广告策划能够更好地实现预期目标。本节将进行广告受众的心理分析，它包括广告受众对广告的接收心理、理解过程以及记忆模式。

4.2.1 广告受众对广告的接收心理

要想使广告策划获得成功，不仅要吸引广告受众的注意，更要使广告符合广告受众对广告信息的心理反应规律。那么，广告受众通过什么来接收广告信息呢？最直观的回答是通过眼睛、耳朵来接收，但这并不全面，准确的答案是通过广告受众的感觉器官来接收广告信息并作出判断，即对广告进行感觉与知觉。因此，广告受众对广告的接收与否和接受程度，依赖于广告受众的感知系统。

正如第 3 章所述，感觉是人对直接作用于感觉器官的客观事物的个别属性的反映。知觉是人对直接作用于感觉器官的客观事物的各种属性、各个部分的整体的反映。

1. 广告受众的感觉阈限

感觉阈限是指能引起感觉的持续一定时间的刺激量。人对任何一种物理刺激的感觉都是有一定限度的，例如，对光的亮度的感受，当光的亮度太低时，无法觉察，而当亮度太高时，又会由于刺眼而回避它。那种刚刚能引起感觉的最小刺激被称为绝对阈限，而被感受器觉察到的最大刺激值即为上阈限。相对于绝对感觉阈限的感觉通俗称绝对感受性，二者呈反比关系，即绝对阈限越小，其感受性越高、反之亦然。可用 $E=1R$ 表示，E 为绝对阈限，R 为绝对感受性。就像人看电影一样，只有在一定的放映速度下才能看清影片中的图像，而低于或高于这个速度范围，均不能清晰地觉察图像。而刚好能使人清晰觉察的速度范围即绝对阈限。然而这个绝对阈限值并不是绝对固定的，在不同条件下，同一种感觉的绝对阈限也会发生变化。人的感觉有对环境的适应性，例如，初到一间洒过香水的房间中，会感觉到其扑鼻的香气；在房中呆过一段时间后，这种感觉会渐渐减弱；长久置身其中，甚至不觉其香了，这就是"久入芝兰之室而不觉其香"。这表明人对事物的感受性是可以变化的。感觉的适应性使得我们可以帮助解释受众对某种广告刺激熟视无睹的现象。在这种情况下，要让受众感觉到广告有什么办法呢？还以人在洒了香水的房子为例。当人不觉得有香味时，方法之一是增加香水的浓度，以使人能再次感受到。所以对广告策划而言，在相对范围内增加广告刺激物的强度（例如规格、声音、色彩等的大小），可以在一定程度上提高广告受众对它的感觉与注意度。然而，增加到什么程度可以使人感觉到这种差别呢？这涉及到人的差别性和差别阈限。

2. 广告受众的差别阈限

差别感觉阈限是指刚刚使人能够觉察到两个同类刺激物之间差别的最小差异量，又称最小可觉差（J、N、D）。对这一最小差异量的感觉能力即为差别感受性。心理物理学的研究表明，对刺激物的差别感觉，不取决于一个刺激增加的绝对数量，而取决于刺激的增量与原刺激量的比值。

广告主花钱做广告，肯定是为了让广告受众对其有所觉察。最小可觉差J、N、D，对我们有重要的启示。要强化刺激就必须和其他同类刺激拉开距离，显示出差别。看看国外早年一则咖啡电视广告，对煮咖啡时那种特殊的音响进行了夸张的表现，片中没有轻柔优雅的音乐和风趣的广告语。这则广告大获成功，立即引起广告受众的热烈反应。其中缘由，是他们听惯了悠扬的音乐、幽默押韵的广告词，此时其差别阈限（J、N、D）渐渐增大，差别感受性随之降低，优美动听已习以为常，很难在其中获得特别的感受，于是厨房的煮咖啡声出现在广告片中改变了广告受众的差别阈限。因为广告受众对这种从电视中传出声音的J、N、D是很小的，因而对其感受性也就较高，能够十分敏感地觉察出来。就像前文中举例过的长时间呆在洒过某种香水的房中会不觉其香，此时，如果你换一种香味的香水洒在房中，会立刻引起对这种香水的感觉。

3. 广告受众的知觉过程

这里要研讨的知觉过程，是指受众的眼睛、耳朵等感觉器官受到广告信息的刺激后，对其进行综合整理和分析，转变为有意义的信息，并引起动机和情绪反应的过程。知觉过程与后面将要讨论的态度过程之间的最大差异，在于是否对广告信息进行主动的或有意识的评价及反应。具体讲，知觉过程对于广告信息的输入（接触）是不需要进行知识准备也不需非得了解广告意义就自动进行的，而态度过程则是主动地评价广告信息并对广告宣传的主体（产品、品牌或企业）作出某一态度或决定的。所以，知觉过程是受众对广告信息的被动处理过程，而态度过程是受众对广告信息的主动处理过程。

由于知觉过程的被动性，广告策划的成功与否和广告能否引起受众注意是密切相关的。这里所谓的"注意"，是指对某种刺激的信息进行处理的精力投入的分配。引起注意的因素可从广告与受众两方面来研讨。

(1) 广告刺激的因素

广告刺激的因素可以分为以下几种：

① 刺激强度。一般讲，广告刺激越强或越大，越能引起更大的注意。以印刷品广告为例，版面越大越能引起注意。

② 对比性。如果同背景或环境对比不很突出，则广告的刺激强度会明显削弱。只有与大众常见的广告有显著的反差，才会引起最大的注意，以免熟视无睹。

③ 颜色和动作。一般讲，颜色反差较大的广告比普通的广告更有吸引力，但并非绝对。当满街都是五颜六色的广告时，一幅独特的黑白广告可能更能吸引人。另外，动态的画面比静态的更有吸引力。

④ 位置。广告的位置有时也会左右注意的程度。比如，报纸广告刊登的版位、电视广告插播的时间、广告牌的高低或地理位置等。交通拥挤、堵车严重的路口，往往是做广告的最好市口，那里的广告牌阅读率最高。

⑤ 信息内容。广告的刺激能否引起共鸣，发生作用，其信息内容也是很关键的。一方面要点新鲜感，让人有新的感受；另一方面又必须让人产生"正合我意"的念头，引起心理上的"紧张"。

⑥ 名人效应。利用名人做广告，是提高广告注意率常用的手法。但需注意的是，要避免本末倒置，热了名人，冷了宣传主体，反而达不到理想的宣传效果。另外，如果落了俗套，则不仅没有新鲜感，还可能引起受众的逆反心理，就更不利了。

(2) 受众的因素

属于受众方面的因素可以分为以下几种：

① 需求与动机。受众接触广告时的需求会影响其对广告的知觉。饿着肚子与刚吃饱的人对食品广告的感受就可能有很大的不同。

② 态度。接触广告之前对广告宣传主体（企业、商品或品牌）的态度会影响对广告的知觉。

③ 适合性。受众之间存在着个体差异，能否引起注意可能与广告对个体受众的适合性有一定的联系。

4. 广告受众的联觉

"美味看得见"这是许多食品广告中惯用的手法，用视觉感受诱发出味觉感受。这种由一种已经产生的感觉引起另一种感觉的心理现象即为联觉，又称通感。在日常生活中，常常会有这样的经验，如看到味道，看到冷热等。

联觉是感觉现象中一种特殊的现象。它的存在表明各感觉通道会发生相互作用。美国生理心理学家汤普森指出了联觉的生理机制"一种感觉之所以会引起另一种感觉，是外界信息进入感官后，向神经中枢输送时，转辙改道的缘故。"当一种感觉器官接收到相应的刺激产生神经冲动，在传入大脑中枢时，转移了原有的路线，引起了另一感觉中枢的兴奋，于是发生了感觉相互替代的联觉现象。联觉的产生还出于人们的经验的作用。在人们的大脑中储存着关于某事物不同属性的有关信息，形成特殊而固定的神经联系。当感觉到事物的某一属性时，由于这种特殊联系，可能暂时地接通其他属性的信息，而形成联觉，广告更多地要借助大众传媒进行传播，因而它更多地借助于视觉、听觉。为了使广告受众由广告中的视觉、听觉信息而产生食其味、触其物的感觉，就必须借助联觉，常用的方法有由颜色产生味觉。实验材料表明，颜色可以给人以味觉感受，如橙色——甜味，红色——辣、咸味，茶色——苦味，绿色——酸味等。食品广告中运用色彩恰当，可使广告受众感受到食品的味道。如香辣酱以红色为基调，咖啡以茶色为基调都可更加突出产品的特点。日本有位十分精明的咖啡店老板，作了一个色彩调查，让一些比较挑剔的受众来品尝不同颜色杯子中咖啡的味道，杯子的颜色分别是茶色、红色、浅黄色、浅青色。结果发现，同样浓度的咖啡，放在茶色杯中被感觉味道最浓，而放在浅黄色与青色杯中则感到咖啡味不浓。由此老板把店中的杯子全部换上了茶色，这样就可降低使用咖啡的浓度而使顾客仍然感觉很好。这之中既有由颜色而产生的联觉（即味道感受），又有由颜色产生的错觉。

在广告中运用联觉十分重要。应用与研究最多的是由颜色引起的联觉，例如颜色可以引起人的冷暖感觉，因而有冷色调与暖色调之分。在食品广告中，依据食品的特性，用红、橙、黄色，往往会使广告受众产生味觉反应；而在电冰箱、空调机等商品的广告中常应用浅蓝等冷色调，使广告受众产生凉爽之感。

5. 广告受众的态度

"态度"是指对某一对象怀有好感或非好感及其程度，而广告则是为了增加或保持好感以及提高好感的强度。

（1）思考反应与感情反应

由知觉过程的研讨可知，经过知觉过程所感受的广告信息，到态度过程时要受到有意识的评价。态度过程受广告信息影响引起的反应有思考反应和感情反应。

1）思考反应（thinking response）。受众对广告信息的思考反应，是由于接触广告而引发了心中原来的感受（好感或非好感），通常可分为三类：一是好感思考。原来的态度与广告信息有所一致；二是中间思考。这是持不赞同也不反对的态度；三是非好感思考。原来的态度与广告信息不一致。

2）感情反应（affective response）。广告引起的感情反应对态度有很大影响。广告引起的好感反应会使受众增强对商品或品牌原有的好感程度或是转变原有的非好感状况。

（2）对广告的态度

广告信息所带给受众的反应，经过感情反应、思考反应，逐渐形成对广告的态度。这种好感或非好感的倾向被保存在记忆之中，当受众有所行为时才显露出来。

对广告的态度会影响到对商品（品牌或企业）的态度，但影响的关系（正相关、负相关、曲线相关）是一个极难确定的问题。比如，一个对所有人都有极好影响的广告，虽然让接触到广告的人个个感到满意或快乐，但导致购买意愿的程度仍有较大差异。

对此，R·B·Zajonc提出"感情"与"思考"分属两个互为独立的体系，受众对广告信息的处理是在这两个体系交互影响下进行的。R·B·Zajonc的提示，是值得继续研讨的。

(3) 对商品的态度

无论怎么研讨，最终还是要考虑广告对行为改变的影响。在简单阐述了对广告的态度后，应该直接了当地讨论对商品（或品牌）的态度。从广告对行为改变的作用角度讲，应探讨态度变化策略。

策略一：改变评价标准。这是指将过去不加重视的一些属性，创造性地定位为重要属性。比如，当各汽车厂商展开造型设计竞争时，把经济性和高效率定为宣传重点可能会得到意想不到的效果。

策略二：改变受众观念。这是对受众持有的非好感观念予以改变的方法。比如，当受众对食品色素一直含有化学制品的观念而大加排斥时，若能用天然食品色素的概念来冲击旧观念，可能会得到很好的态度反应。

策略三：附加新的观念。当受众对某商品（或品牌）有了固定的观念后，不断附加新的观念将有利于拓展新的需求（市场）。

策略四：摆脱理想的阴影。受众有时会存在对某类商品的理想追求，可能会使广告宣传的商品摆脱不了这种理想商品的阴影。如果能设法打破这一理想化的观念，受众的态度会有极大转变。

4.2.2 广告受众对广告的理解过程

由于广告受众对广告的注意通常情况下是在无意注意状态下形成的，只有在有目的的主动购买某种产品前才会采取有意注意。因而广告受众对广告的理解经常是处在知觉水平的理解，而在有意注意的状态下，这种理解更可能深入为思维水平。

现代社会中，工作生活节奏不断加快，人们的生活经常处在忙碌之中。由于信息的剧烈增长，被人称为"信息爆炸的时代"，人们在这种信息的包围之中，只能选取那些符合自己志趣和满足工作需求的知识去有意识、有目的地学习。在此之余，很少有大段的空余时间耐着性子认真地研究其他的信息。此时，对信息的理解是在一种无确定目的、不自觉的状态下，广告对广告受众而言在更多的时候是处在上述的这种状态之下。为了迎合广告受众的这种心态，更由于"时间就是金钱"这种经济上的原因，在广告策划中更加需要注意广告受众对广告的理解过程，尤其是对语言文字的加工，现代广告中常常是"一字值千金"。

1. 广告受众对广告词的理解过程

广告受众看到广告中的词，是如何在自己的认知结构上进行加工的？要回答这个问题，首先看看广告受众的这种认知结构是怎样的。先想想自己查字典的经历，再看下面的研究。心理学家Treisman1960年用"心理词典"来说明人对字词的认知。他认为心理词典是由许多词条组成的，这些词条具有不同的阈限，当一个词条被激活超过其阈限时，这个词就被认知了。学会了语言和阅读的人，都具有一个心理词典。理解一个词，就是在心理词典中找出与这个词相对应的词条，并使它激活达到一定的水平。在一个心理词典中，每个词条均包括了与这个词条相对应的词的语音、写法方面的表征以及词的意义表征。其中占中心位置的是词的意义表征。

Just 和 Carpenter1987 年把心理词典定义为词的意义在人的心理中的表征。对词的理解，就是达到了认知心理词典中一个词的特征或意义成分。心理词典更多地被认为是一种语义网络。人们可以通过两种通道到达心理词典，即视觉通道（词形表征）和听觉通道（语音表征）。研究发现，通常人们对外界信息的获取有 80% 是来自视觉通道。

另外，在生活中人们总是对熟悉的事物和人产生亲和感，并首先认同它。研究发现，对字词的理解也有这种倾向。在对字词认知的研究中，发现了"词频效应"。即在瞬间显示的情况下，字词频率的高低对字词辨认的影响表现为对高频字词的辨认率要高于低频字词的辨认率。在生活中常有这样的体会，对熟悉的、常用的词（即高频词），我们更容易理解。在广告中，广告受众对广告的理解也具有这种特点。关于词频效应的原因，研究者分别从各自的角度作分析，但仍不能说有了十分完善的解释。Mc Cusker、Hi Uinger 和 Ho Ueywilcox 等人于 1979 年的研究结果发现，高频词是以视觉表征为中介的，在视觉通道中呈现时，对它的认知速度比较快；而低频词需要以语音表征为中介，在视觉通道中还需进行语音转录的过程，因而对它的认知速度较慢。他们的这一研究在一定程度上解释了词频效应。无论如何，只要这种效应在我们的生活中存在，那么在广告中就不可忽视它。

更何况在人类的认知加工过程中，还存在一种统合作用。从视觉得到的信息，激活心理词典中相应的位置与自己原有的认知结构结合，再从口中表达出来。在这样一个加工过程中，信息已经发生了一定的变化。词频效应提示，高频词（也就是受众常用的熟悉的词）常常更容易被从口中传达和报告出来。可以想一想下面这两句传递同样意义的词，哪个更容易被广而传之："好极了"和"卓越"。显然，"好极了"由于被广告受众熟悉且常用，因而更容易被传颂，而达到广而告之。在某饮料广告中用"味道好极了"而不用"口感卓越"，这也是原因之一。所以，广告受众更容易理解他们所熟悉的、常用的高频词。

2. 广告受众对广告语句的理解

广告受众对广告语句的理解是一个心理认知加工的过程。在这个过程中，广告受众通过阅读广告语句，接受其中信息，并且运用它们来建构一种解释，即广告想要传达的内容和观点。因此，广告受众对印刷类广告中语句的理解，实质上是从这些广告文字中构建一定的意义。这种建构要建立在对字词理解的基础之上。在建构这种意义时，由于受到广告受众自身的知识经验的影响，广告受众是否能从广告语句中精确地把握它们，在自己的认知结构中建立与广告中传递的内容观点一致的意义，很大程度上受到广告语句本身的影响。广告语句的结构是否更容易使广告受众理解，有赖于这种结构是否符合广告受众理解句子的规则；尤其广告这种传达方式是在广告受众不太经意的情况下发生的，因此更加要求广告语句的遣词造句符合广告受众理解句子的心理过程。

在理解一个句子时，需要从句子中来建构意义。心理学研究发现，建构意义时，需要从语句中字词的排列顺序中建立起有层次安排的命题或称为子句。广告受众要从广告语句的构成成分中构建命题，就是说把一个句子分成子句，了解子句各层次的意义。这是需要时间的，必须先把构成成分中的词形和语音的表征保留在短时记忆（即工作记忆）中，也就是要在短时记忆中保留构成成分的逐字逐句的内容。而短时记忆的容量是很有限的，因而一个句子的表层结构在被加工成为命题（即建构了意义）之后，它的逐字逐句的内容很快就消失了，而保留在记忆中的是命题，也就是子句的意义，句子中的命题在记忆中以网络的形式被表征。

在 Kintsch 和 Keenan 1973 年的实验中发现：句子中的命题越多，阅读的时间就越多，而且回忆的命题就越少。因而在广告中，简单句更容易回忆，因为简单句的命题少且简洁。例如，"车到山前必有路，有路必有丰田车"。更有广告只用简洁明了的词或短语，以利于广告受众理解与记忆。在1990年初，中美天津史克制药有限公司在京津沪进行了一次产品抽样调查，在300名被调查者中，有95%的人知道其产品肠虫清并了解它的疗效。从3岁的幼儿到小学生，只要说到"肠虫清"，就能得到"两片"的解释。这之中"肠虫清"的广告起了重要作用。这个广告只用了两个字的广告语来说明其用法，即"两片"，然而却达到了醒目、易辨、好记的效果。这则广告之所以用一句话中突出的词来表达，是因为它首先是电视广告，在广告中可利用其他形象来补充其含义。在印刷类广告中，常常见到的是简洁醒目的短句，而不是词。

那么，具体说来，广告受众是通过哪些途径达到对语句的理解呢？一般而言，有两种途径：一是语义分析；二是句法分析。

（1）语义分析

广告受众在看一个句子时，需要了解句中词的意义，并且能够通过对句中的词与词之间如何搭配才能产生意义来确定这句话的含义。例如在生活中有时说不合语法规范的话，仍可被他人理解。而在这种情况下要被他人正确地理解，有个条件，即表达者与接收者之间有着较为相似的知识经验和认知结构，并且双方是主动地相互去理解。在广告中有时也会出现不合语法的语句，例如威力洗衣机的广告语"够威够力"，虽然简单醒目，广告受众也可以理解其中含义，但这种不合句法规则的语句不应在广告中出现，它会影响许多按句法分析方式来加工语句的广告受众的准确理解。

广告受众在进行语义分析时，更多地注意广告语中的实词，着重去获得实词的意义。例如，当广告受众看到"冰激淋、小孩、吃、粉色"这几个没有句法信息的词时，也会把它理解成"小孩吃粉色冰激淋"。广告受众的认知结构中有一定的内在逻辑，这与其知识经验有关。当然，在前面刚刚谈过广告中最好不用这种没有明确句法结构的信息。然而，从这个例子中，可以看出实词在语义分析时在意义表征上的重要性。在通常的阅读经验中也可体会出，阅读快的人主要是对实词进行加工。广告语句中，应更多地注重实词的选取与运用。

广告受众在运用语义分析理解句子时，常常是把更多的注意集中在句子中的动词上，而且去寻找适合于动词语义要求的名词短语。

在广告语句中，把广告受众已知的信息放在前面，新信息放在后面，则更易被理解。心理学家 Clark 1977 年研究发现，读者加工句子时，要首先从句子中区别出已知的信息，再在记忆中搜寻与已知信息相联系的信息，把新信息与头脑中已知信息联系起来，从而把新信息整合到记忆中去，所以广告受众已知的信息是加工整合新信息的切入点。暂且用这样一个不很恰当的比喻：把头脑中已有的语言理解图式比作一个网络，只有先找到可连接的点，才可扩展网络，接纳新信息。因而把已知信息放在前面，能更快、更方便地使广告受众找到这个切入点，这样可使广告受众对新信息进行全神贯注的加工理解，而且由于已知信息会使广告受众产生亲切熟识之情，这种情绪状态有利于广告受众对新信息的认同与接受。

假如没有旧信息的导入，而直接出现新信息，广告受众接受起来就十分困难。请回忆在 20 世纪 80 年代初"克力架"一词刚刚出现时的情景。"克力架"一词，广告受众以前没有接触过，按照旧有的知识经验，或许会联系到"巧克力"或其他什么"架子"等，因为广告受众不能在自已的心理词典中找到相应准确的词条，因而无法正确地激活头脑中的图式。事实上，"克力架"是英文"Cracker"的粤方言译音，它指一种甜而脆的饼干。广告受众对这一新词的接受，常常是在知道了它是饼干之后，找到了切入点，把"克力架"同化到饼干这一心理词条中建构图式。如果没有与旧有信息"饼干"的连接，会使广告受众茫然无措，而采取不理睬的策略。广告的目的是让广告受众了解产品，而不是纯粹的猜谜卖关子。请想想，在消费时，谁会去买一件自己对它一无所知的产品呢？在以语言文字为主的印刷广告中，应明确旧有信息，并把旧有信息放在句子开头起导入作用，这样更符合广告受众对语言文字的理解规则。

而如果是有形象说明或场景情节的广告，则因为商品形象或广告情节中已经传达出受众认知结构中存在的信息，因而可省略语言上旧有信息的传达，以便更加突出新信息。如上例中，"克力架"一词如果出现在有饼干实物形象的广告中，则较易被理解。即使如此，使用新异的词句，尤其是外来词时、还需考虑其他许多因素，如民俗习惯、文化背景等等。"克力架"一词正是由于受众觉得这种叫法华而不实，不符合我国人民的习惯而很少有人问津。既然是饼干，何不把它直接叫作饼干，让人一目了然呢？何必以其外文译音来哗众取宠呢？现在在商店中几乎很少再有把饼干直称为"克力架"的了。

把句子和语境，即上、下句连起来，更易理解。广告语中不能是几个毫不相关的短句组合在一起，而应该注意其上下句中的相关度。

(2) 句法分析

句法在此指对于句子中的构成成分的系统的安排。心理学家 Just 和 Carpenter 1987 年研究认为，人们在思考时是按非线性的、观念的群集进行的。但是，在交流的时候却运用的是线性的通道，即词的序列。

句法为人们提供了一种编码，使人们可以用词的序列去传递信息、交流思想。广告受众在读一则广告中的句子时，句法分析可以帮助他恢复广告传达者要告诉他的观念以及观念之间的关联。句法分析是把句子切分成构成成分，并确定它们之间是怎样联系的，从而建立起句子底层结构中的命题。运用句法分析的线索有五类，即：词序、词类、虚词、词缀和词义。但这并不是说每个广告受众都要对广告语中的词序、词类、词缀、词义与虚词进行分类，或许他不能说出每种词的类型，但只要他能够熟练地阅读，就具有一种关于这些句法的暗含知识。在通常情况下，广告受众并不一定意识到对广告语句中的句法分析过程，但当这个句子是复杂句时，他会有意识地使用句法分析。

在运用句法分析理解句子时，广告受众也更喜欢较简单的结构，对于复杂的句子，也是尽可能地使句子产生较少的构成成分，并且尽可能让它们在句法的层次中处于低层，因为这种结构可以减轻短时记忆（工作记忆）的负担。因此，在广告策划中写广告语时，修饰的子句要紧跟在它所修饰的直接的成分之后，否则会造成分析困难。

（3）广告受众对广告语句的分析方式

广告受众对广告语句通常采用什么方式来分析呢？

正如我们日常用语中的情形，广告受众在理解广告词语时，通常是先按照句子的意义来进行加工；其次才是按照句法来加工，因而语义分析比句法分析在理解句子中显得更为重要。而当二者产生矛盾时，常常是语义分析起决定作用。这就解释了有些不合句法的广告语，仍能被广告受众理解的原因。对于简单广告句而言，他们可以依据一般的知识经验去决定句子的意义。而对于复杂的广告语句而言，如果不合句法规范，广告受众是没有耐心去猜测其中语义的，况且还可能发生许多歧义现象。在某种程度上讲，广告是强迫性地施加给广告受众的，他们当然有权力拒绝它。广告受众通常面对媒体的广告是被动的。因而，他们在理解广告语句时，无论是在语义，还是在句法分析时发生困难，都会拒绝这则广告。

心理学的实验表明，在语文内容上正常的句子回忆得最好，对于稀奇古怪的句子回忆较差，对于异常的句子回忆最坏。因为人们需要从语句的意义中找到一种关系。在句法上，只有一个子句的句子比具有两个子句的句子要回忆得好。研究还发现，句子的语义异常性和句法的复杂性合在一起会更加降低对句子的回忆效果，而且语义的异常性比句法的复杂性更容易降低对句子的回忆。回忆的效果差说明理解的效果相应也差。因而广告句过分地标新立异、用广告受众费解甚至看不懂的广告词句，无疑是一种自取灭亡的举动。例如下面的广告语，某某装饰城的广告语："掀起装饰暴动"；某某娱乐城的广告语："感性高峰会"等等。这类广告企图以其奇异的语句吸引广告受众，以为这样会产生冲击力，实际上，广告受众会由于其句子语义怪异、不可理解而产生反感。所以，广告要让广告受众接受，首先要让他们能够看懂、理解。

4.2.3 广告受众对广告的记忆模式

生活中常常有这样的体验发生：当你要请朋友在家吃个便饭，上街采购时想到要买火腿肠,你在记忆中搜索,记得曾在广告中看到过你十分喜爱的某个影星做过一个火腿肠的广告。当时你还十分欣赏这则广告,心想,要买这种火腿肠吃一吃,看看是否真那么好。当时并未去买,现在非常想买它,可站在柜台前一时却想不起来这个火腿肠是什么牌子的。这说明广告受众注意到的广告,不一定能记住;广告受众注意并在当时理解了的广告内容,在用到时不一定能回忆起来。

策划某项广告项目的时候,如果有人问其目的是什么,得到的回答通常是"让受众记住这一商品(或品牌)"。这是进行广告策划中,最常见的观念。但是,在通常的情况下,广告受众并不是刚刚看完某个广告,就能立即购买,这之中有一个延时的过程。了解广告受众对广告信息注意、接收、加工、理解,同时有效地储存,并有效地提取是非常重要的,并且如果仅让受众记住该商品是不够的,还应当让受众在购买时能当场想起相对该商品的好感(差异性、商品形象、品牌形象等)。所以,广告对记忆过程的科学性叙述包括了两个方面:信息储存和信息提取。

1. 信息储存

所谓信息储存,就是将所获得的信息储存于记忆中不让其流失的过程。在这一过程中进行着三个单元的信息转换:

(1) 感觉记录器。从感觉器官接受的外来信息,有一个短暂的记录过程。在这一短暂的记录时间里,已有一部分信息被输入短期储存库里。

(2) 短期储存。在接受信息时只要稍作留意,信息便可在头脑里保持十多秒,其中的一部分是为长期储存提供准备的。

(3) 长期储存。信息往往是会有意识或无意识地从短期储存转送到长期储存。在短期储存中储存时间越长,其转送到长期储存中的能量就越大。

但是,并非所有的信息都会储存下来。有的信息是随时间的流逝而消失,有的则因传送阻碍的干扰而消失,还有的会因旧信息的干扰而消失。为避免或减少信息遗失,在广告中常用以下三种方法:1)复诵(rehearsal)。复诵能把信息维持在短期记忆之中,也能把信息传送到长期记忆中去。要想让受众自觉复诵是不可能的,因而企业常用的方法是在广告中多次把商品名称喊出来。2)译码(coding)。这是将信息重新构架、组合,以便受众容易接受、储存。如原上海市出租汽车公司的呼叫电话为2580000,广告中用上海话谐音:"让我拔4个零"。3)双重译码(double coding)。如图文并茂,视听共赏,既易于储存,又便于回忆提取。

2. 信息提取

所谓提取,就是从储存的记忆中选取所需部分并唤起意识的过程。广告的作用之一是让受众记住其传送的信息,对应的另一个作用是让受众在适当的时候提取这些信息并对行为发生影响。所以,信息的储存不仅仅是简单的品牌、商品,而且也是带有某种情感(认同、无所谓或反感)的。成功的广告是让带有好感(认同)的信息储存于受众的记忆之中,在适当的时候提取出来,唤起共鸣,导致紧张(需求中存在的缺乏)而产生积极的行为。

3. 促进广告信息记忆的方法

J·MacLachlan 于 1983 年提出了促使广告信息更容易记忆以及增强说服力的 12 种方法，值得学习和研究。

（1）唤醒意识。在意识高度清醒的时候给予信息刺激是非常有利于记忆的。因而在令人精神振奋的栏目中插入广告是一种提高广告有效性（至少是增强记忆）的常用方法。

（2）引起注意。对某事越是关注，其记忆也越深。因此，广告策划者经常考虑的问题就是"如何才能使这一广告吸引更多受众的注意力"。

（3）诱发好奇。通过提问的形式激发受众的好奇心，也是提高广告受关注的一种方法，因为好奇会导致受众提高关心度。

（4）引发共鸣。先让受众已认同的事物展现出来，引起受众的共鸣，再加入新的信息就容易被受众所接受。

（5）顺理成章。逻辑清晰、条理通顺的叙述比较容易记忆，因而广告不能不顾受众的心理而将观点强加于人，只有顺理成章才能取得成效。

（6）形象刺激。具体的、形象化的事物容易记忆，所以广告的信息传播也应注重采用形象刺激的方法。

（7）重点重复。长期记忆与信息提取的频次是密切相关的，但简单地进行重复广告也将是得不偿失的。因此，进行系列商品、多种形式的广告宣传（仅品牌、商标或企业名的重复）是增强记忆很有效的方法。

（8）巧用韵律。广告文案的韵律运用得巧妙，会对记忆有极大帮助。比如，"客货两用、天天畅通"（原北京汽车制造厂的广告语），"领先一步，上海申花"（原上海申花集团的广告语）。

（9）直接易懂。直接了当、简明易懂也是给人留下深刻印象的好办法，尤其在当今生活和工作节奏都已加快的形势下，含糊或繁琐会令人避而远之。

（10）Zeigarnik 效应。玩拼图游戏的人，在尚未完成拼图之前，对整个拼图过程记忆犹新。一旦完成了拼图，记忆便会迅速消失。这一现象称为 Zeigarnik 效应。广告宣传中故意留着一部分不完整的地方，引起受众悬念而加深对广告的印象和兴趣，就是应用了 Zeigarnik 效应的手法。

（11）自我决策。广告若能鼓励受众自己作出决策，则广告的说服力（可信度）就会增大，就容易加深记忆。

（12）证实激励。当受众的决策得到某一方面"肯定"的证实反馈信息，则其购买行为会得到相应的激励。如广告能在这方面发生作用，则其影响力就会得到相应的增强。

4.3 受众行为变化的预测

广告的作用是影响受众的心理和行为变化。因此，广告策划要考虑受众在广告作用下的知觉过程、记忆过程、态度过程和行为过程,最终要对受众的行为变化有一个清醒的认识。前述的知觉、态度、记忆等 3 个过程,属于研究受众头脑中的信息处理范畴。对行为过程的研究则包括了在信息收集行为和购买行为中,受众对广告信息的行为反应问题。从中产生的一个重要研究课题就是受众的消费行为学。

4.3.1 受众的消费行为理论

受众的消费行为理论是 20 世纪 60 年代起在全球盛行的。当时起主要影响的人物是 J·A·Haward 和 J·N·Sheth,他们两人合著的《The Theory of Buyer Behavior》不仅综合了前人的各种研究成果,还在此基础上研究提出了自己的见解。

(1) 简化。受众通过学习过程而积累了经验,逐步趋向于行为过程简化,以减轻心理负担。

(2) 新奇。当购买行为过于单一化以后,又会激发起受众产生探求新奇化和探求新产品的强烈欲望。

(3) 体验。受众的亲自体会比任何广告信息更有作用。如果体验的结果与广告的信息相吻合,则对购买行为产生极大的强化作用。

(4) 品牌。品牌经验往往比广告信息更有作用。只有在受众缺乏这一经验时,才会依赖于广告信息。

(5) 差异。受众需求的满足是因人而异的。如果有人企图找到普遍适用的满足方式,那是极其困难的。

(6) 多元。由于影响因素的多元性,使受众的行为时而简化,时而复杂化。除了广告的影响之外,还有:1) 受众个性;2) 社会环境;3) 资源(财力和时间)有限;4) 商品类别;5) 关心度;6) 风险经验,等等。

4.3.2 受众的消费行为过程与广告的作用

广告的作用,或广告所扮演的角色,是要影响受众的行为。然而,在这一行为过程中,往往有许多个人或团体会参与进来,扮演着 5 种角色:提议者、影响者、决策者、采购者和使用者。一般情况下,某一个人或团体会在这一行为过程中扮演两种以上的角色。在拟定广告策划时,应该认识到各个不同的角色对行为过程有着不同的影响,对于当前的广告课题来讲,必须弄清楚这 5 种角色中哪一种角色是广告的主要目标对象(即对行为过程最具影响力的角色)。

(1) 提议者:最初提议要购买商品或服务的个人或团体。以提议者为目标的广告活动,一要促使提议者提议购买该类(种)商品或服务,二要促使提议者推荐购买本广告宣传的品牌。

(2) 影响者:既能促进购买决定,也能导致取消购买的信息提供者(个人或团体)。对于这类角色所进行的广告活动,目的是要在出现某种商品或服务需求时能推荐本广告宣传的品牌。尤其是对于商品或服务的评价需要某种程度的专门知识或使用经验时,影响者的作用会相当大。

(3) 决策者：决定购买与否的个人或团体。对于这类人，要通过广告传达这样一个信息：为什么推荐本广告宣传的品牌是上策。因此，广告的作用是要说服其目标对象选择本广告宣传的品牌。

(4) 采购者：执行决策，实施购买的个人或团体。这类角色是执行已经决定了的商品及品牌的购买任务。如果已经选择了广告宣传的品牌，那么就要促使采购者付诸行动。因为，有些已经决定了的事，可能在采购现场就会变卦。比如，决定购买的品牌正好缺货，或其他品牌的厂商现场推销积极等。所以，广告要能够强化采购者对其宣传品牌的购买行为，甚至从其他品牌那里争取到新的客户。

(5) 使用者：商品或服务的操作（享用）者（个人或团体）。对于这类角色，广告的作用是让其了解本广告宣传的对象，并促使其实际使用（享用），而且能由此感觉到需求的满足。这样，可导致反复购买行为或扩大购买量。

4.3.3 行为过程模式

受众的消费行为过程可分为若干个不同质的阶段。因此，广告策划的制定必须把握住以下几个方面：

(1) 受众在采取购买行为之前，会经历哪几个阶段；
(2) 在各阶段所涉及的有哪些人及扮演的角色；
(3) 各阶段主要在什么场合进行；
(4) 在各阶段中影响力最大的传播方式是什么；
(5) 以时间划分，各阶段进行的时间如何。

田中洋等人著《新广告心理》（1991 年）中对受众的这一行为过程有较好的描述，简单介绍如表 4-2 所示。

对受众的消费行为过程的了解，将有助于认识广告或促销活动所影响的重点所在，并且有助于认清在整个行为过程中对购买决定具有最大效果的关键之处。通过对行为模式的分析，能使广告人明白，在哪一个阶段采用哪一种作用方式更加有效。

受众的消费行为过程　　　　　　表 4-2

主要阶段	产生需求	信息收集与评价	购买决策	使用
角色	提议者	影响者 决策者	决策者 采购者	使用者
场合	如：家庭、商店内、商品使用时等	如：店内、店外、专家权威等	如：店内、店外、商讨时等	如：个人使用、工作中等
发生影响的传播方式	广播电视、报纸刊物、室外广告、电影等	广播电视、报纸刊物、电影、推销员、名人或专家等	推销员、大众口碑、POP 广告等	大众口碑等

4.3.4 受众决策行为过程与广告策略

广告主和广告人在广告策划过程中，非常关注目标受众的决策行为，受众的决策行为过程将影响广告策略的制定。所谓受众的决策行为过程，是指受众在购买产品或者服务时所进行的一系列过程。受众的购买决策过程通常包括认知问题、搜寻信息、信息评价与决策、购买行为和购买后行为等6个步骤（如图4-5）。认知问题阶段是指认识某种欲望或需求的过程；搜寻信息阶段是指为找到解决所认识到的消费问题的方法，并从记忆里提取信息或从外部搜寻相关信息；然后是对有关信息或方案进行评价，选择出自己喜欢的方案；在购买阶段则按照所选择的方案购买，最后对购买行为进行评价以了解自己的期望满意程度。

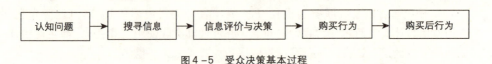

图4-5 受众决策基本过程

受众决策过程并不总是一个简单的线性过程，了解受众决策过程可以帮助广告主和广告人深刻认识目标受众是如何制定其购买决策和实施其购买行为的，从而根据受众在消费决策的不同过程阶段的消费行为特征制定相应的广告策略。

1. 认知问题过程中的广告策略

顾客（广告策划的目标受众）购买决策过程的第一步就是认知问题。认知问题也就是顾客要先界定其所面临的问题，问题的认知来自于顾客所感受到的需要不满足，即理想状态与现实状态之间的差距。这种差距可以是顾客所面临的一种问题，对于企业也可以是一种机会。例如企业可以通过广告告诉家庭主妇所食用的食油在高温烹调下可能会产生毒素，造成家庭主妇对该潜在问题的忧虑，从而形成对问题的认知。

由于目标受众对问题的认知是由理想状态与现实状态的差异大小以及该问题的相对重要性所决定的，因此，在认知问题的消费决策阶段，广告的目的就是使受众了解到其理想状态与现实状态之间的不均衡，从而创造受众的需要。也就是说，广告活动在问题认知阶段应该通过改变受众对理想状态与实际状态的认知来激发受众的问题认知。有研究表明，对于改变理想状态与现实状态的广告活动，不同的受众以及同一受众在不同的产品或者服务领域的反应均存在差异。因此，企业必须确保他们所采取的广告活动适用于产品或者服务的目标市场。

许多广告活动旨在影响受众的理想状态。广告主或广告人经常在广告活动中宣传其产品或者服务的优越之处，希望这些优点被受众所看重，并成为受众欲求的一部分。例如，率先为汽车配备安全气囊的汽车制造公司就在广告活动中一再强调这一装置的重要性，似乎安全气囊是"标准汽车"不可或缺的部分，其目的就是影响受众关于"理想汽车"的概念。

另一种途径就是通过广告或者其他营销活动影响受众对现实状态或者现有状态的认知。受众可能习惯性地重复选择某一品牌，而不考虑是否有性能更好、品质更优的替代性产品或者服务。此时，提供替代性产品或者服务的企业就需要打破受众的习惯性决策模式，使他们意识到现在所购买的产品或者选择的服务并不一定是最好的。例如许多护理产品和社会性产品经常使用的就是这种途径,"即使你最好的朋友也会向你保密……"或"Kim样样出色,而这种咖啡……"等广告语就是典型的激发受众关注的现实状态的例子。理想状态在这里是新鲜的空气和优质的咖啡,设计这些信息就是为了引起受众思考他们的现实状态是否与理想状态相吻合。

当然,有不少人对通过广告活动激发受众的问题认知是否合乎道德产生质疑,把广告活动斥为煽动甚至引起物质主义的思潮。但普遍的认识是,广告活动并不是导致物质性追求的根本原因,因为在广告活动出现之前的很长时间里,人们就开始使用香水、服饰等东西以获得更高的物质地位和社会地位。

2. 信息搜寻过程中的广告策略

受众一旦认知到存在问题,他们就会利用长时记忆中的相关信息确定是否有现存的令人满意的解决办法,各种潜在的解决办法有什么特点,并对这些解决办法进行比较作出选择等,这就是内部信息搜寻;如果通过内部搜寻未能找出合适的解决办法,那么搜集过程将集中于问题解决有关的外部信息,这就是外部信息搜寻。很多问题通过运用受众过去储存的信息就能得到解决,购买他们所回忆起来的惟一的且令人非常满意的产品或者服务,这就是所谓的程式决策;同样,如果受众在了解了某产品或者服务的特性时联想到该产品或者服务能满意地解决过去的某个问题,从而作出购买决策,这就是所谓的有限决策。这两类决策方式基本上依靠的是受众的内部信息搜寻。当受众进行广泛决策时,外部信息才变得非常重要。而外部信息的主要来源是广告等商业活动,当然还有大众传媒和他人的口碑等。真正有效的广告活动要考虑目标受众在购买前所进行的信息搜集的性质。其中两个层面特别需要考虑,即决策类型和激活水平。前者影响信息搜寻的水平,后者影响信息搜寻的方向。表4-3描述的就是以这两个层面为基础的战略矩阵。

基于信息搜寻的广告营销战略　　　　　　　表4-3

品牌位置	目标市场决策模式		
	程式决策 (几乎无信息搜寻)	有限决策 (有限信息搜寻)	广泛决策 (广泛信息搜寻)
激活阈中的品牌	保持战略	捕获战略	偏好战略
不在激活阈中的品牌	瓦解战略	拦截战略	接受战略

(1) 保持战略

如果品牌的产品或者服务被目标受众习惯性地购买,企业的战略就是保持他们的这种行为。这要求企业保持产品质量的一致,避免渠道中存货的短缺,同时强化广告宣传。另外,企业还要谨防竞争者的瓦解技术。总之,企业不仅要不断地加强广告宣传,增强受众对该品牌产品或者服务的进一步认知,而且要不断开发和改进产品或者服务,以抵消竞争者所开展的各种广告营销策略。例如,Coca-Cola、PEPSI-Cola等碳酸饮料分别拥有很多的习惯性购买者,甚至相当一部分是品牌忠诚者,它们都通过强大的广告攻势成功地抵制主要竞争对手的强劲攻击。而与此对照的是，当年非常红火的广东健力宝饮料却没能保持其广告宣传的攻势，日渐丧失其原有的市场份额。

(2) 瓦解战略

如果某个品牌的产品或者服务没有进入受众的激活阈，而且目标受众采取的是程式决策，那么企业的主要任务是瓦解受众现存的决策模式。由于受众并不搜寻外部信息，甚至在购买前不考虑其他备选品牌，因此，完成这一战略相当困难。从长期看，产品的重大改进伴随引人注目的广告策略可以引导目标受众进入更广泛的信息搜寻型决策。在短期内，旨在打破习惯性购买决策的具有吸引力的广告可以获得成功。免费使用、优惠券、价格折让、派送等是瓦解程式决策最常用的方法。同样，具有很强吸引力的比较性广告也是瓦解程式决策的主要广告营销战略。

(3) 捕获战略

有限决策通常涉及运用少数几个标准，如价格或者可获性，对少量品牌进行比较。大部分信息搜寻来源于购物点或者容易接触到的媒体上。如果某品牌属于受众品牌激活阈中的品牌之一，企业的目标应是尽可能占有较大的购买份额。由于受众从事有限的信息搜寻，企业应了解他们在何处搜寻信息和搜寻何种信息。一般说来，企业此时应在地方媒体上做合作性广告或者通过购买点的陈列以及足够大的货架空间向受众提供有关价格、可获性等方面的信息。

(4) 拦截战略

如果目标受众从事有限决策，而且某品牌的产品或者服务又不在其激活阈之中，企业的目标应是在受众寻找有关激活阈品牌的产品或者服务的信息过程中对其实施拦截。同样，这里的重点也是地方媒体上的合作性广告、购买点的陈列、货架空间等。由于受众对这些品牌的产品或者服务不予关注，因此，吸引受众的注意成了广告活动的主要目的。

(5) 偏好战略

当受众决策属于广泛决策，某品牌的产品或者服务又在受众激活阈之中，这时应采取偏好战略。由于广泛决策一般涉及好几个品牌、很多产品或者服务的属性和信息来源，因此企业应该构建一种信息方案，以使该品牌受到目标受众的偏好。首先，通过广告营销等手段在那些对目标受众非常重要的属性上建立强势地位；然后，信息应该提供给所有合适的广告营销渠道，广告活动不仅要把信息传递给产品或者服务的购买者，而且也要传递给不购买该产品或者服务的其他受众；最后，企业应当给营销人员提供有关产品或者服务属性的详细信息，并给他们额外的刺激鼓励他们在营销活动中推荐该品牌的产品或者服务。

(6) 接受战略

接受战略与偏好战略极为相似。然而，更为复杂的是，目标受众不会搜寻有关某品牌的产品或者服务，也就是说，某品牌的产品或者服务不在受众的激活阈之中。所以，除了偏好战略所提到的各种广告营销活动以外，企业还必须吸引受众注意和促进他们了解该品牌的产品或者服务。

通常，强调增加受众吸引力的广告非常有效，虽然这样的广告并不能"销售"品牌，但它的主要目的是使该品牌及其产品或服务进入受众的激活阈。这样，一旦某种购买情境出现时，受众将搜寻关于该品牌的更多信息，并有可能作出购买决策。

3. 信息评价与决策过程中的广告策略

在信息搜寻的基础上，受众将形成一个品牌激活阈，激活阈里的品牌可能只有两三个，也可能有五六个，甚至更多。受众会根据一定的标准对激活阈里的品牌进行评价，以此决定这些品牌在多大的程度上能够解决受众所面临的问题。受众用来评价各个品牌的标准与受众在购买中所追求的利益、所付出的代价直接相关。例如，许多希望避免蛀牙的受众使用含氟牙膏。对于这些受众来说，含氟是与防蛀这一利益相关的评价标准。

企业已经认识到受众判断评价标准的能力和应用替代指示器的倾向，并对此作出了反应。例如，多数新消费品最初都经过了与其竞争者相比较的蒙眼测试。方法是在测试时不让被试者知道产品的品牌名称。这种测试使得企业能评价产品的功能特征，并判定在没有受品牌偏好和企业偏好影响的条件下，新产品是否较竞争产品具有可觉察的显著差异。

广告主和广告人已经学会直接运用替代性指示器。美国 Andecker 公司的广告称其啤酒为"味道最贵的啤酒"，很显然，该广告试图利用许多受众对啤酒持有的价格—质量关联。有时，为促进销售而提高价格就是基于人们持有的价格—质量关联的观点。另外，也有些广告应用品牌名称为其产品进行宣传，以品牌作为产品或者服务品质的替代指示器，例如 Elmer 的广告词就是：与您可信赖的名字粘在一起——超级胶水。这些策略不但大大减少了购买该品牌的产品或者服务的知觉风险，同时还是产品或者服务质量的一个强有力的替代指示器。

在信息评价与决策过程中，广告人除了熟悉受众的评价标准并据此制定相应的广告策略以外，还必须熟悉受众消费决策的规则。人们常常单独或者同时应用的决策规则有连接式、析取式、排除式、编纂式和补偿式 5 种。但实际上，我们难以回答企业的目标受众在何种场合下会应用何种决策规则。但在特定环境下所作的研究表明，人们的确用到了这些规则。低复杂度的购买决策涉及相对简单的决策规则，因为人们会试图减少作出这类决策所付出的精神代价；高复杂度的购买决策涉及相对高的知觉风险，人们会趋于更仔细地评价。不仅会运用更复杂的决策规则，而且还有决策的阶段性，并在每一阶段中应用不同决策规则评价不同属性。当然，个体特征、产品特征和环境特征也会影响到人们所采用的决策规则。

每个广告人都必须清楚，对于考虑范围内的细分市场，受众最可能应用的决策规则或者规则组合是什么，并制定出相应的广告策略。例如，对于 Vigor 的广告，企业认为受众将价格列为购买该产品的最关键的考虑因素，因此，它的广告活动就以宣传价格为主，同时考虑受众可能进行复杂决策，因此还提供了很多其他属性方面的信息。

4. 购买行为过程中的广告策略

顾客的实际购买行为涉及很多的行动与决策，如店铺的选择、购买时机、品牌选定、货币支付等。其中，店铺的选择是顾客实际购买行为过程中最重要的一环，而影响顾客在店铺选择上的一个重要因素就是店铺的形象。一个店铺的形象是由许多因素所组成的，其中一些比较重要的因素有地点、装潢、商品配置、店铺的气氛、店堂广告（POP 广告）、销售人员的服饰与专业知识等。在此，我们主要介绍顾客实际购买行为过程中的 POP 广告策略。

POP 广告是影响顾客，即广告受众实际购买行为的一项相当重要的工具。很多店铺就是运用 POP 广告向受众传递店铺特性尤其是促销价格方面的信息，目的是吸引受众走进店铺实施购买。一项涉及各类商品（包括汽油、床单、电子表、长裤、咖啡、礼服等）的 POP 广告的调查发现，随着产品的类别差异，广告所产生的影响也存在很大的差异，但从总体看来，受广告影响而进入店铺的受众中大多会实施购买行为。

事实上，如果仅以购买 POP 广告产品的数量来衡量 POP 广告的效果，那肯定会低估广告的实际影响。因为店堂内的受众在受到 POP 广告影响时的实际购买行为可能会购买广告产品或者服务以外的产品或者服务，这种广告效果称为"溢出销售"。而且研究表明，溢出销售额几乎与广告所传播的产品或者服务的销售额相等。所以，我们在评价广告或者其他促销活动的效果时，应当考虑由此带来的整体销售和利润，而不能只考虑由于被促销产品销售增加所产生的利益。

虽然大多数的 POP 广告强调价格，尤其是促销优惠价格，但调查表明，价格往往不是受众选择店铺的主要原因。这意味着对于很多店铺来说，通过强调服务、选择范围或者给受众带来情感利益，其效果可能会更好。

在考虑采用价格广告或者以价格作为广告诉求点来吸引受众时，店铺和企业面临着三个方面的决策：1）采用多大的价格折扣；2）是否采用参照价进行价格比较；3）伴随价格促销应该采用什么样的语言表述。

由于受众对于店铺的价格广告的理解倾向于把其中的价格看作是折扣价或促销价，因此，店铺应该选取恰当的手段通过价格广告大大提高受众对商品或者服务降价的信息感知。值得店铺和零售商注意的是，价格广告传递的往往不只是广告的产品或者服务的信号，同时还反映着店铺整体的价格水平及相关信息。由于在受众的印象中，价格、质量、服务等其他重要属性都是相互联结和相互影响的，不适当的价格广告可能会对店铺形象造成不利影响。因此，对于定位较高的店铺，使用价格广告时应格外慎重。

5. 购买后行为过程中的广告策略

图 4-6 描述的就是顾客的购后行为。在顾客的购后行为中有一种购后冲突的现象，这种现象发生于顾客对自己购买行为的明智性存有怀疑的时候。另外，一些购买则伴随不采用现象，即顾客将产品退还或者保存而不加以使用。对于大多数顾客来说，即使存在购后冲突也会伴随产品使用。产品的使用通常涉及包装和产品本身

的处置。在使用过程中和使用后，顾客会对购买过程和产品进行评价。不满意的评价会产生抱怨行为，而企业作出的合适反应会减少顾客的不满意情绪。购后的满意或者不满意，要么导致顾客的重复购买与忠诚，要么导致转换品牌或者不再使用此类产品。

购后冲突之所以发生，是因为通常在顾客的很多购买行为中选择某一品牌的产品或者服务，是以放弃对其他品牌的产品或者服务的选择，甚至放弃其他品牌的产品或者服务所具有的诱人特点为代价的。由于这种购后冲突令人不快，顾客也通常会设法减少冲突，有意识地去搜寻更多的信息来证实自己选择的明智性。因此，针对这类目标受众，企业应该加大广告力度，因为这时的广告不仅有助于受众在购后证实其购买行为的明智性，而且还有助于吸引新的顾客。

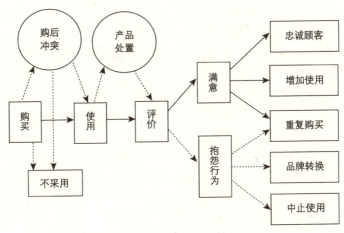

图4-6　顾客的购后行为

大多数购买属于程式决策或者有限决策，因此很少引发冲突。顾客在获得产品或者服务以后根本不担心自己的消费是否明智。而且很多顾客即使对所消费的产品或者服务存在购后冲突，他们仍会继续使用这些产品或者服务。此时，广告人应该积极关注他们的使用行为，一些受众可能会用一种新的方式来使用产品或者服务以达到其他的目的，即顾客的使用创新。例如，苏打在国外最先只是用于烹饪上，后来因为某些顾客在购后冲突中并没有保持其烹饪性用途，而是用苏打来给冰箱除味。企业发现后，立即在广告中大肆宣传这些用途，从而增加了产品的功能性价值。另外，广告活动还应该考虑产品或者服务使用行为的地区性差异，例如同样是喝咖啡，有些地区加奶油，有些地区不加奶油；有些地区加糖，有些地区不加糖；有些地区用无把杯子，有些地区用有把杯子。因此，广告人就应该根据这些情况，在地区性广告中进行有针对性的广告宣传。

顾客的购后评价会导致顾客产生某种程度的购买动机：顾客可能强烈地希望在未来避免选择该品牌的产品或者服务，也可能希望在某个时期再购买该产品或者服务，或者可能愿意将来一直购买该产品或者服务，甚至成为该产品或者服务的忠诚顾客。这些评价的过程和结果取决于顾客对产品或者服务的期望水平是否得到满足，如果产品或者服务在期望水平上满足了顾客的需要，那么顾客满意就可能存在；如果产品或者服务在期望水平上没有满足顾客的需要，就可能导致顾客的不满。在这些情况下所开展的广告活动具有较高的难度。对于目标受众的不满意和抱怨行为，广告活动应该及时找到受众的期望水平和实际感知之间的差别，尽量避免夸大和不实际的宣传，因为这些夸大和不实际的广告宣传会助长广告受众的期望水平。同时，企业应该认真分析受众的不满意和抱怨的根源，从产品或者服务本身及其广告营销活动等方面进行全方位的调整和改进。

一般说来，被顾客所选中的产品或者服务在一定程度上都是优越于其他被选对象的。因此，我们在广告活动中很自然地会强调这些产品或者服务的优越之处。然而，如果广告宣传中的这些强调又导致受众形成某种较高的预期，而产品或者服务的本身又无法满足这些预期，受众的负面评价就会由此引发。因此，广告活动应该在对产品或者服务的广告宣传与对产品或者服务的现实评价之间找到一个最佳平衡点，从而据此成功地开展广告活动。

思考题

广告策划如何结合对受众的心理研究呢？受众的消费行为能够被预测吗？为什么？

第5章 广告作品与受众心理影响

广告作品与心理学的运用有着十分密切的关系。广告的目的，就是通过广告吸引受众，推销商品。而要做到这一点，在制作广告作品的过程中，就要研究受众的心理。只有符合受众心理的广告，才能吸引受众，达到预期的广告目的。广告心理学研究的正是如何通过广告作品去吸引受众购买商品，为促使其购买行为而研究其心理与行动的一门科学。为了达到这一点，就必须在广告作品中，正确认识和把握受众心理，善于运用心理学原理进行广告引导。因此，如何运用广告心理学的原理来制作、表现与发布广告作品，研究广告影响性战略，充分发挥广告的影响力及其效果，便是本章学习的主要目的。

5.1 影响性战略的思考

广告对受众的影响是十分明显的，它不仅能帮助企业提高其知名度，树立良好的企业形象，帮助企业销售商品，还能帮助受众了解商品信息、刺激消费需求，形成新的消费观念，沟通产供销等。在广告课题确定后，就要为完成这一课题而制订表现计划。计划包括广告影响过程中各个阶段的战略，即改变态度战略、改变行为战略与接受信息战略。

5.1.1 改变态度与行为战略

用品牌概念确定广告课题时，就可以为符合这一要求的品牌确立品牌形象，从而制定战略。

品牌概念是由品牌特性、功效与顾客的要求三个要素构成，当品牌特性满足了顾客要求时，就形成了商品概念。塑造品牌形象，创造名牌，正是现代企业梦寐以求的目标。靠什么去实现这一目标呢？有三条途径可供选择：一是促使顾客改变对品牌的认识；二是促使顾客改变其需求；三是促使企业改变其商品功效。在这些途径中，广告的作用是通过其心理攻势，促使目标受众（顾客）改变对品牌特性的认识，调整需求，从而树立品牌的形象。在保证质量前提下，通过广告创意积累效应在受众心目中一点一滴地积累起来，形成名牌。Marlboro、Coca-Cola、PEPSI-Cola等名牌，都是通过几十年的广告宣传塑造出来的。这种名牌形象的塑造，还在于广告课题所制定的改变受众态度计划，导致行为的改变。这种受众的态度与行为的改变，是通过广告对商品信息的传播、商品性能、规格等的介绍，吸引受众的注意力，逐渐对商品产生兴趣来实现的，最后引起购买行为。是否采取购买行为主要取决于受众的客观需求，但是广告对促成购买行为所产生的影响是巨大的，这正是广告影响战略的重点研究课题。

5.1.2 接受信息战略

美国广告评论家 V·Pankard 在《隐藏的说服片》中写道："我们中有许多人在日常生活的方式上，正不知不觉地受广告的影响，并受它巧妙的操纵与控制。"这段话充分说明广告影响战略的真谛。造成这一巨大影响力的内因，就是广告所传播的信息。

接受信息的战略包括如下几个方面：

1. 提供受众有用的信息

受众在满足需求的行为过程中，需要许多对于行为过程有益的信息，以能够更好地满足需求。如果广告课题能够做到这一点，那么受众会很乐意接受来自广告的信息，对广告给予很大的关注。

2. 鼓舞受众信心的信息

受众在其购买行为的过程中，很希望听到旁人的支持意见。如果受众感觉到与广告的信息有共同语言，就会从心理上推崇这一广告，振奋精神并在行动上自觉或不自觉地成为广告的传播者。

3. 诱发受众好奇的信息

刺激受众的购买欲望的第一步，往往是引起受众对广告宣传主体的关注，诱发受众的好奇心是引起其关注的很奏效的办法。广告能否争取到新的顾客，关键就在于其传播的信息是否引起受众好奇，并留下深刻的印象，从而促使其打破常规，去进一步关注广告传播的信息。故事片演到紧张的时刻插上一刻广告，能让观众顿生悬念。那么，广告为什么不可也试一下呢？

4. 带给受众快感的信息

Sprit、Coca-Cola 等品牌的广告之所以能给受众留下深刻的印象，并乐意接受这类广告，是因为这些广告给受众带来了欢乐、轻松、自在的感觉。广告的娱乐性不仅能引起受众对广告的关注，还能加深受众对广告的理解，更有利于受众记住广告的内容。乐百氏、高乐高、阿华田等品牌广告的成功之处就在于此，连孩子们平时玩耍时也在哼着广告中的曲子和广告词。

5.2 广告作品的表现

广告内容和表现是相辅相成的，广告的效果主要是由广告内容决定的，但好的内容还要有好的表现形式，方能达到理想的结果。广告的写作是广告运作的前提，只有广告文稿撰写完毕以后，广告的其他工作，如布局、制作等方可连续进行。广告内容的写作有如下几个要素：确定广告内容的的依据、创作要求、广告文本的类别、广告文本的创作、广告标题的制作、广告正文的写作、广告标语口号、广告画面等。

5.2.1 确定广告内容的依据

广告内容是根据广告所要达到的目的要求确定的，它有三个方面的策略性依据：

1. 以企业营销策略为依据

美国 Ford 汽车公司以分期付款销售汽车作为其销售汽车的主要策略，于是，便在广告中向受众诉求这样的概念：买 Ford 新车，可先付80%的货款，其余每月付56美元，3 年付清。其广告语为"以 56 美元购买 56 型汽车"，结果一举成功。

2. 以市场竞争状况为依据

一种商品推向市场，很快就会有许多同类商品参与竞争，能否在竞争中取胜，广告也将起着一定的作用。广告内容必须以商品竞争状况为着眼点，突出商品的特点与优势，强调质量与服务，以加强商品的竞争力。

3. 以商品的市场定位为依据

商品的市场定位是制定营销策略中广告策略的基本方法。例如，对鸿运转页扇这类商品的市场调查表明，其销售对象主要是年轻夫妇，原因是其风力柔和，既能给孩子风凉，又不易使孩子着凉。于是，广告内容以此为依据，用"柔柔的风，甜甜的梦"作为广告标题。这个广告因与商品的市场定位紧密相连，终于获得了成功。

5.2.2 对广告内容的创作要求

广告是一种艺术创作，要求在很小的篇幅中，用简练的文字与画面吸引众多受众的注意，并说服与刺激他们采取购物的行动。因此，在创作上有着较高的要求。

1. 高超的劝说诱导

广告本身是一种劝说形式。劝说的方式很多，要根据不同的对象、不同的传播渠道，灵活运用。

(1) 语言劝说。在使用语言上，对于工业用品，可使用初级语言，即用比较客观、准确的文字进行具体测定或描述，让受众对商品有一个比较全面、客观、准确的了解；如果是日用品，尤其是化妆、装饰品，便可使用次级语言，让受众感受到商品的情调、风格，从而获得物质和心理的双重满足。有些商品，如音响等，则需要同时使用初级语言与次级语言。

(2) 进行理性与感情的诱导。理性诱导主要介绍商品的特点、性能、质量，使受众能够得出价廉物美的判断而采取购物行动；感情诱导则着重介绍商品的外观、与受众塑造自身形象的愿望相吻合，满足受众某一方面的心理需要。

(3) 正反面劝说。正面劝说主要用鼓励、赞许的方式，使受众获得鼓舞；反面劝说是用忠告的形式扮演法规角色，促使受众别无选择，必须购买。

（4）启发提示。一种是自吹自擂式的提醒受众，暗示宣传的商品优于同类其他商品之处；也可采取同时介绍商品的优点和缺点，再进行比较的启发方式，如果提示得巧妙，对某些特定对象，也能产生好的效果。

2. 鲜明的主题

广告主题是广告内容所表达的中心思想，是广告的核心，要求准确、鲜明和突出。亦即传递的信息要准确，观点要鲜明，表现形式要富有艺术性。

广告主题的选择，一般有两种：一是广告方程式主题提炼法。用一定的程式来安排广告内容，根据商品原料的选择、制造方法的特点、商品的外观与使用方法，以及商品价值等四方面的分析、比较，而提炼新的主题；二是从最能反映商品的特点、侧重点来考虑主题。一般从商品的历史、商品的原材料、制作工艺、市场供求、受众爱好等方面择取。

广告主题贯穿在商品生产、销售等各个环节之中，其表现主题的内容一般有下列几种：

（1）标志识别为主题。广告以商品的名称、商标、包装、图形为主题。

（2）体现商品质量为主题。广告中突出商品质量上乘、性能可靠、工艺讲究等。

（3）用途介绍为主题。广告以介绍商品用途与使用方法为宣传主题。

（4）商品结构为主题。广告中主要突出商品的成分、特性、功能结构等。

（5）商品的外观造型为主题。广告突出商品的外观造型新颖、独特以及实用等特点。

（6）商品价格为主题。广告强调商品的价值、价廉物美等。

（7）商品优点为主题。广告中突出商品的先进性、优势，劝说受众进行试用比较等。

（8）渲染性主题。广告从心理感觉方面去渲染商品特色。

（9）服务性主题。广告强调配套的服务，以服务质量上乘为宣传中心。

（10）诱导性主题。广告迎合受众心理，进行心理诱导为主题。

（11）装饰性主题。广告突出商品的外观装饰品位，以满足受众文化修养方面的心理需求。

以上是常见的广告主题表现方式，在具体写作中还有如何表达主题的问题，即如何使广告内容得以更完美地表现，促进并美化广告的内容、深化广告的主题。

广告的主题必须体现广告策略，反映广告的信息内涵，并能迎合受众的心理。

3. 新颖的创意

广告创意（idea）是指广告活动具有创造性的点子，也是表现广告主题的一种构思。创意的高明与否对广告的效果有着直接的影响。因此，有了新颖的广告创意，方能突出广告主题，使广告充分发挥其应有的作用。

广告创意有两种类型。一种是整体性创意，从长远观点考虑，根据企业的营销策略、商品生产周期及市场趋势等状况进行创意。这种创意，往往需要较长的一段时间，通过系列商品整体协调方能实施。另一种是局部性创意，是整体创意的具体表现，这种创意具有一次性、个别性的特点。

创意是广告的支柱，优秀的创意是现代广告成功的要素。广告创意的目的是打动受众的心灵。因此，在创意时，必须针对消费者的心理，研究受众的各种心理因素。广告如何通过创意去吸引消费者呢？主要依靠能够吸引受众的信息：一是能解决受众问题的信息。这类广告的创意是提出问题，解决问题，并列举证据；二是迎合受众固有看法的信息；三是对受众有刺激性的信息。这种创意就是通过有意识的强化手法，以引起受众的探究心理和关注；四是能与受众感情融合一起的信息，能引起受众的向往，达到引人注目的效果。这种情感型创意的广告，会给受众以强烈的感染。创意中的这种情感祈求，有的另外采用含情脉脉的、引起受众情感共鸣、出现情感迁移的现象，从而产生强大的感染力；有的则以庄重、深沉为特点，把对大自然的情感联系在一起，使受众的心理受到冲击。

在创意中联想与想像的运用也是不可缺少的。这种联想与想像的运用，可使本来比较单调乏味的广告显示出丰富和充实的内涵。广告设计是一个创作新形象的过程，这就是创造想像。创造想像的形象，有着首创与新颖的特点、创造新形象的特点。创造新形象的方法有三：1）把有关各个成分联合成为完整的新形象。2）把不同对象中部分形象粘合成新形象，如将猴头、猪头与人身组合成孙悟空、猪八戒的形象。3）突出形象的某一性质与其他对象之间的关系，创作新形象，如老寿星等形象。联想在广告中的运用，主要通过文字与画面表现出来。在文字创作中，比喻、对照、衬托、拟人等修辞手法的心理基础都是联想，广告创意也不例外。艺术创作中的四大联想律在广告创意中也是普遍采用的。如接近联想律，以节假日为内容的广告就是用这种联想律进行广告创意的。对比联想律在广告创意中的运用更为普遍。药物类广告的创意又往往运用因果联想律。类似联想律在广告创意中的运用更是比比皆是。这种运用联想进行广告创意，可以突破广告媒体的时空限制，从而为广告创意提供了广阔自由的天地。

广告创意的具体程序分四个阶段：

第一阶段为调查收集资料阶段。进行市场调查，如宏观市场、目标市场及政治社会与自然环境的调查，重点是与商品有关的资料的搜集。这些素材可以来自客观实物，包括商品的主销对象和广告的传播对象、商品的档次及商品的价格等，也可以来自头脑中存在的客观对象的形象。对客观对象（事物）的直接反映是知觉映像；而对过去感知的对象在头脑中的再现，便是表象。表象来自知觉，又高于知觉，这是广告创意的依据。

第二阶段为确定广告的宣传点，选定广告的定位点。所谓宣传点也就是广告向受众传播信息的特征。这种宣传点取决于商品的品质、特征、市场销售状况及受众的要求。在广告创意时，不仅要找到商品的众多宣传特征，而且要找到最主要的特征（宣传重点），以便于找到广告的定位点。广告的定位点确定根据是目标对象（受众）的消费心理和目标市场的状况，以及竞争对手的情况。

第三阶段为广告艺术化、戏剧化的过程，这是广告创意的重点。何谓艺术化、戏剧化，就是根据广告的定位点物色合适的载体，例如 Motorola 寻呼机就是通过一个戏剧电视广告小品，生动形象地说明寻呼机传呼特性与传播信息的功能。这种借助艺术的手法进行广告创意，无疑是很有成效的。这种戏剧化的过程，依托点是商品的主要性能与受众的主要心理，结合起来就成为戏剧化的支撑点；在戏剧化表现中、各依托点之间的各种关系组合构成了广告创意的碰撞点。

创意的第四阶段就是欲使创意成为现实，还要进行文案制作，亦即将广告创意通过文章加以表现。优秀的文章是使创意成为高明广告不可缺少的条件。

调查研究，搜集资料，选定广告定位点到艺术化、戏剧化过程，并非是广告创意的结束，它必须通过文章表现出来，并予以视觉强化。所谓视觉上给予强化，亦即通过形象的直观画面将创意表现出来，这是一个艰辛的艺术化创作过程，要求达到给目标受众以有力的心理冲击的目的。

画面如何才能表现创意呢？一种是展示商品本身，有些商品本身就具有巨大的艺术感染力；另一种是创意文字与画面的有机结合，通过文字表达创意，又通过画面强化创意，或通过一个具有象征意义的画面表现出来，也有用画面加以注释。还有一种采用延伸意义，以回味无穷的手法使受众受到感染。另外，用连环画、漫画等形式也可表达广告创意。在戏剧化过程的具体运作中，可借用各种文学艺术的表现手法，例如，藏而不露与留白的手法。在广告画面创意中，画面上的留空也称留白，可使观众依据画中的形象展开想像，去理会和感受留白中没有表现出来的东西，藏而不露，隐中有情，成为留白无画处，皆成妙境。

5.2.3 广告文本的类别

从广告的文本制作要求出发进行分类，广告文本大致可分四大类：

（1）新闻报道性文本。新闻报道性广告文本适用于新商品进入市场，为受众提供某种新的服务举措，各种展销会、博览会、定货会的召开，新店开张，庆典，以及企业的颁奖仪式等。

（2）启发说理性文本。启发说理性广告文本对消费者发挥教育、说服、启发作用，适用于揭示商品的新用途、介绍商品的品质特性及使用保养方法等。

（3）连续提示性文本。连续提示性广告文本的目的是为了不断地向受众灌输和提示宣传主体（商品），使受众不断加深印象，促使其对该商品形成长期的习惯性购买。例如报刊上"特约刊登"题花广告，简短小巧，常年不断，如细水长流，不会淡忘。

（4）企业广告文本。企业广告文本以宣传企业形象为目的，使受众增加对企业的好感，适用于企业开展的一系列有关树立企业形象的庆典及社会公益活动等。

上述四类广告文本，第一类适用于新商品投入期；第二类适用于商品成长期与成熟期；第三四类广告则随时可用，此类广告是企业间竞争剧烈情况下的产物，是一种从根本上有利于促销的广告，只要企业形象上去了，该企业推出的商品也必然会给用户带来信任感。这已为很多企业所重视。不少成功的企业，在广告文本的创意、设计、制作上都是不惜工本的。

5.2.4 广告文本的创作

1. 广告文本的创作原则

广告文本的创作目的是为推销商品服务的。广告文本创作要坚持一定的创作原则。一般有 AIDA 原则（注意、兴趣、愿望和行动），FIC 原则（事实、信息、信用），USP 原则（销售主题创作原则）等。应用比较广泛的是 DAGMAR 模式，强调广告目标要具体化。

根据上述原则，进行广告文本的创作时要注意以下几点：

(1) 传播实在的信息（information）。广告文案必须包容大量的广告信息，这些信息要集中于广告宣传重点上。

(2) 刺激受众的愿望（desire）。广告文案常用的创作方法就是要刺激受众的购买欲望，并使其产生兴趣转入购买行动。

(3) 吸引受众的注意。文案创作要求能迅速引起受众的兴趣，给受众留下深刻的印象。

(4) 促进购买行动。广告成功的标志就是能够促使受众采取购物行动。受众看了广告后，能按照广告的建议去采取行动，这样广告就达到了预期的目的。

2. 文本创作目标

广告文本创作在坚持上述原则的基础上明确其创作目标。广告文本创作目标是对广告目标的具体化。广告文本创作目标必须明确指出广告文本的劝说方式，劝说重点，对所推销商品的表现方法等。广告文本的创作目标分一般性目标和特殊性目标。

(1) 一般性创作目标。一般性创作目标又分为营销目标与沟通目标。营销目标注重直接推销商品，广告文本要突出商品的主要特色；沟通目标则以介绍商品、商标和制造企业的情况为重点。广告文本的一般性创作目标分如下 7 个层次：1) 知道广告文本；2) 理解广告文本的内容；3) 对广告文本的内容感兴趣；4) 喜爱广告文本中所介绍的商品；5) 对广告文本中所介绍的商品作出评价；6) 确信广告文本中所介绍的商品可以满足需求；7) 采取购买行动。

(2) 特殊性创作目标。广告文本的特殊创作目标，包括心理目标、行动目标、企业目标和营销目标。

心理目标是指受众的心理反应。这种心理目标可以立即实现，也可在一段时间后实现。心理目标要使目标对象产生如下的心理效果：1) 确信购买使用广告文本所介绍的商品，定会更具魅力；2) 确信可以避免不愉快的事情发生；3) 确信使用该广告文本介绍的商品后工作更轻松愉快；4) 牢记与广告有关的口号；5) 确信广告所介绍的商品适用整个家庭；6) 可以带来商品以外的好处。

行动目标，是使受众见到广告后马上采取行动。一般讲，期望使受众采取下列行动：1）增加购买次数；2）可改变购买的习惯性时间；3）放弃购买竞争对手的商品；4）使用广告文本中介绍的新商品；5）会进一步了解广告所介绍的商品情况。

企业目标，指受众接受广告信息后，改变对企业形象的认识，对企业产生好的印象。要求：1）让目标对象了解企业在社会公益方面所作的贡献；2）领会到广告宣传的企业在同行中占有领先地位；3）了解企业友好合作的情况；4）显示企业员工的团结友爱。

营销目标，指广告文本对商品营销的直接影响。其作用在于：1）刺激目标市场对广告宣传的商品提出更大要求；2）鼓励营销人员更努力地销售商品；3）鼓励营销人员开拓更多的市场；4）扩大企业的推销方式在客户中的影响。

5.2.5 广告标题的制作

广告标题是广告的眼睛，它是广告主题的集中反映。广告标题要求做到如磁铁般地吸引受众，使受众"一见钟情"。广告标题要根据广告文本不同的内容与不同的目标对象，因人、因事、因地制宜。既有提出忠告作出建议的，也有引起好奇的。它具有点明主题、引人注意、诱使受众阅读广告全文、加深印象、促进购买等功能。

标题从形式上来看，如同新闻标题，有"引题+正题+副题"标题之分；有直接以简明文字表明广告主题内容的直接标题；也有不直接点明广告主题和宗旨，而用间接修辞的手法间接表现主题的间接标题。

标题的具体表现形式与创作技巧约有 20 余种，大都采取概括叙述与描写叙述两种方法。

1. 概述式标题的创作

用概述手法设计制作的广告标题有：

（1）新闻式标题。以公布新近发生的某些事实，再将受众感兴趣的这一新闻作为广告标题。常见的有介绍新上市的商品、企业的某种新措施等，如"全新激光唱机上市"。

（2）诉求式标题。用劝勉、叮咛、希望等口气写标题，以促使受众采取行动。如"使用新施兰，将恢复您的尊严"等。

（3）建议式标题。在标题中为受众提供参谋意见，消除受众对广告的排斥心理。如"果珍要喝热的"、"旧机勿丢尚值 50 元"等。

（4）设问式标题。这是提出问题，以引起受众关注的方式，一般采取自问自答、问而不答的手法撰写标语。如"上课时忽然停电怎么办?""明天早上吃什么? 想不想来碗芝麻糊?"等。

（5）标语式标题。这是借用著名企业家名字、企业名称或品牌构成标题。如"金利来，男人的世界"。

（6）号召式标题。以鼓动性的词语号召人们从速购买，多用于即时性的短期课题广告。

（7）选择式标题。在标题中对受众有意作出限定来刺激注意。如"无意学钢琴的人勿留意于此……"。

(8) 利益式标题。通过向受众许诺以引起有意者的兴趣。如"您要卖旧家俱吗？我们负责免费上门估价，免费运输"。

(9) 命令式标题。这种标题以命令式口气让人肃然起敬，能引起极大注意。如推销化痰片的广告标题"不准吐痰"，一家银行的广告标题是"有钱不能乱花"。

2. 描述式标题的创作

描述式标题，主要采用文学艺术的表现手法来制作标题。常用的创作手法有：

(1) 抒情式标题。用情感交流的词句写出富有感情色彩的标题，以此从情感心理上打动受众。如"奥其没有忘记男士们！"

(2) 悬念式标题。以设置悬念的手法制作标题，颇引人注目。提出奇怪的问题，或讲一件奇怪的事，都可吸引受众的注意。标题提出悬念，谜底到正文中揭晓，也可在副标题揭晓。如标题"千万不卖掉你的黄金！"而后在副标题中加以说明"除非找到合适的买主。"

(3) 炫耀式标题。在标题中进行自我标榜，用新奇的创造性词语突出企业商品的主要特色。如"喝法国人头马，使你出人头地"、"车到山前必有路，有路必有丰田车"等都是比较好的标题。制作此类标题要注意炫耀得当，不可给人一种"吹牛皮"的感觉，否则效果会适得其反。

(4) 幽默式标题。用幽默的语言激发受众幽默感，从而吸引受众，产生特殊的效果。

(5) 颂扬式标题。在广告标题中用正面称赞的词语突出广告商品的优点。此类广告标题容易使受众对该商品产生良好印象。

(6) 对比式标题。通过同类商品的对比突出本产品的独特优点，以加深受众的印象。此类标题不可直接指名道姓与其他同类产品作比较，一般采取泛比或暗喻，使受众通过某种启发而意会到。

(7) 喻意式标题。这是通过各种文学修辞的手法来制作的标题。

3. 广告标题的创作要求

创作广告标题还有以下几点要求：

(1) 紧贴主题。标题是广告正文的高度概括，标题要能帮助受众理解广告内容。

(2) 简明扼要。广告标题要简明扼要，字数一般不超过10个字为宜，因为标题太长会影响视觉效果。因此，必须简洁、明快。

(3) 具体实在。广告标题不可过于含糊、抽象，而应具体实在，使人一目了然。否则，就会由于误解或看不懂而扫兴。

(4) 准确贴切。广告标题用词要恰到好处，准确无误，否则便会影响广告效果。

(5) 生动别致。广告标题要达到生动、形象、别致、诱人，应多用动词，少用形容词，还要有创新。创意独特，方能高人一筹。广告标题要有个性和独到之处，这样才有刺激和吸引力。

(6) 引人注目。广告标题一定要针对受众心理，充分运用广告心理学的原理，能够刺激受众的需求，诱发其好奇、喜悦心理。标题的字体、字形与画面均应考虑视觉化与艺术化，以引起受众的注目。

总之，广告标题的构思，均应根据受众的心理特征，遵循7个思考方向，即给受众以荣誉性、新闻性、优惠性、通俗性、好奇心、单纯性、忠告性等的欣喜和承诺。

5.2.6 广告正文的写作

标题的功能主要在于吸引受众注意，而广告正文则侧重于说明广告的内容。它是广告文本的中心部分，广告的目标内容主要是通过广告正文来反映的。正文的功能在于介绍商品或企业的品牌，树立商品或企业的形象和促进受众的购物欲望。在撰写时必须遵循广告心理学的原理，发挥合乎心理规律的影响力。为了符合人们对商品信息接受的思维顺序规律，广告正文应对标题作充分的发挥，其顺序为对标题的许诺、对许诺的证实以及推销目标的说明等。

1. 广告正文的构思

撰写广告正文，首先要有严密的构思。这种构思一般可从三个方面进行：一是真实性，要从完全符合事实的角度进行构思，这种构思比较方便，比如只将商品的名称、性能、规格、价格、质量、特点以及电话、地址等一一列明即可；二是说服性，要从能说服受众的角度进行构思，说服要以有利于受众为前提，说服其购买的技巧有比较法、证明法、警告法等，但文字表达上仍要以宣传和引导为基调；三是感情性，从感情出发，进行宣传和引导；用富有情感的词语打动受众的心理，从而使其产生购买欲望。

2. 广告正文的写作要求

广告正文的写作，除要求熟悉商品的性能，了解市场变化动向以外，在写作上有其独特的写作技巧方面的6个要求：

（1）突出重点。广告应有明确的主题，标题要紧扣主题，正文也要集中地表现主题。

（2）简明通俗。广告正文要简明扼要，通俗易懂。如"这样好的奶糖，空前绝后，我愿吃它直到长寿"，就非常简明扼要、通俗易懂。

（3）实事求是。正文文字表达要用事实说话，切忌过分吹嘘，否则极易让受众反感。实事求是既涉及广告道德，又涉及广告效果。

（4）直截了当。正文越直接、越简明、越清楚，广告的效果就越好。广告正文只有宣传重点突出，直接涉及读者利益，才会吸引受众将广告看完。

（5）措词得当。广告目标对象（受众）层次多样，因而广告正文的写作，要根据不同对象的特点，选择相应的语言。

（6）有号召力。广告正文用各种表达方式来增强广告的效果。为使广告有号召力，语气上必须礼貌，既要使人感到亲切，又要善于迎合受众心理。因此，口气平和的广告往往易被人们所接受。

3. 广告正文的常见形式

撰写广告正文有不同的体裁、风格和表现手法，也就有许多不同的正文撰写形式。

（1）解释性正文。这种形式要求实事求是，直截了当地介绍产品的功能，不讲究独特性和技巧。

（2）故事性正文。通过故事讲述吸引受众，可用情节对话、连环画、演绎等形式。

（3）抒情性正文。广告正文用诗的形式，以强烈的抒情词语来撰写，对受众有很大的感染力。

（4）幽默性正文。用幽默的笔法和语言来吸引和保持受众的兴趣，以轻松活泼的文字介绍某一商品或某一观念。

（5）情调性正文。广告正文中营造一种气氛，以此来打动受众。

（6）公共性正文。适用于公共型广告，以塑造企业形象为目的。

（7）见证性正文。这是一种为了消除受众对商品质量的顾虑，提供权威人士与知名人士对商品的鉴定赞扬，以此来证明商品质量的可靠性。

广告正文在运用叙事报道进行正文写作时，可采用三种报导形式，包括独白式报道、对话式报道与文艺式报道等。

5.2.7 广告标语口号的拟定

广告标语又称广告口号。广告标语口号是广告文本不可分割的一部分，是广告文本中长时间不变的内容，如同企业的商标、识别标记一样，是企业广告活动的一个重要标志。广告标语口号作为企业从长远利益出发，在一定时期内反复使用的特定的宣传词句，其目的在于通过反复使用给受众留下深刻的印象，使受众形成一个确定的观念，并以此观念作为购物的依据。广告标语口号的这种作用是非常明显的。它还可让受众识别辨认广告宣传主体的企业及其商品或服务的特色，加深对企业及其商品品牌的印象。

广告标语与广告标题都是引人注目的，但两者存在区别。广告标语口号的目的在于促使受众形成一种观念，并以此观念指导受众的购买行为，而广告标题的目的主要是引诱受众阅读广告正文。标语口号有长期不变性，而一则广告标题可能只能用一次。

广告标语口号按其内容与心理效应可划分为赞扬式、号召式、情感式、综合式和标题式等多种表现形式。赞扬式强调商品的优越处，便于受众鉴别；号召式则是用鼓动性词语直接动员受众前来购买；情感式标语是用幽默及富有情感的词语，从心理感情上引起受众的共鸣；综合式标语，往往放在标题下面，起到对标题的补充、对正文的高度概括作用。

拟定广告标语口号的基本要求有：

（1）简短易记。广告标语口号简短才便于记忆，太长了容易淡忘。

(2) 有节奏韵律。广告标语口号要通俗口语化，朗朗上口，才易于传播。切忌广告标语书面语化。

(3) 特色鲜明。广告标语口号要反映主题，要突出商品特点和企业特点，这样易被人们所牢记。广告标语口号过于平淡，缺乏特色，就会显得苍白无力。

(4) 富有鼓动性。广告标语口号要有号召力，能使受众从中受到鼓舞，并促使其积极采取购买行动。

(5) 有所建议。要让受众看到、听到广告标语口号后，会产生购买欲望。

(6) 与企业、商标名称相结合。有助于受众能时时记住企业名称或商标的名称。

(7) 能适用各种媒体宣传。有些广告标语口号可以在各种媒体上显现。

5.2.8 广告画面制作

在广告正文撰写完毕之后，就要进入广告画面的设计制作了，这是提高广告视觉目标的基本环节。广告画面是一种绘画摄影艺术，由广告构图、广告摄影两部分组成。

1. 广告构图

广告构图设计必须坚持以下几个原则：

(1) 集中受众的注意力。按照广告心理学原理，把受众的视线吸引到广告中最重要的位置，使他们有兴趣通过画面记住广告所要传递的信息。

(2) 构图清晰。标题、图画、文字、商标及厂名等均要作合理的巧妙安排，以适应受众的心理角度。

(3) 处理好画面的虚实关系。构图时既要处理好色彩黑白块面比例，又要留有一定的空白，形成虚中有实、错落有致的视觉效果。

(4) 均衡协调。广告构图上下左右比例要平衡，根据视觉心理规律，应遵循先上后下、先左后右的原则分别安排，包括图、文之间的比例。

(5) 采用适当的边框，以突出广告构图。边框的作用就是把一则广告和其他的广告文字隔开。

(6) 线条和色彩的使用。这是广告画面构图的主要要素，它能直接影响广告的情感、质感，并影响着受众的各种感觉。色彩作为人眼感受、观光刺激后的产物，它能产生特定的心理作用。

2. 广告摄影

广告摄影的特点能使商品具有真实感，若有新颖的主题和角度，便能引人入胜。广告照片在广告画面中占居首位，因为它具有表现情感和引人注目的功能。广告摄影所创造的意境能深入到受众的心灵深处，刺激受众的强烈感情，加上广告摄影具有强烈的新闻感，给受众以信任感。

广告摄影要坚持两个原则：一是必须围绕广告的整体设计与广告文案的主题。广告摄影所表现的商品必须引人注目，引起受众的兴趣和关注；二是必须着眼于产供销的关系去布置镜头，针对受众的购买心理。总之，广告摄影必须突出商品本身引人注目的特点，突出表现商品最理想的用途，从而刺激受众潜在的需要与购物欲望，要用其独特的构思设计和摄影艺术，充分展示商品的优点，吸引受众的眼光，诱发其好奇心。

5.3 广告影响力

广告影响主要表现为广告作品的销售效果和广告的心理效果。广告的销售效果依赖于商品营销的多种因素。广告的心理效果是广告销售效果的基础和前提条件。

5.3.1 广告的心理影响

广告作品与心理的关系，主要体现在广告的心理效果上。广告的心理影响是指广告内容及其表现手法对广告目标对象所产生的认识、记忆、理解、想像等方面的心理效果。

1. 吸引注意

广告要引人注目，要有一定的刺激性，才能引起受众的注意。广告不论采取哪一种形式，首先考虑的便是如何能够引起受众的注意，否则，广告内容再精彩也无法让受众接受。

注意是以知觉对某一种刺激的集中，人们注意分为有意注意和无意注意两种，广告首先吸引受众的是一种无意注意。

广告是通过与其他背景刺激物之间构成明显的对比差异而引起受众的无意注意的。广告在大与小、色彩强弱、动与静、变化、新奇等方面与其他刺激物有十分显著的差异。报纸广告与路牌广告所占版面与牌面越大，越易引人注意；在比较平静的环境中，声音越是响亮越引人注意；灿烂的色彩也容易引起人们的注意；动的图案比静的图案更引人注意；广告越是新奇，越易引起无意注意。广告能使受众产生兴趣，就能使受众认真看完广告，并将知觉集中到广告上，从无意注意变成了有意注意。正因为广告内容能适应受众的某些心理需求，才引起了受众无意或有意注意。

广告的影响力，体现在广告引起受众对广告宣传主体的注意程度上，这是受众对商品发生兴趣的前提。

2. 唤起兴趣

受众的兴趣表现在其行为中对某一事物的倾向。有了这种倾向心理后，受众不仅会注意这方面的广告，而且有要进一步了解广告内容的愿望。

为使广告能唤起受众的兴趣，必须注意以下几点：

（1）针对一定的受众对象，按照他们的物质需求，以迎合他们需求的内容和形式进行劝说。

（2）广告内容能同受众的生活经验、熟悉的人物或事情紧密联系起来，从而引起受众的兴趣。

（3）以人情味的艺术感染力，调动受众的情感，引起受众的心理共鸣。

（4）广告文本中采用提问、新奇的字句和令人喜爱的有趣图案，调动受众的好奇心。

（5）能联系受众的生活经历和受人尊重的心理，迎合受众的社会地位感。

（6）针对人们的基本需求规律，唤起受众潜在需求。

广告的影响，是要引起受众的兴趣，从而产生购买欲望。虽然，受众不一定会立即采取购物行动，但此时如果又接受了广告的另一个影响就会使兴趣延续，为其今后的购买行动创造了机会。

3. 加深记忆

广告的心理效果还在于能够加深受众对广告产品的记忆，使得广告的劝说效果能在受众脑海中保存下来，并在购物过程中发挥劝说的作用。为了便于受众记忆，广告采取多次重复的方法、富有节奏感的语言和词句、能产生联想的内容和多种刺激方式相结合的方法，为受众提供丰富的印象。

4. 激发购物欲

受众对某一商品发生兴趣，还不一定马上去购买。只有当他认为十分需要拥有这一商品时，购买欲望才会出现。广告的影响就是要将受众潜在的购买欲望激发出来，并产生购买动机。广告根据受众的物质需求、心理需求，通过对受众的劝说，让受众从喜爱一件商品上升到产生购买这一商品的欲望。

5. 促成购物

广告的心理影响不仅要使受众产生注意，唤起兴趣，加深记忆，激发欲望，而且还要促使受众从速采取购买行动。在促成购物行动过程中，广告还要能针对受众的受教育水平、社会层次，分别进行劝说。广告文本中还常常在结尾处宣布商品的推销方式，告诉受众马上购买可以得到种种实惠，从而促成受众的购物行动。

5.3.2 广告的销售影响

广告的销售影响是指通过广告宣传而呈现出来的商品销售状况。投资广告的直接效果就是促进商品的销售。广告影响的大小、销售效果的好坏，主要以广告的投资额与产品销售额的比例来衡量。比率越低，则效果越好。当然，广告的销售效果不仅仅看商品的销售量，还要分析各种因素对销售增加的影响。

广告的销售效果有的是立竿见影，有的则潜移默化。立竿见影，就是表现在广告的即时效果上。尤其是一些时令商品，如月饼、花露水、空调器、电扇等的广告。潜移默化的广告效果则表现在广告的潜在效果上，如声誉广告、观念广告、公共关系广告等，并不追求即时效果，而是通过一段时间反复的广告宣传进行潜移默化的思想渗透，使受众改变某种消费观念，树立起某种商品信誉和企业形象，以达到长期占领市场的目的。

5.3.3 广告效果的特性

广告发挥作用和显示效果的过程，从开始接触到采取行动，是逐步递进上升的，如图 5-1 所示。

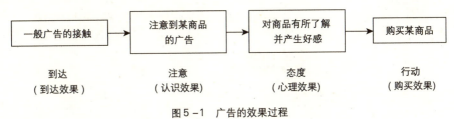

图 5-1　广告的效果过程

判断广告的影响效果，可以从四个方面进行：

（1）即时效果与长期效果

广告有时产生即时效果，但也有不少广告效果开始只是引起注意，而后却逐渐淡忘了；也有些广告给受众所产生的心理影响和潜在影响不仅仅是即时的，而且还随时间推移而产生更好的效果。

（2）商品印象的积累

由于广告的全方位宣传，受众在采取行动前，已接受各种广告对同一商品的多重影响，心理上逐步积累了对该商品的印象。这种印象积累表明广告影响并非只是单一的广告，而是几个广告综合影响所致。

（3）权威影响

广告受众采取购物行动是受多种因素影响下的结果，对广告效果的测定还看受众购买行为受权威的影响程度。

（4）竞争影响

由于市场竞争激烈，广告的效果会有不同影响，有的会被削弱，有的在竞争中获胜，争得了多数受众。此时，就很难单一地评判广告作品的效果。

思考题

广告作品的表现中哪个要素最重要？请结合案例谈谈你的理由。

第6章 传媒计划与受众心理影响

传媒（media），就是把信息传播给社会大众的载体和工具，包括信息载体和传播路线。具体地讲，传媒包括报纸、杂志、广播、电视、电影、电话、传真、邮政函件以及广告牌、霓虹灯等户外传媒。

传媒计划，就是要求选择最适合进行心理影响的广告传媒。为完成广告课题，就得让广告作品通过选定的传媒，与广告目标受众相接触。

由于不同的传媒存在着既定的影响对象，因此，在制定传媒计划时，必须了解各种传媒影响对象的心理特征。

6.1 传媒计划与战略

传媒计划的具体程序包括传媒的选择和出稿日期的拟定。传媒计划的内容如表6-1所示。

传媒计划内容　　　　　　　　　表6-1

(1) 传媒的选择
——传媒的等级选择（电视、杂志等）
——传媒品牌的选择（新民晚报、文汇报、劳动报等）
——广告单位的选择（19:00的新闻节目前的60秒广告、午夜影院前的赞助性广告等）
(2) 出稿日期的拟订
——出稿日期的选择（从某月到某日）
——出稿类型的选择（集中、分散、先紧后松、平均等）
——按不同的传媒制定出稿日期

制定传媒计划与战略的核心和前提，是对各种传媒影响对象的心理特征的了解。

广告传媒的种类很多，根据传播的途径，广告传媒分为印刷传媒，如报纸杂志、挂历等；电子传媒，如广播、电视、传真、录像、电子显示屏等；户外传媒，如广告牌、霓虹灯、交通车船、飞机、招贴、气球、飞艇等；直邮传媒，如用于邮寄的销售广告邮件、订购单等；POP传媒如商品销售现场的橱窗、招牌等。各种传媒都有不同的心理影响的特征。

6.1.1 报纸广告的心理影响特征

报纸（newspaper）这一传媒的影响力与普及程度是其他广告传媒难以达到的，现代报纸包含很多读者所关心的广告新闻，它的心理影响特征主要有下述几个方面。

1. 新闻性

报纸是以传播新闻为中心的。报纸广告的表现力很强，尤其是介绍新产品，其本身就是一条新闻，加上图文并茂，说明详尽，对受众的心理影响时间和印象深度都要比广播、电视广告更为理想。

2. 权威性

报纸在受众中有很大的权威性。受众对报纸的信任，使报纸广告也具有一定的权威性。一般来说，在严肃而公正的报纸与发行量大的报纸上刊登广告，其可信度高。

3. 及时性

报纸具有及时性。人们对报纸新闻都想及时了解，故有传播及时的特点。报纸的发行速度快，传递信息快，报纸广告也很快发生作用，能达成快速销售的目的。

4. 保存性

报纸有方便保存的特点，受众看完后觉得有保存价值，就可以保存起来，以备必要时查找。对应的广播、电视广告则一播即过，难以保存。

5. 适应性

报纸的内容丰富，尤其是综合性报纸，各行各业的新闻都有，广告也多种多样，这就适应了不同受众的心理要求。尤其是分类广告，受众可按分类查找对自己有用的东西，比如求职者看招聘广告，求房者看房屋租售广告等。

6. 变动性

报纸天天与受众见面，每天内容都在变化。这样，报纸就更要以新的形式和内容出现在受众面前，达到在不同时期里，不同心理收效的目的。

6.1.2 杂志广告的心理影响特征

杂志（magmzine）广告很多地方与报纸广告相似，但也有其特殊的心理影响特征。

1. 形式多样

杂志广告与报纸广告相比，在形式上可作技巧性变化、如折页、连页、变形等，更易吸引受众的注意。

2. 有效阅读期长

杂志比报纸出版的周期长，相比较而言，其"有效"阅读期较长。因为，人们习惯上在新的一期出来之前，老的一期一般不会扔掉。这样重复阅读率就高，便于加深印象。

3. 信息交流多

一般来讲，杂志传阅机会较多，而且人们也会经常交流相关的信息。并且由于杂志的目录和规定的栏目便于导读，与受众的沟通也比报纸更加密切。

4. 影响目标明确

杂志有大众性杂志与专业性杂志。大众性杂志的特点是传播知识性与趣味性的信息，专业性杂志则主要传播专业性知识。因此，无论是何种杂志，都有其特定的对象，即专业的或大众的，其广告的"说服"方式就会有所不同，效果就会更好。这种有针对性的影响方式是报纸、广播、电视等传媒难以做到的。

6.1.3 广播广告的心理影响特征

广播（broadcast）广告指无线电台广播和有线电台广播播出的各类广告，其心理影响特点有以下几点：

1. 迅速及时

广播广告的传播十分迅速及时，比杂志、报纸都快，通过电台直接传达到受众。广播广告的制作与播放也很快，可根据市场的变化及时进行调整。

2. 传播范围广

广播广告传播范围较广，不受时空的限制，也不受年龄的限制。广播广告可多次重复播出，可选择黄金时段播出。也就是说，可根据受众的心理状态选择最佳的影响时间，以利于信息被接受。

3. 掌握传播气氛

广播广告可以借助音响效果，营造广告播出时的融洽气氛，给人以一种贴近生活、颇感亲切和诚实的感觉，使受众在一种和谐的氛围中逐渐产生购买的冲动。

6.1.4 电视广告的心理影响特征

电视（television）广告在整个传媒群体中所占的位置越来越重要。不少商品主要靠电视这一传播传媒而成为名牌的。电视广告的心理影响特征表现如下：

1. 以情动人

电视广告运用语言、画面、音乐与字面相结合，充分影响人的视觉和听觉，从各个不同角度影响受众的心理，使受众在电视情节中被感化，从内心深处接受传播的信息。

2. 以动制静

电视广告的动感特征对受众的心理影响很大，容易引起注意与兴趣，也便于记忆。电视广告还常常借助特技手法，使其对受众更具有吸引力。

3. 老少皆宜

无论男女老少、专家或文盲，电视广告都能起到极好的影响效果，尤其对儿童，其感召力更大。

4. 艺术感染力强

电视广告具有声、像结合的艺术表现功能，其艺术效果能较有效地引起受众对广告内容的注意和兴趣。这种艺术感染力是其他广告传媒所不能及的。Marlboro 广告就是通过这种声像的艺术表现，显示了万马奔腾、西部牛仔的独特雄风，赢得了受众的青睐。

6.1.5 网络广告的心理影响特征

在报纸、杂志、广播、电视四大传媒之外，随着互联网（Internet）的飞速发展，网络广告大行其道。相对于其他传媒广告，网络广告究竟有什么样的独特优势呢？又有哪些常见形式呢？

1. 相对于传统传媒网络广告具有的独特优势

（1）传播范围极大

网络广告的传播范围广泛，可以通过国际互联网络把广告信息 24 小时不间断地传播到世界各地。联合国贸易及开发会议的报告显示，到 2002 年年底，全球网民约为 6.55 亿人；而据中国互联网信息中心统计，中国网民数目前已超过 6800 万（2003 年 7 月数据）。这些网民可以在世界上任何地方的 Internet 上随时随意浏览网络信息。这些效果，传统传媒是无法达到的。

（2）非强迫性传送资讯

众所周知，报纸广告、杂志广告、电视广告、广播广告、户外广告等都具有强迫性，都是要千方百计吸引受众的视觉和听觉，强行灌输到受众的脑中；而网络广告在很大程度上属于按需广告，具有报纸分类广告的性质却不需要上网者彻底浏览。它可让人自由查询，将上网者要找的资讯集中呈现出来，这样就节省了时间，避免无效的被动的注意力集中。

（3）受众数量可准确统计

利用传统传媒做广告，很难准确地知道有多少人接受到广告信息，以报纸为例，虽然购买报纸的人数是可以统计的，但是刊登在报纸上的广告有多少人（受众）阅读过却只能估计推测而不能精确统计；至于电视、广播和路牌等广告的受众人数就更难估计。而在 Internet 上对通过权威公正的访客流量统计系统精确统计出每个客户的广告所在网页被多少个用户看过，以及这些用户查阅的时间分布和地域分布，从而有助于厂商正确评估广告效果，审定广告投放策略。

（4）灵活的实时性

在传统传媒上发布广告后很难更改，即使可改动往往也需付出很大的经济代价。而在 Internet 上做广告能按照需要及时变更广告内容，当然包括改正错误。这样，经营决策的变化也能及时实施和推广。

(5) 强烈的交互性与感官性

网络广告的载体基本上是多传媒、超文本格式文件，当受众对某样产品感兴趣时，仅需轻按鼠标就能进一步了解更多和更为详细、生动的信息，从而使受众能具体了解产品、服务与品牌。如果将虚拟现实等新技术应用到网络广告，就可以让受众身临其境般地感受商品或服务，并能在网上预订、交易与结算，这将大大增强网络广告的实效。

2. 网络广告的常见形式

一般而言，根据网络广告的内容和位置区分，网络广告的常见形式有如下几种：

(1) 旗帜广告（Banner）——一般放置在网页正文的上方或底端，大小为468×60像素，因为都是长条形状，又称"条幅广告"或"网幅广告"。

(2) 图标广告（Logo）——一般为企业或产品的图标，也称"按钮广告"（Button），在自身属性、制作及付费方面都同旗帜广告一样，只是要小一些。常见的尺寸有四种，分别是125×125、120×90、120×60、88×31像素，定位在网页中，由于尺寸偏小，表现手法较简单。

(3) 文字链接（Text）——指广告链接位置没有图片，只有简短的文字，多为企业名称或相关短语。

(4) 电子邮件广告（E-mail）——广告代理或厂商利用获得的个人邮件地址将带有广告内容的信息通过E-mail发给个人。

(5) 新闻组广告（News Group）——新闻组即在线交互式讨论组，不同时间、不同地点上网的任何人都可以通过它，就一个相同的主题进行直接的交流。许多新闻组专门用于交流买卖信息，也有一些广告代理或厂商在相关主题的新闻组中发布商业信息。

(6) 网上问卷调查（Questionnaire）——广告主可以就某个产品或某项活动设立问卷，利用网络传媒的交互功能，根据访问者直接的回答生成统计数据，同时也是发布企业的商业信息。

(7) 关键字广告（Keyword-triggered）——指用户在输入关键字搜索信息时出现的广告，它可以是网站根据关键字来决定页面上出现的广告内容和各种链接关系，也可以是根据关键字弹出的广告窗口或出现在搜索结果中的包含关键字内容的企业网站信息。

(8) 互动游戏式广告（Interactive Games）——在一段页面游戏开始、中间、结束的时候，广告都可随时出现，并且可以根据广告主的产品要求为之量身定做一个属于自己产品的互动游戏广告。其广告形式多样，例如：庆祝新年的互动游戏贺卡，在欣赏完整个贺卡之后，广告会作为整个游戏贺卡的结束页面。

(9) 壁纸广告（Wallpaper）——把广告主所要表现的广告内容体现在壁纸上，更可安排放在提供壁纸下载的网站上，供感兴趣的受众下载。

(10) 弹出广告（Pop up）——又名"插页广告"，广告主选择有影响力的网站或栏目，在该网站或栏目出现之前插入一个新窗口显示广告。

（11）通栏广告（Horizontal Banner）——一种规格相当于两条横幅的宽屏广告，广告置于整个页面的中部，可以在传媒网站的首页和频道页面刊登。尺寸为600×100像素。

（12）巨型广告（Large Rectangle）——因其尺寸较大而得名，规格为300×300像素。网络巨型广告源自美国的CNET网站，它2001年2月左右出现，其面积较大，能传达相当丰富的广告信息，浏览者不用跳出当前网页即可注意并了解到广告的主要诉求内容。通常存在于某一类新闻中或所有非图片新闻的最终页面。

6.1.6 其他传媒广告的心理影响特征

1. 直邮广告

直接邮寄的广告，是直接送达广告信息的一类传媒广告。直邮广告包括邮政传递广告、商业信函、传单广告等，其影响特征有：

（1）针对性。这类广告一般都针对受众的职业或年龄、性别、受教育程度、兴趣爱好等心理特征，进行商品或品牌宣传。由于可以选择和确定广告的目标受众，就可主动地避免无目标的浪费。

（2）灵活性。这类广告不受时间和地域的限制，可以机动灵活地开展广告，一般连续进行多次后会有明显的反馈。

2. 户外广告

户外广告种类很多，包括路牌、霓红灯、广告牌、广告画、海报、灯箱广告、条幅、传单、布告、气球广告、飞艇广告等。户外广告是向所有行人进行商品宣传的广告，其影响特征有：

（1）增加视觉印象。户外广告一般面积大、体积大，非常醒目，能有效地对受众增加视觉印象，其他传媒广告难以匹敌。

（2）加深广告记忆。户外广告给受众留下视觉印象的重复次数较高，容易记忆，并能形成某些潜意识，效果比较明显。

（3）容易引起注意。由于新技术的运用，许多户外广告由静态转向动态，使受众产生新奇感，容易引起受众对广告的注意。

3. 交通广告

利用交通工具与设施制作的广告。交通广告分为三类：一是在交通工具内外张贴广告；二是交通设施广告；三是直接用交通工具作广告的传播传媒。其最大特点是能够反复移动传递信息，属于高频率的广告传媒，对受众的影响力很大。

4. POP广告

POP广告，即销售现场广告，包括在商店内外的广告牌、霓虹灯、电子闪示灯、灯箱、橱窗、招贴画、门面装饰以及商品本身的陈列广告等。POP广告的心理影响特征有：

（1）有利于建立商店的形象，使受众能迅速识别商店的性质和面貌。

（2）诱发受众对商店与商品发生兴趣，增强受众的购物欲望。如在橱窗的视觉刺激下，会产生对商店的兴趣和注意。

（3）促进受众购买。出于店内外的 POP 广告，是最接近受众的广告，如柜台广告、货架广告、墙面广告、地面广告等，扮演着无声推销员的角色，起着直接促进受众购买的作用。

5. 赠品广告

这种广告是指在一种赠品上附加简单的广告信息。赠品可大可小，如笔、毛巾、服装、化妆品、汽车等。有的是特制的，如纪念饰物、挂历、公文包、明信片等。这些广告的心理影响特征，就是通过赠品与受众建立起良好的公共关系和树立企业或商品的长久形象。

6. 高科技广告

这类广告传媒有电脑软件、录像带、光盘、传真机，以及其他信息网等。这些广告传媒由于借助高科学技术的吸引力和可信度，能取得较好的心理影响效果。

6.2 传媒的选择与受众心理分析

广告传媒种类繁多，效能各有千秋。因此，面对众多广告传媒，在实施广告的过程中，广告的推动是在广告主、广告人与传媒单位三方协作下完成的。

在选择传媒前，需要了解广告传媒选择的一般原则，对传媒要进行考察，从多方面进行评价。然后再制定广告传媒选择策略，进行传媒方案策划，分析各类传媒的特点，有针对性地选出实现广告目标的综合评价最佳的传媒。

6.2.1 传媒的选择

1. 传媒选择的原则

由于每种传媒的物理性质、特点、状态等方面的不同，广告形式亦多种多样。受到企业经济条件、广告目标市场范围、服务对象的特点、产品与劳务的不同特征等影响，企业不可能采用每一种广告形式。为了使广告在目标市场影响范围内拥有尽可能多的受众，用最小的花费，达到最有效的传播效果，必须选择适合表现不同信息内容和不同艺术形式的传媒。

选择广告传媒的最佳原则是"广、快、准、廉"。"广"指信息传播范围广或覆盖面广；"快"指信息传播迅速、及时；"准"指能对准目标市场的需求者；"廉"指广告费用最省，而传播效果最好。怎样才能使所选择的传媒达到"广、快、准、廉"的宣传目的呢？通常需要掌握以下几项基本原则。

（1）效益性原则

效益性原则指选择广告传媒要以较少的投入有效地为广告宣传创造真实的有利条件。每种广告传媒既有自己独特的优势，同时也有各自的缺点。广告主和广告人要根据传播信息的内容和性质，选择真正有利于实现广告目标的传媒。此外，不同广告传媒的有效接触度和阅读率不同，这就需要广告主厉行节约、杜绝浪费，降低成本费用，把有限的经费运用到适当的传播传媒上，尽可能地扩大广告的影响范围。

(2) 整体性原则

整体性原则指广告主和广告人要有系统的科学思维，在充分考虑各种广告传媒的性能、传播途径、传播机制、传播效果后，选择广告传媒，能够把各种传媒有机组合起来，组成一个宣传整体，彼此配合、扬长避短、多视角、全方位宣传广告信息，扩大广告宣传的影响范围。

(3) 科学性原则

科学性原则指广告主和广告人选择广告传媒时，必须遵循科学规律，按科学规律办事。首先，要遵循传播规律。广告主和广告人要了解和掌握各种传播传媒的性质、功能、影响力、地位、传播方式、影响受众的基本方式和基本手段，根据广告目标和所要宣传信息的特点，选择恰当的传播传媒。其次，要遵循受众的心理行为规律。选择传播传媒时要充分考虑受众对各种传媒接触的心态和心理反应，考虑受众的社会活动、兴趣爱好、行为方式、生活习惯、观念、经验等方面的差异，使用对受众具有吸引力和说服力的传媒直接影响受众的心理反应，左右其思维过程，进而有效地影响受众的态度。

(4) 相关性原则

相关性原则指广告传媒的选择要与广告目标、广告受众以及社会发展的要求相关。就广告目标而言，要做到能扩大商品的知名度，提高商品的美誉度，激发受众的购买动机，引起受众的购买行为，从而能够拓展公众市场。就广告受众来说，要考虑其分布地域、年龄、性别、职业、收入等。此外，还要考虑社会的文化价值观念，符合社会发展的要求等。

2. 传媒选择的程序

广告宣传是要通过传媒，使广告文本与受众进行直接接触，为广告目标的实现提供基本条件。广告传媒的选择有时是由广告主直接与传媒单位联系的，但多数情况下是广告主与广告人共同进行或委托广告人进行初选，由广告主拍板选定的。通常运用的传媒选择程序如下：

(1) 广告主与广告人共同分析广告主的营销计划与广告目标受众和目标效果；

(2) 对广告传媒的选择作出基本限定（如广告预算、聘请名模等）；

(3) 提出传媒选择的评价标准。包括广告目标、受众群体、广告预算与广告文本等，并在此基础上初选广告传媒；

(4) 确定选择传媒的类型及其作用；

(5) 确定各种传媒上表现广告的方式及各种传媒体的组合方法；

(6) 将传媒名称、表现计划及所需费用的预算通知广告主；

(7) 广告主企业对广告公司选定的传媒进行评审，与广告目标、广告预算等进行比较、评价后提出修改意见；

(8) 广告主将广告费付给广告人，广告人再将广告费转交传媒单位；

(9) 广告人监督传媒单位及时推出广告及监视广告传播的效果；

（10）广告主和广告人共同对广告的宣传效果进行评估。

在实际操作时，广告文本创作目标与传媒选择目标，均在广告主的营销计划和广告战略目标指导下确定。

3. 影响传媒选择的因素

随着社会的发展和科技进步，企业越来越重视广告传媒选择的效果，有的企业甚至借助计算机对广告传媒选择的信息进行评价、分析，以适应企业环境的不断变化。一般讲，影响传媒选择的因素有以下几个方面：

（1）传媒品种数量迅速增多。传媒品种增多导致了传媒单位的迅速增加，这对于广告主来讲有了更多的选择余地。由于各种传媒有不同的传播范围和时间效应等特点，均影响着对传媒的选择。有的传媒效果好，但费用昂贵，一般企业难以承受。所以，广告主在选择传媒时，都会对费用与效果作综合的评价。

（2）传媒传播特点与广告目标受众特点的协调。如何有针对性地选择适合广告传播对象（受众）的传媒，对于广告人来说，也是有一定难度的。选择广告传媒的根本目的是最大限度地影响受众并引导其消费活动，所以受众的特点是影响传媒选择的重要因素之一。作为广告信息传播归宿的受众，他们的性别、年龄、职业、兴趣、文化程度、收入、社会地位、家庭状况以及对传媒的偏爱程度等方面千差万别，从而形成各自对传媒不同的接触习惯和接触方式。广告主对受众的情况和特点了解得越具体、越详细，越有利于选择出与之相适应的最佳广告传媒和组合方式，有针对性地进行广告宣传。例如，对儿童用品作广告宣传，由于儿童阅读报纸或杂志能力较低，以及对没有直观画面的广播信息理解水平低，一般说来，可以选择电视作广告传媒，利用动画或卡通等形象宣传效果较好。

（3）传媒传播特点与广告信息特点的协调。由于不同的广告信息内容有着不同的信息特征，选择与广告信息特点相符的传媒，是提高广告效果的基本要求。广告信息中有商品性的，也有企业性的。不同的商品或不同的企业有着不同的特点，所以要根据广告信息的特点选择合适的传媒。

（4）传媒的传播效果。借助广告展开企业或商品间的竞争已愈演愈烈。广告竞争的加剧和传媒对商业广告宣传效果的影响，促使广告主在选择广告传媒时更加重视广告传媒的传播效果。

（5）广告信息的构成。凡是以图片、文字为主的信息，一般选择印刷传媒为宜；凡以声响、音乐为主的信息，则选广播传媒作广告更好；凡以色彩、形象、情节情感为内容的信息，则以选择电视广告为上。

此外，企业的营销战略、经营领域、目标市场等，也影响着对广告传媒的选择。

4. 对广告传媒的评价

选择广告传媒的目的是通过对各种广告传媒特点的分析，找出适合广告目标的传媒，将广告信息有效地传递给目标受众。所以，在运作对传媒的选择时，不仅要明确广告传媒的传播目标，还要了解对广告传媒进行评价的重要指标，对传媒要进行综合的考虑。

(1) 明确广告传媒传播效果评价目标

这一效果评价目标分为广告到达效果与心理效果。到达效果是指广告达到其目标受众的程度；心理效果指广告引起受众的心理反应，亦即受众对于广告宣传主体的认知效果、理解效果、态度效果和动机效果。以某一商品为例，其目标受众为15~25岁青年，要求广告能使30%的青年受众知道或购买这一商品，要求在某一时期内使这些青年对此商品有80%的印象，使其知名度由10%上升到90%，好感度由5%上升到60%等。

(2) 传媒选择的程序性评价

评价传媒方案的目的是找出适应广告主广告目标的传媒，并使传媒能有效触及广告主的目标受众。为此，进行广告传媒选择时要回答下列八个方面的问题：

1) 应该在怎么样的传媒上作广告？
2) 应该怎样推出广告？
3) 由哪个传媒单位承担广告任务较好？
4) 什么时间推出最佳？
5) 应如何结算广告的成本与购买费用？
6) 广告信息应该让多少目标受众接收到？
7) 在不同传媒上作广告应怎样评判其组合效果？
8) 选用的广告传媒应如何同广告主其他营销活动相配合？

在回答上述八个问题之后，制订广告传媒选择方案才有依据。

(3) 评价传媒的八项指标

广告主和广告人、传媒单位等机构，都会在一定程度上对广告传媒进行评价。对传媒进行评价，要考虑传媒的目标受众情况，看传媒的到达效果和心理效果如何，以及广告的成本多少。要使传媒的选择符合广告活动的要求，必须使广告有针对性。传媒选择乃是一种确定一整套广告信息与受众接触的方式，其实质就是一整套完整的广告推出方案。评价传媒有八项指标：

1) 权威性。权威性是衡量传媒带给广告的影响力大小的指标。广告能对受众产生影响，传媒也为广告带来影响。传媒的权威性越高，给广告带来的影响力也越大，但其成本也越高。权威性也有相对的一面，传媒的目标受众与广告主一致时，其权威性就大；反之，则小。

2) 覆盖域。广告传媒发挥影响的地域范围叫作这一传媒的覆盖域。选择传媒时，首先考虑的就是覆盖域有多大，在什么位置。广告传媒的覆盖域与目标市场分布范围之间有几种情况：正好吻合、完全不吻合、覆盖域盖过了分布范围、覆盖域只覆盖了分布范围的一部分。

3) 触及率。广告传媒推出广告后，有时只有部分目标受众接到，传媒的触及率就是用来衡量这一比率的。传媒触及到的人数多寡，就成为选择传媒的重要依据。触及率越高，广告传媒的可用性就越强。

4) 毛感点。毛感点是指传媒传播的总效果，即各次广告报出触及的人数占总人数比例之和。

5）重复率。重复率是指收到广告信息的目标受众重复接收此广告的次数，即重复率＝毛感率/触及率。选择重复率来确量广告传媒的效果有两个作用：一是细分传媒的效果，研究广告可能产生的影响；二是研究传媒的使用方法，作为在何时、以何种方式运用传媒的参考，以利于最佳选择。

6）连续性。连续性是指同一则广告，多次在传媒上推出后所产生的效果的相互联系和影响。连续性可用来衡量在不同传媒上推出同一则广告，或同一传媒上不同时期广告运作之间的联系和影响。广告传媒不同，对连续推出的广告效果产生不同的影响。例如某一营销活动时效性要求高，月刊杂志就不能适应其要求，日报就能较好地适应这一要求。连续性只有同广告运作的需求相比较，才能分析其优劣。

7）针对性。针对性是指传媒目标受众的构成情况。一个传媒的触及人数可能很多，但只有一部分是广告主的目标受众。传媒的选择常以针对性指标为主，再用其他指标评价这些传媒的效益。

8）效益。效益是衡量采用某一传媒可以得到的利益同所花费的经费之间关系的指标，是对传媒综合经济效益的量度。这是考核广告传媒的最终目的。但是，评价传媒效益，不能直接进行，需先对上述 1~7 项指标作出评价之后进行比较，方可得出传媒对广告活动来讲所产生的效益。

5. 选择广告传媒应考虑的因素

选择广告传媒是一门综合性的工作，一般需要考虑下列因素：

（1）目标受众的习惯。由于不同的目标受众偏爱不同的广告传媒，广告主选择传媒时必须考虑受众的这种接受广告信息的习惯，以更好地实现把商品的信息传递给目标受众之目的。

（2）商品特性。要考虑商品的不同特性来选择相应的广告传媒，例如日常生活用品或高档消费品可选择电视、报纸，生产资料可选择专业性杂志等。

（3）传媒特点。各种传媒各有特点，其传播范围及影响力都各不相同，选择时要综合考虑，使广告通过传媒的影响渗透到市场每一角落。越出目标范围就有可能浪费了，故要选择与到达传播目标市场一致的广告传媒，这才是最有效合理的。

（4）费用和效果。广告活动应考虑广告主的经济负担能力，力求在一定的预算条件下，达到一定的覆盖面、影响力和持续性。既要考虑效果，又要考虑经济承受能力，综合考虑成本因素与广告质量。

（5）营销计划。应充分考虑广告目标对广告主营销计划的支持和配合。根据企业营销计划而发布的广告均有其特定的目标要求，广告的目标市场范围较大，就应选择传播范围广、覆盖面大的传媒，即遵循按需选择的原则。

（6）市场环境。广告是企业参与市场竞争的一个重要方面，为此，选择的传媒要有参与市场竞争的生命力。除此之外，还应充分考虑广告法的有关规定。

6. 传媒的选择计划

广告传媒的选择计划是根据广告主的整体营销计划、广告目标、广告战略的要求而制定的。传媒的选择计划必须与广告预算及文本创作情况相适应。

传媒计划中,不但要考虑选择传媒,而且要确定如何使用传媒。传媒计划中应反映诸如时间、费用等种种要求。

传媒计划的目标有四个因素:一是针对谁;二是通过什么渠道;三是在什么时候进行;四是采取多大规模。这四个因素中的"针对谁"的问题是传媒计划中首先要明确的,并在广告文本中有明确的反映。通过什么渠道向目标对象推出,也是制订传媒计划中很重要的问题。

制定传媒计划的前提是传媒战略,传媒计划是传媒战略目标的具体展开,广告预算是传媒选择计划的控制条件。在广告预算已定的条件下,传媒选择工作非常注重覆盖域、触及率/重复率、权威性、连续性4个指标,如图6-1所示。

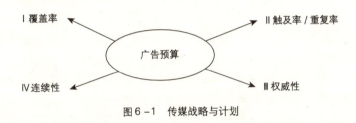

图6-1 传媒战略与计划

这4个指标是制订传媒战略所必须考虑的。尽管上述4个指标对传媒计划来讲都十分重要,但在战略上要分清轻重缓急。

先制定传媒战略,后制定传媒计划指导具体的传媒选择工作。在制定传媒选择计划过程中,必须注意下列几个问题:

(1) 商品特点。制定广告传媒选择计划要根据商品的不同特点进行。比如,以少年儿童为消费目标的商品广告,不宜在青年或老年为主要读者对象的报刊上刊登,有些商品广告不宜在文学类报刊上推出等。

(2) 目标市场特点。制定广告传媒选择计划,还要注目标市场的特点进行。在选择传媒以及确定广告推出方式时,应将目标受众加以分类,以方便对各类传媒的选择。

(3) 营销方式。制定广告传媒选择计划,还要根据商品营销方式(批发或直销)进行。比如,进行批发的要考虑目标受众的专业性,而直销日用品的要让广告家喻户晓。

(4) 竞争特点。制定广告传媒选择计划,还要根据市场竞争的特点进行。如,生产资料消费市场和生活资料消费市场有着不同的特点。

(5) 广告文本的特点。制定广告传媒选择计划,必须与广告文本的创作及其推出的方式紧密协调,以便更好地展示广告文体的长处。

(6) 传媒特点。制定广告传媒选择计划,必须考虑传媒本身的特点,力求在广告预算内达到最大的广告宣传效果。比如,解放日报以工商业报道见长,文汇报以文教报道著称;广播或电视广告被接受的时间较短,报纸、杂志广告可保留较长时间；电视广告的制作很难修改，而电台广告的制作就比较容易修改；有些广告存在时间滞后，而POP现场广播广告就比较灵活等等。

7. 传媒选择策略

广告传媒的选择应同企业的营销目标、目标市场以及营销环境紧密结合。

（1）配合营销目标的选择策略。配合营销目标的传媒选择策略一般表现在三方面：

1）传媒选择以扩大销售为目标，其目的是加快受众购买行为的心理过程。为此，有的广告人将传媒选择秩序定为：报纸、杂志、电视、广播、POP广告、直邮广告。

2）传媒选择以增加市场占有率为目标，要求广告不仅能扩大新的顾客范围，而且能把竞争对手的顾客争取过来。对于这个目标，有广告人将其传媒选择顺序定为：报纸、杂志、电视、广播。

3）传媒选择以广告主及其商品形态为目标。企业与商品的知名度不是一时一刻就能提高的，而要靠长期的努力。这种选择策略，并不要求广告很快产生效果，而是着眼于未来。有广告人对这种持久战的传媒选择顺序定为：报纸、户外广告、交通广告、社会公益活动的广告等。

（2）配合目标市场的选择策略。由于受众接触传媒的习惯不同，而广告传媒的作用就是将广告信息传递给特定的目标者，并被其接受。因此，传媒选择的策略必须配合目标市场进行。其选择策略有三：一是国际市场的选择；二是根据地理范围划分的目标市场；三是根据市场细分进行选择。

（3）根据商品的特点进行选择的策略。每种商品都有不同的特点，因此，对传媒便有了不同的选择要求。

在广告费用和传媒的选择已经决定的情况下，广告传媒的传播效果是由广告的持续时间、接触范围和发布频率三方面决定的。因此，传媒选择策略上还要考虑：凡在传媒广告持续时间固定的情况下，可选择传播频率小、范围广或频率高、范围小的传媒；在广告传媒接触范围固定的情况下，可选择传播频率小而持续时间长或频率高而持续时间短的传媒；在广告频率固定的情况下，可选择传播范围大而持续时间短，或传播范围小而持续时间长的传媒。另外，如在商品营销旺季，则应集中广告宣传，淡季则分散开展广告。

6.2.2 传媒选择中的受众心理分析

各种传媒由于特性不同，受众的接触心态也很不相同。本部分分别就受众对四大传媒的接触心态作分析。

1. 报纸广告的受众心理

我国的报纸订阅一般有这两种订阅对象，一种是机关、企事业单位，另一种是个人或家庭。前一种对象订阅的报纸通常是以新闻为主体的全国性日报或地方性日报和专业性刊物，如《人民日报》、《光明日报》、《文汇报》、《经济日报》等。个人或家庭订户所订阅的报纸通常是以文化娱乐为主体的地方性晚报或周报。

从报纸的阅读动机来看,报纸的受众也可以大致分为两类,一类是主动阅读的读者,另一类是被动阅读的读者。主动阅读的读者,其阅读活动往往是有目的、有计划的,或者说阅读活动是由兴趣爱好所致。他们试图从报纸中获得信息,寻求帮助,得到娱乐。在他们的心目中,他们已为自己的阅读活动订立一定的标准,使他们感兴趣的重要的内容,他们会认真地阅读。那些他们认为没有意义的或不感兴趣的内容,则被置之不理。他们的阅读过程首先是不断的搜索,直至在找到感兴趣的栏目之后,才开始详细阅读。搜索过程中,广告往往只处于他们的边缘视觉之中,他们似乎看见又看不清楚。只有当广告有独特之处或广告产品是他们即将准备购买的产品类型,他们才会认真去阅读广告内容。否则,广告想给他们留下深刻的印象一般来说是不可能的。这一类读者所阅读的报纸通常是个人或家庭订阅的,他们的阅读活动一般是在家中进行的。

被动阅读的读者,一般是由于暂时性的悠闲而产生阅读欲望的,例如在办公间隙、茶余饭后、车站候车或长途旅行之中。被动阅读的读者,其阅读活动的产生最初并非出于了解信息的需要,而是想借助报纸阅读来打发时间。他们常常有充裕的阅读时间,因而包括广告在内的各种栏目内容都可能成为阅读的目标。但是,广告的阅读一般要在其他内容引不起他们的兴趣或阅读之后才发生。读者的这一行为特点在《人民日报》的读者调查中从侧面上得到证实。该调查表明,喜欢广告的读者,是各类报纸内容中占比率最低的。而最受喜欢的栏目是国内政治新闻,读者比率高达75.8%。

由上述分析可见,不管是主动阅读的读者,还是被动阅读的读者,他们对报纸广告的兴趣都不高,报纸广告一般是他们拒绝阅读的内容。不过他们有时也阅读产品的报纸广告,但阅读情形是:1)产品是他们拟将购买的;2)他们希望从广告中获得信息(如招聘信息);3)广告很有特色或他们利用阅读广告来打发时间。虽然如此,由于报纸的发行量大,广告受众的数量还是受到广告主和广告人的青睐。

2. 杂志广告的受众心理

一般来说,非学术类的杂志的订户主要是个人或家庭。由于杂志内容的多样化,各种杂志的订阅对象也有明显的区别。换个角度来说,不同的读者各取所需,分别订阅不同的杂志。这样也就决定了杂志的阅读具有更加明显的目的性。有的读者从杂志中获得有关的科学文化知识,有的则想从杂志阅读中得到娱乐和消遣。正是这两方面的动机驱使读者把许多闲暇时间花在杂志上。

杂志广告与报纸广告在各自传媒中所处的地位不同。在报纸上,广告常被安排在次要的版面位置,与其他栏目内容混为一体,在印刷质量上与同一版面的其他内容一般没有明显区别。杂志广告则不然,它以精美的彩色印刷区别于其他黑白印刷的栏目内容,同时被安排在显著的位置,如封面、封底或中间插页。因此,较之报纸广告,杂志广告一方面能满足人们一定的视觉享受需要,另一方面便于读者阅读。

在杂志阅读中,读者虽然不以广告为目标,但是杂志广告的位置和印刷优势会使他们自觉或不自觉地观看、欣赏或阅读。这与广播和电视广告强迫观众接受有很大的区别。

3. 广播广告的受众心理

众所周知,广播广告一般是插播在两个节目之间或下一个节目之前的一小段时间内。虽然广播广告具有声情并茂增强感染力的特点,然而广告信息是在短暂的时间之内一次性呈现的。当受众需要了解较为详细的产品或服务情况时,广播广告难以满足这一要求。因为在一次性的收听中,要记住许多信息是相当困难的;而当受众想了解产品的外观或使用方法时,语言的描述则不如视觉表现。更重要的一点是,受众把握不住广播电台何时会播送他们所需要的产品或服务信息。因此,受众一般不会有意地去收听广播广告。如果说广播广告能引起人们的注意,那么这也是因为听众在等待其他节目或收听习惯造成的。例如想收听新闻提前打开收音机,因而听到了广告。在大多数情况下,广播广告仅作为一种背景刺激,不会被受众所注意。只有当广告本身很有趣或所介绍的产品和服务信息刚好是受众需要的时候,受众才可能集中精力,努力去接受这些信息。否则,广告可能仅仅是过眼云烟,最佳的效果是给受众留下两句押韵的顺口溜或有趣的品牌名称。

4. 电视广告的受众心理

电视观众的观看动机主要是娱乐和求知。具体地说,观众主要是为了新闻、电影、电视剧等节目而观看电视的。这从他们的收视行为中也表现出来(见表6-2)。

您最常看的节目是什么 表6-2

节目	新闻	影视剧	戏曲	体育	科技	文艺	专题	动物世界	广告	电大	其他
%	56.12	24.97	2.78	8.82	0.75	3.73	0	1.74	0.37	0.5	0.12

电视广告有明显的商业目的——推销产品或服务,是不为观众重视的传播内容。在观众的心目中,电视广告节目不是服务性的,而是赢利性的。因此,观众自然而然地对广告产生防御心理和抵触心理。从表6-3中可以看出,没有人最喜欢广告节目。观众对电视广告的抵触心理还与广告本身的创作水平以及大量的重复有关。

您最喜欢的节目是什么 表6-3

节目	新闻	影视剧	戏曲	体育	科技	文艺	专题	动物世界	广告	电大	其他
%	46.46	23.98	4.10	13.04	7.58	1.12	0.25	2.36	0	0.5	0.12

尽管电视广告不太受欢迎,但是电视广告总是与其他节目穿插播放,这为电视广告被观看提供了很多的机会。首先,观众为了不错过某一节目,一般都会提前打开电视机,而在一个节目结束之时,也不一定马上改换频道或关掉电视。在短短的时间之内,他们常常被迫地看广告。其次,观众看电视节目有时并没有明确的目标。他们为了猎取有趣的节目而看电视。这样,一些有趣的广告他们也不会拒绝。再次,

有相当一部分观众是在期待有好的节目而看电视的,这些观众虽然不一定对广告感兴趣,但有些广告依然会进入他们的眼帘。

不管出于何种原因,总有一些观众会观看电视广告,成为电视广告的受众。那么他们观看电视广告的动机是什么呢?电视与其他传媒的主要差别在于动态的画面,因而容易导致人们产生一种错误的看法,认为观众看广告仅仅是为了欣赏画面的运动变化。而事实上,观众更加关心的是广告中对商品性能和特点、商品知识及用途的介绍(见表6-4)。

表6-4 在看电视时,您更看重哪一方面的内容(%)

内容	上海	广州	北京
商品性能和特点	31.7	35.8	56.1
对生产厂家的介绍	3.8	2.3	8.3
商品知识及用途	22.5	24.8	49.2
厂家或商店地址	3.5	2.5	11.0
商品外观	3.2	4.8	8.7
演员表演	11.2	7.0	14.2
漂亮的画面	17.07	17.8	17.4
广告中的故事情节	7.2	5.3	12.0

6.3 传媒选择的方法和组合运用

具体进行传媒选择的方法有:传媒等级的选择,包括具体确定哪种传媒、传媒组合的原则、进行传媒试验等;传媒品牌的选择;广告单位的选择。

6.3.1 传媒等级的选择

选择传媒等级(电视广告、报刊广告、电影广告等)之前应分析目标受众特性、传媒的物理特性与受众使用传媒的方法。不同职业的受众与传媒等级的接触量是不一样的。例如,私营工商业人士与其他受众相比,广播、电视与报纸对他们更有效,而月刊杂志则影响效果不佳。当目标受众为特定阶层,则可选专业杂志或调频广播。

传媒等级的显著差异之一,就是物理特性。例如石英表的广告宣传就不宜用报纸,而宜用杂志,这是因为杂志广告可充分体现品牌的彩色形象设计。由于受众与传媒的接触时间及机会不同,使用传媒的方法也有所区别。知名度较高的报纸、专业杂志、广播与电视传媒的节目有固定的受众,其接触受众的时间一般较长。

在研究如何确定传媒等级时,还要进行深入、具体的分析。包括:

1. 费用

在进行传媒等级选择时，要对各种传媒收费情况作详细的分析。例如电视广告，各个电视台的收费情况存在差别，电视广告与报纸广告和杂志广告的费用又有很大差异。所以，要结合预算进行传媒等级选择。

2. 优缺点

在进行传媒等级选择时，要对各等级的传媒进行调查研究，分析各自的优缺点，结合企业的具体情况有针对性地进行选择。

3. 效应

在进行传媒选择时，要考虑效应广告的积累效应，亦即本次广告运动要动用与前次广告运动可选择的传媒及其效果相连接，以争取取得更好的广告效果。有时费用不是决定因素，效应很重要，比如有些广告主就是愿意以高代价参加奢侈品展会的。

4. 竞争

在进行传媒选择时，要认识到存在竞争对手，要从气势上压倒竞争对手。要充分利用传媒之间的差异，选择能与竞争对手抗衡和取胜的传媒，以争取更多的受众。

6.3.2 具体传媒的选定

传媒等级选定之后，就要进行具体传媒的选定。例如已选定报纸作传媒，那么，就要进一步选定哪类、哪种报纸。于是，又得对具体传媒进行调查。例如在目标受众群体中，该传媒品牌形象如何？并要从传媒的针对性、覆盖域以及传媒成本与效果的可行性研究中，考虑具体传媒是否有效触及广告主的目标市场，并使目标市场的受众都可接受到广告信息，以判定其劝说功能的大小。另外还要考虑所选用的具体传媒是否能够充分体现自己设计的广告文本的特色。

6.3.3 广告传媒的组合运用

广告传媒的运用可以采用单一传媒或多种传媒组合等方式。单一传媒方式指只选用一种合适传媒集中地、有针对性地进行广告宣传。因受广告预算费用的限制，小型企业多采用单一传媒。有时大、中企业在产品使用者固定、计划性强的广告中也采用这种方式，像钢铁、军工产品、矿石原材料等。传媒组合指多种传媒形式组成的有机组合体，其目的是为了在广告活动中最有效地发挥传媒的作用。通过广告传媒的组合，能够综合运用各种传媒的优势，进行优化组合，弥补单一传媒的不足，发挥立体宣传的优势，增强广告的感召力，扩大对目标受众的影响，极大地提高广告效果，促进广告目标的实现。例如：青岛"双星"鞋既在电视台做广告，又在电台、交通工具上做广告。手机既做路牌广告（"与中国足球共同走向世界"）又做电视广告（"支持中国足球走向新的辉煌"）等。要达到传媒最佳组合效应，企业首先必须选准主要传媒，然后注意与其他传媒有机协调配合，以造成更大的宣传声势。在广告费用投放上，企业不能平均使用财力，应该确保各种传媒投放比例的协调。在内容上，各传媒所特有的传播技巧、传播艺术应相互配合、扬长避短，推动整体宣传策略的实现。广告传媒的组合，既可以在同一类型的传媒中进行，也可以在不同类型的传媒中进行。如同时在两家电视台播放广告，就属同类传媒的组合。某一产品同时选用电视和报纸做广告，就属于不同类传媒的组合。

广告传媒的组合作用，对广告传媒的选择有着十分密切的关系。广告传媒组合的目的是为了在广告运动中最有效地发挥传媒的作用。具体表现在如下四个方面：

1. 综合优势

通过广告传媒的组合，能够综合运用各传媒的优势，以扩大对目标受众的影响。每一种传媒均有其长处和短处，单一的传媒不可能触及所有的目标受众。运用单一传媒的广告远不如多个传媒组合的广告效果。为使选用多种具体传媒能够触及所有的目标市场受众，需要有计划地组合具体传媒，综合使用这些传媒，以达到顶期的广告效果。进行这样的组合，一方面各传媒之间可取长补短，有机协调配合，以造成更好的宣传声势；另一方面能更有效地扩大对受众的影响。

2. 降低成本

通过广告传媒的组合能够弥补单一传媒频率程度之不足，以达到花钱少、效果好的目的。由于广告经费预算所限，有的传媒的宣传效果好，但费用太高，不能多次连续使用。此时，再选择一些收费较低的传媒进行组合宣传，相互协调配合，共同促使广告目标的实现。

3. 立体效果

通过各种传媒广告的交错使用，能发挥立体宣传的优势，大大增强广告的感召力，从而极大地提高广告的效果。"三人成虎"的典故讲的就是，之所以能让人相信有虎，并非同一个人重复讲了三次，而是不同的三个人各讲了一次而产生的效果。

广告传媒的组合运用，既可在同一类型的传媒中进行，也可在不同类型传媒中进行。报纸类传媒，在两家以上报纸上刊登广告，就属同类传媒的组合。报纸也有日报、周报、晚报等不同，在选择时，可考虑各报的优点，进行优化组合。如果选择电视与报纸、广播与报纸或路牌与杂志等混合运用，这种传媒组合运用方法属不同类传媒的组合。这种组合可以发挥不同传媒的优势，取得较好的广告效果。

在传媒计划中，广告主和广告人还必须研究软广告的作用。许多受众对于广告很排斥，但是，他们却很相信专家或一些名人的文章。所以，以文章形式出现的软广告有时对受众的心理影响非常大。从文章延伸出去，一些文艺节目、对话节目等等都开始与软广告相染，产生了许多难以置信的效果。

思考题

广告传媒的选择有哪些要素对广告主是很关键的？能否举一个案例说明传媒等级的重要意义？

你是如何认识软广告的？请举例说明软广告也同样具有很大的"杀伤力"，为广告主赢得顾客青睐。

第 7 章 广告效果评价和受众心理影响

在广告领域,有不少人重视广告的策划与实施,却忽略了对广告效果的评价:广告主认为广告有助于产品行销,所以盲目地对广告投资,一味地追求广告的轰动效应。但是花了大笔的广告费用后,究竟广告发挥了多大的效果,不少广告主却无从知道。实际上,对广告效果进行测量,是广告活动必不可少的环节。只有对广告效果进行测评,才能了解广告活动中存在的成功与失败,以便对随后的广告活动进行调控,以最大限度地减少浪费,增强广告的效果。

所以,广告活动除了包括提出新颖的广告创意,策划周密的广告计划,设计制作优秀的广告文案,投入经费、人力和精力等,还需要包括对广告的效果进行评价。广告活动的心理效果是广告效果的重要组成部分,为此,有必要对广告目标与广告心理效果进行认真的评价。这对测定广告全面效果,有着十分重要的意义。

7.1 基于受众心理的广告效果评价

广告目标和广告效果、广告效果评价作用和意义、原则和方法、类型,以及广告效果的心理机制是本节研讨的内容。

7.1.1 广告目标和广告效果

首先从广告目标谈起。

1. 广告目标

(1) 广告目标的内容。确定广告活动的目标是广告策划、决策的首要任务。广告目标是指广告推出后在社会上所引起的预期反应,以及这些反应所产生的对商品的促销效果。广告目标是根据广告主的营销计划来确定的。广告目标主要包含以下两方面的内容:

1) 提高广告宣传主体的知名度。广告活动的目的,是提高广告宣传主体的知名度,并有助于广告主的促销活动。反映广告宣传主体的知名度的指标,包括受众对广告宣传主体的初识度、清晰度和记忆度。

对广告宣传主体的初识度是指受众初次接触广告后建立起广告宣传主体概念的程度。这种初识度增长明显，就表明广告活动的效果良好。新产品上市是比较重视这一初识度的。

对广告宣传主体的清晰度是指受众对广告宣传主体了解的清晰程度。一般情况下，受众对广告宣传的了解是模糊的，如果通过广告宣传能使受众对所宣传的主体（比如某种品牌）有清晰了解，就能促进其销售。所以，广告主往往也把留给受众印象中的清晰度作为广告活动的目标之一。

对广告宣传主体的记忆度，是指通过广告信息的传播，使受众对广告宣传主体形成一定的记忆，有利于促进受众购物动机的产生。

2）美化广告宣传主体的形象。广告主最关心的广告目标是影响人们对广告宣传的态度，促使受众产生对广告宣传主体的好感。因此，提高广告宣传主体的知名度仅仅是广告目标的一部分，广告目标的另一部分在于通过受众对广告信息的接受，影响其对广告主或其品牌的总体态度。美国广告主协会对商业广告下的定义是："广告是付费的大众传播，其最终目的是传递情报，变化人们对广告商品的态度，诱发行动而使广告主得到利益。"

广告宣传主体的良好形象是由受众对它的圆形认识度、品牌识别度和市场忠诚度等因素来体现的。

圆形认识度出自英国文学理论家福斯德在《小说面面观》中可运用的观察和评论方式，意即提倡多侧面地认识事物，认识的角度越多越能全面了解事物。同此，广告宣传主体的形象应依靠广告活动多侧面地向市场介绍，使受众对广告宣传主体产生实实在在的积极评价，改善其对广告宣传主体的认识。

品牌识别度，是指提高受众对广告宣传主体的积极识别能力。广告活动的目标之一，也就是让商品在竞争中脱颖而出，给受众留下深刻印象，从而提高其对广告宣传主体的认识。

市场忠诚度，乃是广告宣传的高层次目标，即要求受众将广告对商品的评价变成一种习惯性认识，从而产生一种排斥其他品牌的消费观念，而对广告宣传主体有着某种虔诚态度。广告宣传的作用就在于强化和引导这种市场忠诚度。

(2) 广告目标的作用。广告活动的目标是根据企业营销计划制定出来的。广告目标的确立，可以起到三个作用，即协调作用、准则作用和依据作用。

1）协调作用。广告活动本身就是一种协调性工作，广告主与广告人、广告传媒单位、广告研究机构等都要进行协作，相互配合，以保证广告活动的顺利进行。这个协调应该以广告目标为协调宗旨，凡是符合宗旨的就应坚决执行，不符合宗旨的就要进行调整，使其符合宗旨。

2）准则作用。广告活动的全过程是一个决策的过程。决策过程必须有一定的准则，广告目标就是决策的准则。不论文本创作与测试目标、传媒选择、组合目标、广告效果评价目标，还是广告经济效益目标与广告社会效果目标，都要以广告目标为准则,这样才能保证广告活动的顺利进行,实现广告目标的要求。

3)依据作用。广告活动效果的评价是一项十分重要的工作,广告目标可为这种评价提供依据。离开这个依据,广告效果就难以测定。广告目标不但可以测定,而且还可以化成一系列具体指标,以便对广告活动的效果能够作出一个准确的评价。

广告目标的上述三方面作用是相辅相成的,彼此是紧密相连的。它们分别从横的、纵的以及总体方面对广告活动进行制约。

(3)广告目标的分类。广告目标是广告主对广告活动提出的总的要求,由于广告目标受到广告主营销计划的影响,有着不同的侧重和分类。

1)广告目标的两个侧重点。广告目标往往有两个侧重点:一是单纯推销商品,二是完全塑造形象。单纯推销商品的广告目标主要考虑纯经济效益的获得;完全塑造形象的广告目标主要考虑社会效益的获得,如图7-1所示。

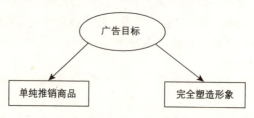

图7-1　广告目标的侧重

这种侧重的广告目标,在广告作用中容易体现出来。侧重第一种广告目标的,主要是为了扩大某种品牌商品的销售;侧重第二种广告目标的,则主要考虑改善广告主及其商品或品牌的形象,并由此带动促销。

2)广告目标的分类。广告主对于广告活动有着各种各样的目标,主要可以划分成下列九个方面:

● 吸引受众的目标。广告主遇有新的商品上市,要做好商品畅销的铺垫工作,最重要的是首先吸引受众的注意和兴趣。此时往往采用广告的形式诱导受众来尝试新的商品或服务。可以说,这一广告目标并非要求立即促进销售额的上升,而是为了吸引更多的受众注意这一商品。

● 加深对商品认识的目标。为了巩固并扩大市场占有率,争取更多的受众,广告主就要通过广告宣传,增强人们对其商品及服务的认识。

● 培养稳定、忠诚的受众的目标。受众对一些日常生活用品有着习惯性消费。这是一批稳定忠实的受众,是企业稳定占领市场的关键。企业以此目标做广告,就是坚持对某品牌进行广告宣传。

● 维持受众偏爱的目标。有些商品由于能够显示一定的风度、时尚,为某些受众所偏爱。为保持受众对本企业商品的偏爱,企业就应通过广告宣传不断反映本企业商品领导潮流的风格,增强受众偏爱的信念。

- 保持良好形象的目标。广告主通过不断的广告宣传，以保持和不断改善其良好的形象。
- 接受系列产品的目标。广告主通过广告发挥名牌效应，以名牌商品带动系列商品，最终达到受众能够接受系列商品的目标。
- 改变受众购物习惯的目标。受众大都对某些生活用品有购买习惯。为争夺市场份额，广告主要通过广告宣传来改变受众原来购物的习惯，使其接受本企业推出的新商品。
- 与受众沟通的目标。广告主在配合社会公益活动中，通过广告宣传与受众进行心理沟通，使受众增强对其商品的认知和支持。
- 推动商品促销的目标。这种广告目标非常直接，就是要求通过广告活动，增加商品的销售额。

(4) 广告目标的制定要求。广告目标服从于企业营销目标。因此，制定广告目标有下列几个要求：

1) 整体性要求。广告目标必须服从于赚取最高利润的企业目标和销售更多商品、扩大市场占有率的营销目标。因此，广告目标要反映企业整体营销计划的多重目标。

2) 可测性要求。广告目标是广告活动的宗旨，广告目标必须具体明确，不可含糊、模棱两可。为了测定广告目标是否实现，应尽可能在广告活动规划之前，将广告活动的目标具体化，使之可被测定。比如，广告视听率、阅读率、知名度、理解率、喜爱率等。

3) 整合性要求。广告活动是一系列活动的总和。广告目标的实现要求发挥整个广告活动的作用，为此要将广告目标分解为一系列广告活动的具体目标，并通过这些具体目标的实现来确保总体广告目标的实现。

4) 可行性要求。广告活动是与之有关的各单位或个人相互配合、协调的产物，所以广告目标务必切实可行，符合实际，方能保证广告运动的顺利进行。

5) 服从性的要求。广告活动是企业营销活动的一部分，广告目标由营销计划所决定。因此，广告目标必须服从企业营销活动的要求。

2. 广告效果

广告活动过程是一个不断反馈，循环往复的动态过程。在广告活动开始之前，首先要对市场现状调查研究，然后对调查材料进行解释、分析和筛选，经过科学的判断推理，作出正确的决策，确定广告目标市场，决定广告目标，在此基础上制定全面详细的广告计划，按照计划组织实施广告。广告刊播之前，要进行调查、实验或测验，预测广告将产生的效果，修改和完善其不合理的部分；广告刊播之后，还要开展各种调查，测定广告活动效果，对广告活动作出正确评价。这些都是完整的广告活动过程中不可缺少的重要内容。

广告活动千差万别，企业所看重的广告效果也就各有不同。企业积压商品，亟需脱手时，所企求的是积压商品向受众推销的广告效果；而一家企业的产品刚刚进入市场时，所需要的则是尽快在受众心目中树立企业形象的广告效果；当产品销售顺畅、企业形象也不错，这时企业持续的、有计划的广告宣传，可能是为了保持市场占有率和让受众加深对厂家的了解而形成一种长期影响的效果。总之，企业所希望的"广告效果"是各不相同的。

我们这里所说的广告效果（advertising effectiveness），是指广告主把广告信息通过广告媒体传播之后所产生的各种直接或间接影响的总和。广告对受众的影响效果，一般可以分为三个方面：

（1）对企业经营的影响：广告的经济效果。一般而言，人们评定广告效果是以广告宣传后销售情况的好坏为标准，这可以称之为广告的"销售效果"或"经济效果"，即广告促进商品或劳务销售和利润增长的程度。但商品销售是整个市场营销活动综合作用的结果，广告活动只是商品市场营销组合中的一个方面，影响销售的因素除广告之外，尚有许多，如竞争对手的状况、经济景气与居民购买力的升降、厂家降价、馈赠、售后服务、公关活动、品牌效应等等。如果把这些错综复杂、相互交织的因素完全排除，以为广告效果就表现在销售额上，那必然得不到正确的结论。而且，广告的效果，也并非一旦发布，就药到病除，即刻见效。

（2）对受众的影响：广告的心理效果。由于广告发布后不一定直接促进商品销售，广告产生的销售效果也难以确切的年代出现测定，所以，20世纪60年代出现的DAGMAR理论，就将广告效果与营销目标区分开来，把广告效果视为受众对广告信息产生的认知、情感和态度等心理活动变化的过程，即广告的心理效果。也就是说，凡是受众看到或听到了广告，就会对他产生影响和效果，不过这个效果与销售无直接的关系，它只是间接地起到促进销售的目的。受众对商品并非一看到广告就购买，而是有一个对商品的注意、接触、了解、产生兴趣、形成良好印象等一系列的心理活动过程，最后出现购买行为的。

（3）对社会的影响：广告的社会效果。广告宣传之后，除了产生经济效果、心理效果，还会产生一定的社会效果，即广告的传播是否对社会的文化、政治、艺术、法律、伦理道德等上层建筑和社会意识形态产生良好的推动作用。质量低劣、宣传失真、趣味低级、误导受众的广告，不仅会把广告主、广告人自己逼入绝境，而且会降低整个社会精神文明水准，成为一种社会公害。

7.1.2 广告效果评价的作用和意义

广告活动的目的在于发挥广告的信息传递作用，从而达到促销的目的。为使广告活动卓有成效，必须事先对广告目标的制定、计划方案以及广告的推出过程和推出后都要进行测定评价。

这种测定包括对广告活动中各个组成部分的评价，例如：广告目标的设置是否恰当？是否达到？广告对象的选择是否正确？广告传媒的选择是否恰当？广告是否有效地到达广告对象？对他们改变态度的作用如何？广告投资是否合理？广告的推出是否按照广告战略的要求进行？这种推出方式是否恰当？等等，均需测定评价。

总的来说可归结为两个方面：一是广告本身效果评价；二是促销效果评价。

到 20 世纪 50 年代，广告的评价工作在世界范围内开始得到重视，广告效果的测定、评价，成为广告活动的重要内容之一。

1. 广告效果评价的作用

对广告效果评价的作用，主要表现在下列几个方面：

(1) 企业之间的竞争已发展到整体营销计划的竞争，广告宣传也加入了相互竞争的行列。为此，广告效果也必须大大提高，广告效果的评价自然也越来越被重视。广告效果的竞争结果直接体现于营销计划的成败。因此，人们也希望通过广告效果的评价，提高其广告活动的水平，以便更有效地进行广告竞争。

(2) 随着推销业务的拓展，广告必须针对不同民族、国家、地区的各类消费行进行多样化的劝说。广告主也就从这一角度要求广告效果的提高。广告一方面要通过国内的多元化信息渠道向消费大众进行商品推销，另一方面还要向国外受众推销。为此，广告活动也必须从多方面适应这种新的需求。于是，广告效果评价便着重在不同广告形式如何适应不同销售环境等方面了。

(3) 由于企业投入的广告费用越来越高，为确保投入的高额广告费能够有效地促进商品的销售，就更加重视对广告效果的评价，以适应"以尽可能小的代价换取尽可能多的效益"这一商业活动的基本原则。

(4) 现代科学技术迅速发展，为进行广告效果评价工作提供了必需的手段和工具，保证广告效果评价的正确性，这也为广告主企业增强了评价广告效果的信心。

(5) 企业管理水平的提高，要求对广告的效益进行监控管理，广告方面的费用不能再是效果不明的投资了，必须有明确的"费用—效益分析"，以判断广告工作是否符合要求。这就要求对广告活动前确定的目标与广告活动后取得的效果进行比较，分析广告活动是否实现了广告目标，投入的广告费是否有满意的效益。

2. 广告效果评价工作科学化

准确的广告效果评价必须通过一套科学的调查统计方法才可获得。对企业来说，进行广告效果评价工作是促进其提高管理水平的关键。如果没有一套科学的广告效果评价方法，企业就难以保证不受到损失。现代广告效果评价工作，也就是要改变以往那种凭广告经验、直觉等对广告作出评价的方法，而以科学的方法和手段进行严格准确的评价工作。评价工作的科学化作用表现为如下六个方面：

(1) 可以消除企业高层领导对广告作用的误解，使之明确广告战略对整个营销计划的作用和意义。企业高层领导中对广告宣传的看法总有一定的差别，消除部分领导的偏见的最好方法就是对广告效果作出准确的评价。

(2) 可以促进整体营销计划的实现。广告作为一个重要的营销环节，必须有计划地配合其他营销活动促进整体营销计划的实现。广告主将每次广告活动的效果积累起来，以其总的效果促进整体营销活动。

(3) 鉴定广告质量和广告的作用，评价广告投资是否获得了预期的效益。

(4) 提供广告活动的经验和依据，提高管理水平。通过对广告效果的评价，便可及时了解广告活动过程中每项活动的成功或失败，以便取长补短，为以后的广告活动提供借鉴。同时，对于广告主或广告人来说，也都可积累经验提高工作水平。

（5）便于广告主挑选好的合作广告人，避免初选广告人时的盲目性。广告效果的评价可以客观地向广告主显示其合作伙伴的合作诚意和能力，有利于提高广告效果。

（6）有利于制止营私舞弊、中饱私囊现象。如果不进行科学的广告效果评价，可能会导致部分广告人将广告业务交给有个人收益的代理者，而全然不顾广告效果好坏的现象产生。对广告效果进行科学的评价就可在一定程度上制止这种现象的发生。

7.1.3 广告效果评价的原则和方法

1. 广告效果的测评原则

对广告效果进行测评，首先应认识广告效果的特性。广告效果的形成和产生的过程是十分复杂的，它包含广告效果的复杂性、时间推移性、积累效果性、间接效果性、广告竞争性与效果的两面性等。

（1）广告效果的复杂性。广告效果的评价要考虑其影响因素的质和量。这两种因素互有冲击性，质是广告的表现程度，量是刊播的次数，既要广告表现质好，又要刊播次数适宜，这就反映了广告效果的复杂性。

（2）时间的推移性。由于时间以及地点、经济等条件限制，受众接受广告的影响是不一致的。因此，测定广告效果不能只从短期内销售效果去判断，还应考虑到广告的即效性与迟效性的不同特点。

（3）积累效果性。广告的反复发布，在于加强目标受众对广告商品的印象，广告效果是多种传媒广告综合作用的结果，很难测定单一传媒某一次广告宣传的效果。

（4）间接效果性。有的受众直接受广告影响而采取购物行为，也有不少受众受广告影响后自己不买却推荐给他人去买，这就是广告的间接效果，这种间接的广告效果也是很难测定的。

（5）广告竞争性。由于市场竞争剧烈，同类商品之间开展广告战，使广告宣传的效果相互抵消削弱，因此很难确定单一广告的效果。

（6）广告效果的两面性。广告既有促进商品销售的功能，也有推进商品销售的功能。而在市场普遍疲软的情况下，广告的作用也可能仅是减缓销售量下降，此时如从提高商品销售量去评价广告的效果，可能就不全面了。

2. 广告效果的测评原则

广告效果的测评原则与要求主要有三个方面：

（1）有效性原则。要求测评广告效果时，必须选定真实有效、确有代表性的答案来作为衡量依据，否则就失去了有效性。因此，需要采取多种测评的方法，以尽量保证测评的结果真正的有效。

（2）可靠性原则。广告活动全过程中各阶段的测评，有其连续性。若多次性测评的结果相同则表明可靠性强。否则，就难保证答案的准确性。

(3) 相关性原则。广告效果的测评必须与所追求的目的相关，如果广告的目的是为了推广新商品，广告效果测评就应针对受众对品牌的印象来进行。新商品与品牌印象的测评要相一致，否则，就成为无的放矢，广告效果的测评也就会事倍功半。

3. DAGMAR 方法

怎样才能做到有效地对广告效果作出评价呢？1967年，美国广告研究专家Russett H·Colley 在美国全国广告客户协会（ANA）的资助下出版了一本名为《确定广告目标以衡量广告效果》的书，该书英文名为 Defining Advertising Goals for Measured Advertising Result，缩写即为 DAGMAR。

DAGMAR 方法是一个理想化的广告管理模式。它强调在广告规划中应首先确立一个总的广告运动的目标，然后分解为层次的广告目标。一般通过六个具体目标来控制整个广告运动的进展，即所谓 6M 方式。这六项具体目标为：商品（merchandise）、传媒（media）、市场（market）、动机（motive）、信息（message）、评价（measurement）。在 DAGMAR 方法指导下，广告效果评价的操作程序如下：

(1) 确定广告活动的总体目标；

(2) 将总体目标分解为营销目标与选择目标；

(3) 将广告的传播目标分层，确定每一层应达到的目标，并加以整合，构成总体目标；

(4) 确定各层次目标的评价方法；

(5) 确定对广告活动进行评价的步骤，包括如何进行事前评价、推出过程中评价及推出后评价；

(6) 按照确定的评价步骤，制定每一项评价的标准与需解决的问题；

(7) 收集二手资料，为广告效果的评价工作提供参考；

(8) 收集一手资料，对广告活动所产生的效果进行全面测定；

(9) 将一二手资料汇总起来，对广告所产生的效果进行全面测定；

(10) 制定每一项广告活动的具体目标，并对其产生的效果一一加以评价，以了解其实现总目标要求的情况。

4. 广告效果的测定方法

选择广告效果的测定方法应根据不同的广告目的和不同的传媒，因地制宜地进行。其测定方法有三：实地调查法、评论员评定法、购买动机测定法。

(1) 实地调查法。调查广告宣传对商品销售所产生的直接效果。一种是采取分区对比的形式，即在两个区域内，测定区播放广告，非测定区不予播放，然后再加比较，以测定播出后的效果。另一种是多种变量测定法，例如广告可以报纸、杂志、广播媒体为变量，再用多种组合进行测定，可反映出不同区域的广告促销作用与传媒的关系。

实地调查法也可采取问卷调查的形式搜集相关资料，然后进行分析整理。其问卷表的设计是至关重要的,要根据调查的重点弄清调查方式(电话调查还是邮件调查)和问法类型(自由式、封闭式、多项选择),并确定问卷的内容等。

(2)评论员评定法。聘请目标受众中的若干人作为评论员,请他们对看过的广告表现内容进行评论。

(3)购买动机测定法。对目标受众的态度、动机进行测定。可采用采访式的对话形式进行测定;还有命题完成法,即把未完成的文章请被测者完稿,以测定其对广告表现和广告商品的态度;还可用代表不同意思的测验图让被测者叙述一段故事情节,以探测其态度。

7.1.4 广告效果评价的类型

这是一种从广告文本直接接触受众之后所引起各种心理效应作为评价效果依据的方法,是检查广告目标达到的程度的最佳手段。受众的这种心理反应,包括对商品信息的注意、兴趣、记忆、动机行为等各种心理活动反应,其评价的项目就有注意度、理解度、知名度、记忆度、视听率等。总体上又可分事前、事中或事后的效果评价。

1. 事前评价

事前评价是指在广告正式推出以前,先对广告文本或广告传媒组合进行评价。事前评价有时可起到较大的作用,可以作出预报,以避免整个广告活动的失败。事前评价工作中发现广告文本或传媒组合存在问题,可提醒广告主及时加以纠正。这给广告主带来极大好处。因为不合格的文本一旦推出就会造成企业形象受损以及费用的浪费,同时也会构成对企业营销活动顺利开展的阻力。

常用的事前评价方法有下列几种:

(1)专家意见综合法。可事先拿出几种广告文本及传媒组合方案,请专家进行评价,对广告活动推出后必将产生的效果作出预测。也可将若干专家召集一起共同探讨各种可供选择的文本及传媒组合方案。此方法是事前评价中比较易行的一种方法。聘请的专家在广告研究方面要有一定的权威性。

(2)受众态度法。让一定数量的受众来对广告文本及传媒组合方式发表意见,然后将他们的态度汇总分析。邀请的受众要有一定的代表性,以便能够真实地听到受众的态度。

(3)评分法。根据广告构成的要素,让受测者一一加以评分,选取最高分数作为评分结果加以分析。

(4)受众选择法。将若干可供选择的广告文本与传媒组合方案,交由受众,请他们挑选最喜欢的一种,然后将选择结果综合起来分析。

(5)心理—生理仪器测定法。根据受众对广告文本生理反应的测量,推出受众的心理反应。

(6)言词反应法。将广告文本向受众展示几秒种后收回,再请受众写下他当时的感想,以此来判断受众的心理反应。

事前评价的上述六种方法，广告主可根据实际需要选用其中一种或几种，选用方法越多，预测也越准确，越具参考价值，但构成的费用也越高。

2. 事中评价

广告推出过程中，通过及时评价，达到对文本及传媒组合的及时修改，使得广告活动能够更好地进行。这一评价方法的优点是可以直接了解受众在实际环境中作出的真实反应，得出的评价更可靠。广告主采用这种评价法，往往对整个广告活动应如何进行仍未下定决心，一时难以确定选用哪种文本及传媒组合方式。比如有的广告主选用此法是为了保证一系列广告活动的连续性，研究目标市场对广告活动的反应模式，以便找出最佳的广告活动形式。

常用的事中效果评价方法有三：

（1）市场试验法。先选定一两个试验地区，推出广告，然后同时观察试验地区和一般尚未推出广告的地区，观察受众反应与销售情况。比较两个不同地区，使可对广告的效果作出评价。采用这一方法一定要进行周密的策划，保证推出广告是有序地进行，不会出现混乱现象。

（2）函询法。这是一种调查问答式的方法。广告主鼓励受众回函，并给予一定的奖励。有些回函还被要求回答年龄、性别、职业等。这样，广告主可掌握更多的受众信息，这是一种被经常采用的评价方法。例如，在规划一次广告活动时，有七种报纸可供选用，而广告主只能选用其中四种作为长期广告传媒。采用函询法，可以将广告同时刊登在七张报纸上，广告尾部均有回执，说明只要寄回回执，即可获优惠卡。广告主可在七张报纸上分别做上记号，看那份报纸寄回的回执多，这样便可从中选出四种报纸了。这一方法既可评价广告，也可评价传媒。

（3）分刊测定法。这是比函询法更进一步的方法。将广告作品分为两种，同时在某一传媒上推出，看哪种回函多，说明哪种广告作品效果好。

3. 事后评价

这是指对广告推出后产生的效果情况进行调查并作出全面的评价。这一评价结果能为下次广告的推出提供经验教训。

事后评价的方法有下列几种：

（1）接触效果额定法。从印刷传媒本身的发行数和读者阶层的特性分析，可了解其到达效果，电视、广播传媒到达效果则可从视听实况得知。必须指出，传媒到达不一定就能收到广告效果，故还需从注目率和视听率的调查分析中来测定广告到达效果。由调查员直接询问受众，调查其每天广告的接触情况，并可根据下列公式判定其效果：

$$广告注目率 = \frac{B+C}{A} \times 100\%$$

式中，A 为看到报刊的总人数；B 为似乎看到报刊广告的人数；C 为确实看到报刊广告的人数。

$$阅读率 = \frac{C_1 + C_2 + C_3}{A} \times 100\%$$

式中，A 为看到报刊的总人数；C_1 为看到过报刊广告的图片、标题，但详细内容未看的人数；C_2 为阅读过一部分广告内容的人数；C_3 为广告内容都详细阅读过的人数。

$$视听率 = \frac{B}{A} \times 100\%$$

式中，A 为电视机或收音机所有户数；B 为广告节目视听户数。

（2）心理转变效果测定法。心理转变的效果测量主要是知名度的测定，其测定方法包括回忆法与识别法。回忆法即在广告推出后，分层随机选择一部分受众，了解他们对已推出广告的记忆。这种回忆有自由回忆和引导回忆。引导回忆是指调查者对受众进行逐步的提示，使其回忆起已接收过的信息。一般讲，引导记忆法测定出的受众对广告内容的记忆情况比较真实准确。识别法指将已推出的广告文本混入其他广告中，然后看有多少受众可以识别已推出过的广告文本。受众能够识别的程度，也就表明广告产生的效果的程度。除知名度测定外，还有理解度测定、确信度测定与名牌亲密度测定等。

（3）行动效果测定法。这是一种直接测定广告效果的方法，一般是在广告推出之后，对于目标受众的购物行为进行跟踪测定。

（4）态度法。这种方法是与广告活动开展之前的态度评价工作配合起来使用的。在广告活动前随机调查一部分受众的态度，广告活动后再随机调查一部分受众的态度。这样，便可了解受众在广告前后的态度变化。

4. 销售效果评价

商品销售与广告活动密切相关，对销售效果的评价是一种销售反应法。这是了解广告对商品销售产生影响的最直接接口的方法，销售效果的评价一般采用统计法、实验法与促销法三种。

统计法是用统计的方法，推算广告费用与商品销售额的比率，以此测定广告的销售效果。实验法是通过实地的广告试验，考虑广告效果的一种测定评价方法。促销法是分两处进行比较的方法，一处只推出广告，另一处既有广告，又配上其他促销活动，经过一段时间后，对这两处的销售情况进行比较，测定广告在促销活动中所占的比重。

7.1.5 广告效果产生的心理机制

当受众受到广告作用后，首先对广告诉求表示同感，对广告商品逐渐产生感情，对广告经过各方面评价后，信念才能形成。所以，从广告心理学角度讲，对广告的评价就是评价受众对广告的态度、情感和是否有购买意愿等。广告效果产生的心理机制可用图 7-2 示之：

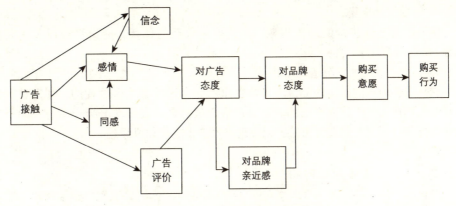

图7-2 广告效果产生的心理机制

7.2 广告的长期心理效果

企业广告是现代商品中一种影响力很强的宣传形式，它涉及范围极为广泛，广告效果的大小很大程度取决于广告活动过程中能否充分运用人的心理规律，迎合受众的心理感应和心理需求。因此，企业必须潜心研制广告中的心理效果问题，研究在广告活动中如何引发受众对信息传递的心理效应，以便更好发挥广告活动的心理作用。

广告活动的目的就是希望广告推出后能取得理想的效果。因此，广告推出前后，很有必要对广告效果进行测定，而对广告心理效果的测定更具有重要的意义。

7.2.1 广告的心理功能和作用

广告的功能极为丰富，现代广告更是注重运用心理学原理，诱导刺激人们的心理，使广告的心理功能有着充分的发挥。广告心理功能与其效果测评的作用主要表现在五个方面：

1. 认识商品特性

广告信息的传播，主要表现在商品质量及其经营范围、销售服务等方面的介绍，使受众心理上对商品特性的认识有所提高。

2. 刺激心理需求

受众尽管对商品有了认识，但不一定会采取购买行动。商品广告就是从其表现的内容迎合受众的需求，刺激其购买欲，发挥心理引导功能，促使受众采取购买行动。

3. 促进商品的销售

广告的主要目标是促进商品的销售，广告之所以能发挥促销功能，是因为广告所传播的信息，有着巨大的心理渗透作用，引起受众的注意与兴趣，刺激了购买欲望。

4. 美的艺术享受

由于广告有着艺术的形象构成，起着美化心灵的作用，能给受众以美的文化享受。

5. 心理学原理的充分运用

这是广告心理的基本功能，广告发生作用的全过程都是心理性的，都是针对目标受众的物质需求心理而推出的。这一广告心理的影响过程充分运用了心理学原理方面的异质性刺激、感情性渲染，以及动态性与系统整体性原理。

7.2.2 广告心理效果的内涵

广告的心理效果（advertising mentality effectiveness），又称广告接触和传播效果，也有人简称为广告效果，它是指发布的广告作品在传播过程中对受众引发的心理效应的程度。受众的心理反应越强烈，广告效果越明显。

广告心理效果是受众在接收到广告信息之后，在知觉、注意、记忆、理解、情绪、态度、行为欲求等诸多心理要素方面产生的影响。它不是以直接的销售情况的好坏作为评判的依据，而是以"到达效果"、"知觉效果"、"记忆效果"、"态度变化效果"、"行为效果"等间接促进产品销售的心理因素作为评判的根据。

广告的作用，不是只提供资料，而是要造成说服的力量。广告可以创造消费，引导消费，也就是可以使受众因广告而产生欲望，使欲望又能演变为有效需求，这样市场就被打开了。例如，在新的产品或劳务项目上市之初，广告可以以全新的观念诉诸受众，采取反复诱导、多次示范等方式使他们接受新的消费观念和知识，唤起他们的初级需要的意念，打开新市场；在同类产品或劳务竞争激烈，但还存在潜在市场的情况下，广告则可以采用进入受众心智的"定位"策略，重塑产品或劳务形象，刺激受众的选择性需要，使其对已知产品形成新的需求意念，创造"名牌效应"刺激受众的潜在需求。

好的广告必须能满足受众的心理需求，运用种种技术方法和手段引起受众的注意，促进他们的记忆与联想，使其产生认知、情感和行为方面的变化，提供购买理由，诱发受众的潜在需要和购买欲望，激发其购买动机，并使受众感受到获得这种产品所带来的愉悦和满足。提高受众对产品的知名、理解、偏好的程度，增进受众的购买信心和信任感，并使他们形成指名购买的品牌效应。广告的心理效果，正是通过广告作品的宣传说服，影响受众的心理活动状态，改变其心理和行为过程而表现出来的。

7.2.3 广告心理效果的特点

广告心理效果有其特殊的特点，主要表现在五个方面：

1. 时间断续性

由于受时间、地点、经济等条件的限制，受众接受广告的情况是不相同的。有的是一见广告就产生购买行为的；有的可能是断续的；有的对商品虽有了认识，但随着时间的推移对广告的印象也慢慢淡薄了。

2. 累积效果性

受众在购买商品之前，已接受过广告的多次渲染，在心理上已有了广告印象。受众从受到广告宣传影响到购买行为发生的这段时间，就是广告效果积累期。

3. 间接效果性

受众接受广告宣传后，将自己的感受去影响别人，并鼓励别人去购买，这就是广告的间接效果。

4. 效果交叉性

有些受众去购买商品，既有广告宣传的影响，也有其他方面的影响。这是企业除了广告外，还采取多种形式的促销活动造成的结果。广告心理效果只能是其中的一部分，有交叉性效果。

5. 效果两极性

广告心理效果既有好的促进一面，也会产生不好的消极作用。如果不注意受众的心理因素和市场环境因素，广告的推出可能会产生与促销愿望相反的效果。

7.2.4 广告心理效果的发生过程

广告心理效果是广告作品通过广告传媒，与受众之间进行信息传递的过程中产生的。一般来说，人们对广告信息的心理反应活动经过以下几个阶段：

第一阶段：感觉器官感知广告信息，知晓信息的内容。这是心理反应过程。在这一过程中，首先是感觉，即感到信息的存在（如受众看到、听到，或是二者兼有之）；然后是注意，对信息进行指向性的接收；最后是知觉，即了解广告信息的内容。这时，受众的某种消费需要就可能被引起，产生购买倾向（模式1）；但也可能在后面的阶段才会产生消费需求，激发消费动机。这往往由受众当时心理状态、需要情况、个性特点等所决定。

第二阶段：对广告信息进行思考、判别，并产生态度、情感和行为的反应。在这一过程中，思维对进入短时记忆或已进入长时记忆的广告信息进行思考、理解和评判，这一过程中信息储存时间的长短和储存量的多少、对所宣传的商品是否形成鲜明的品牌印象等较为重要。这时，给受众提供一些知识，使其对广告所宣传的商品有所了解，就会产生兴趣，即由广告诱发的联想或好奇，由思维引起的心理反应的强化或弱化，对广告信息真伪的评价。认知评估之后，若产生对广告信息的偏好取舍，会出现喜欢和积极的态度与情绪性反应；由于对广告信息反复接触的次数增多，亲近感和好感一般会增加，逐渐形成新的评判体系，使受众接受广告的宣传，或改变受众对该商品的情绪反应，形成积极的态度，进而激发购买需求和动机，并可能形成购买行为（模式2）。若认知评估不满意，如广告信息的可信度低、认知不协调等，则会产生对该广告信息的弃置处理（模式3）。

第三阶段：购买后的信息反馈及购买信念的形成。受众购买广告商品后，其使用效果的体验形成反馈信息通路，返回传入认知评估系统和情感、态度系统。若使用效果不满意，或并非像广告所宣传的那样，则反馈信息最终会进入模式，将其抛弃；若使用效果满意，则反馈信息进入认知评估系统和情感、态度系统后，将使该信息的积极效果被进一步强化，受众相信该广告所宣传的内容，态度趋向稳定，形成较稳固的信念和对广告内容或商品品牌的好感，并导致重复购买行为的出现，最终形成品牌效应，产生对该品牌的信任感。

在上述每一个心理反应环节中，都可能导致广告信息的舍弃、衰减或受到加强。这受许多因素的复杂影响，诸如广告作品、传播方式、传媒特点、受众心理状况与个性特点等等。所以，广告要达到理想的效果，必须在广告的计划、设计、制作和运用等环节上充分重视每个阶段的特点，把握受众的心理活动及其规律。

广告心理效果的发生过程可见图7－3。

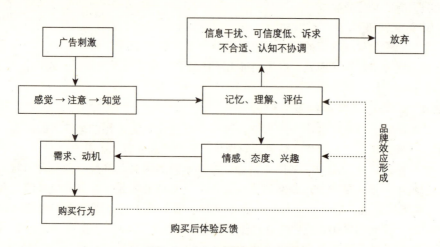

图7－3　广告心理效果发生过程

7.2.5　增强广告心理效果的方法

广告的心理效果取决于广告活动中是否充分利用心理学的原理，以及广告是否迎合受众的心理状态和需求。增强广告心理效果，就应该注重调动受众的心理效应。增强广告心理效果应该从促进受众"注意"、"记忆"与"联想及想像"方面入手，尤其是促进受众"注意"，这在广告中的心理效果极为重要。

1. 增强"注意"效果

广告能否引起目标受众的注意，是广告心理效果大小的标志。注意有无意注意和有意注意之别。有意注意是指受众已有明确的意图，表现为积极、主动地接受广告信息。因而，增强广告心理效果不仅是强化受众的有意注意，更是要变受众对广告的无意注意为有意注意。增强"注意"的具体方法有：

（1）艺术方法：以特殊的艺术手法，增大对受众心理的刺激，促使受众予以高度注意。

（2）反常方法：以反常态的广告形式，使受众感到惊奇。这种违反常规的广告形式却符合受众好奇的心理规律,从而促使受众的特别注意。

(3) 突变方法:通过突变的手法来引起受众的注意。比如利用发表声明的方式,使信息传播中给人以某种突变的感觉,以吸引受众的注意。

(4) 对比方法:强烈的对比是很会引起人们注意的。声、色反差越大,越会引起人的视觉与听觉注意。有反差对比的广告,更能引起受众的心理反应,并会引起受众对广告信息的特别注意。

(5) 高频方法:在一段时间内高频率地实行广告宣传,能促进感觉刺激,引起受众注意。高频率的宣传方法有两种:一是在单一传媒上集中、反复地推出广告,如同打歼灭战,这就会在受众中引起强烈感受和关注;二是广告商品的集中陈列,多种传媒的同时使用,以高频率的立体攻势刺激受众的注意。

(6) 动态方法:为刺激受众的视觉,可采用动态的广告宣传方式,如霓红灯、车身广告等,都能吸引受众的视觉,从而增强对广告的注意。

2. 增强"记忆"效果

"记忆",这一广告活动中的心理效应能否充分得到发挥,也直接影响广告的心理效果。受众对广告信息能否保持记忆,其记忆程度如何,会直接影响其购买行为,这一过程反映了广告的心理效果,是能否让受众形成习惯消费行为的前提。增强受众"记忆"的办法有:

(1) 简洁明快。广告设计采用概括的语言和鲜明的图像来传递广告信息,易为受众所注意,当然也易于接受。报刊上发表的某些商品广告,文字密密麻麻,面面俱到,结果反而没人要看,更谈不上增强记忆。简洁明快的文字、图像、使人一目了然,就会产生好的效果。当然,所谓简洁明快,并非越简洁越好,丢掉"扼要"也不行。

(2) 形象感染。直观形象的信息,比抽象的信息更能增强受众对它的记忆,广告活动应该充分利用这种形象感染的优势来加深受众对广告信息的理解和记忆。

(3) 重复刺激。适应重复广告信息,有利于加深并保持受众对广告的记忆。这种反复出现的广告,反复刺激着受众的视觉、听觉,加深着受众对这些信息的印象,从而延长了受众对广告信息记忆的时间。

(4) 巧妙提示。不断地提示,是保持受众对广告信息记忆的有效方法,这是一种提醒式的广告,目的是促使受众加深对广告信息的记忆,因为受众接触到的同类商品广告很多,容易遗忘,而及时的提醒和巧妙的暗示能够加深对广告信息的印象,延长对广告信息的记忆。

3. 增强"联想与想像"效果

联想与想像是一种正常的心理现象,在广告活动中如何调动受众对商品的联想与想像,是增强广告心理效应的重要途径。一些成功的广告,离不开广告创意设计者的艺术形象塑造。通过艺术手法,可以激发受众的联想和想像,从而产生对商品的兴趣。引发受众的联想和想像,大致有四种艺术手法:

(1) 对照联想。通过使用商品前后的不同效果进行对照比较,从中让受众能联想到商品给自己带来的好处。有关药品、家电等商品广告大都采用了这一手法，颇能调动受众对广告的联想。

（2）比喻联想。通过受众熟悉的形象与商品形象进行形象化比喻，使其产生对商品好感的联想。

（3）暗示联想。通过广告语言、实景或藏而不露的画面，诱使受众的联想与想像。这是一种潜移默化地启发联想与想像的方法，如以其艺术化的意境与引人注目的艺术魅力，暗示商品质量效果，从而调动受众的联想功能。

（4）设问联想。在广告中设置某种悬念，引起受众的联想。亦即根据商品的特性，提出日常生活中的某个问题，然后用此商品作为答案。有时不用回答，只提问题。如在一支人参旁写出一句什么补品能够延年益寿等，不用说明，受众马上产生联想了。

在广告活动中，根据心理学的有关原理，运用一系列的心理方法，乃是促进广告心理效果行之有效的方法。一个广告成功与否，关键在于设计者能合运用心理学原理，引发受众的有关"注意"、"记忆"与"联想"的心理效果。

7.2.6 广告心理效果的测定

广告活动的目的就是要在广告推出以后，达到顶期的广告效果。为了把握取得的效果，有必要对此进行测定。因此，对广告效果的测定，尤其是广告心理效果的测定是广告活动的一项重要工作。

1. 广告心理效果测定的意义

广告的效果主要表现广告的经济效果、社会效益和心理效果。广告的心理效果，是指表现在受众心理上对广告的反应程度，并促进其购买欲。广告的心理效果与广告的经济、社会效果是紧密相连的。因此，广告心理效果的测定有着十分重要的意义。

2. 广告心理效果测定的内容

广告心理渗透在广告活动的全过程。广告心理效果的测定包括广告作品、广告传媒组合、广告目标效果和广告活动影响力的测评等四个方面。

（1）对广告作品的测评。这个测评包括广告作品定位、广告创意、广告文稿是否体现创意策划等。例如，对广告主题的测评，可以在广告的目标受众的意见反馈中进行测评。在此之后，再对广告创意进行评价，看创意是否新颖、别致，是否准确反映主题，引人入胜，以及广告文稿是否完美等等。

（2）对广告传媒组合的测评。这种测评是根据目标受众接受传媒的程度来测评的。检验传媒选择与组合的标准包括：广告传媒选择是否得当？某传媒组合是否合适等等。要根据该传媒推出广告后对目标受众的心理冲击的程度来测评，例如视听率、阅读率等。

（3）对广告目标效果的测评。广告目标是测评广告推出后的心理和行为反应效果的主要依据，例如其整个广告活动能否达到预定的目标，并能否在心理效果中体现出来等等。广告目标的测评一般包括：广告的影响面，亦即其到达范围有多广？广告的转达频率如何？可用抽样调查方法测定和分析受众接受广告的情况。广告刊播后，引起受众注意的程度如何？一般说，接受率高的，注意率也就越多。还有对广告的记忆率，即受众能记住广告内容的比例如何？以及广告对受众心理、观念的影响与印象程度等等，都是广告心理效果测定的内容。

(4) 对广告活动影响力的测评。这是指在广告活动结束后对广告活动的效果进行测评，其测定的内容有：

1) 接触程度的测评。测评接触过广告的受众有多少，通过哪些传媒接触，各传媒接触的比例大小等；

2) 品牌知名度的测评。了解有多少受众对广告宣传品牌有认识及其程度，以及与同类商品其他品牌的比较等；

3) 对商品了解程度的测评。即检验受众对广告宣传商品理解的程度高低；

4) 对商品信任程度的测评。所有广告的目标受众中有多少受到广告宣传后，对广告宣传商品建立了信任或偏爱，甚至养成习惯性购买；

5) 对商品购买欲望程度的测评。受众在广告活动影响下，有多少人产生了购买欲望等。

3. 测定广告心理效果的方法

如何测定广告心理效果，这是进行广告心理测定所要研究的。

探讨广告心理效果的测定方法应与测定的指标相结合，这些指标应反映受众对广告的到达、注意、记忆、态度和行为等情况。广告到达是引起目标受众心理反应的前提，它的到达率如何，如期刊、报纸传媒的阅读率与广播的收听率、电视的收视率等，都是最重要的指标。

调查收集反映测定指标的数据一般可采用信函调查法、电话调查法与面谈调查法等等。

信函调查面广，但回收率低，可配以奖励政策提高回收率；电话调查面广，但易引起受众的抵触情绪，必须事先准备好调查内容，设计好调查表并对调查人员进行培训；当面谈话调查工作量大而面比较窄，但能调查得更深入一些，其效果取决于准备工作和调查技巧。

(1) 广告心理效果的"注意率"测定。注意率的测定公式为：

$$注意率 = \frac{b}{a} \times 100\%$$

式中，a 为接触广告传媒的总人数；b 为注意到广告的人数。与"注意率"相关的指标有：

$$收视（听）率 = \frac{b}{a} \times 100\%$$

式中，a 拥有视（听）传媒的人数；b 为广告节目收视（听）人数。

$$阅读率 = \frac{c_1 + c_2 + c_3}{a} \times 100\%$$

式中，a 为阅读报刊的总人数；c_1 为大致看过报刊的广告的图片、标红，但详细内容未看的人数；c_2 为阅读过部分广告内容的人数；c_3 为详细阅读了广告内容的人数。

$$认知率 = \frac{b}{a} \times 100\%$$

式中，a 为广告节目收视（听）人数；b 为认知广告内容的人数。

（2）广告心理效果的"记忆"率测定。这是对受众记忆广告程度的测定。通过对"记忆率"的测定，可了解广告活动对受众心理变化的影响程度。广告的这种对受众心理的影响将对促进受众的消费行为有着巨大的作用。

7.3 广告的社会心理影响

广告是大众化的传播活动，通过大众传媒，向社会大众传播经济和文化发展等信息，丰富人们的经济生活，促进市场流通，指导社会消费，活跃文化娱乐，进行道德规范教育等。因此，广告的社会影响是很大的。广告的社会影响主要有以下四个方面：

1. 向社会传播信息，丰富经济生活

广告是一种大众性的经济生活信息的传播活动，它把商品信息传递给受众，又把广告推出后的市场信息反馈给商品制造商和营销商。这种信息是整个经济信息流通中的一个不可分割的部分，沟通了供与需双方的联系。

新技术的产生及其在广告活动中的广泛应用，又使广告信息功能的范围更加扩大。随着计算机技术与通信技术的迅速发展，广告的信息功能也得到进一步的发展，并将与商情调研及市场预测融为一体，共同为社会经济生活提供更完善的服务。

2. 指导社会消费，刺激受众需求

出于现代科学技术的迅猛发展，新产品层出不穷，受众的需求也日新月异。对于千姿百态的种种商品，人们急需了解其性能、用途、质量以及产供销等情况，以便作出比较适合的选择和购买行动。广告正好能满足人们的这一愿望，迅速及时地将商品的品牌、商标、性能、价格、规格、用途、使用方法等等介绍给广大受众，提高受众对商品的认识程度，并了解商品生产与流通的情况，从而有利于受众选择自己满意的商品，促进商品的销售。正是因为广告活动具有这种指导消费的作用，对社会经济生活起着巨大的影响。

广告对社会消费的这种指导作用和影响，还表现在刺激受众的需求上，吸引受众对商品发生兴趣，引起购买欲望，产生购买行为。这种刺激需求又分为一般性需求与特殊性需求两个方面。一般性需求是对某一用途的商品的需求，当新产品要投放市场时，就要用广告来刺激这种一般性需求。特殊性需求是指对特定商品品牌的需求，广告宣传此类品牌商品优于其他同类商品，对受众的选择性需求产生了刺激，使其产生了偏爱这一品牌的倾向，并直接对购买行为发生影响。

广告的这种指导消费、刺激需求的影响，还起着创造流行时尚的作用。许多流行商品均与广告宣传紧密相连，且这种流行时尚往往也表现了一定的社会文明程度。

广告的导购影响还有利于促进受众的身心健康发展，比如广告以其独特的语言文字与表现手法，向人们展示商品的独到之处，使受众认识商品基本使用价值之外的特殊作用，即突出商品本身的艺术性，提高受众的艺术审美和欣赏能力。

广告的信息传播往往还体现出一些新的消费观念，从而促进了人们生活结构的改变，培养新的消费习惯，从而在一定程度上促进社会的进步。

3. 促进市场流通，增加经济效益

商品只有通过流通渠道，方能进入消费，实现其价值与使用价值。广告是促进商品流通的一种有效手段，在沟通产销渠道、改善产销关系上起着桥梁作用。广告促进商品流通对商品价值的实现也有重要影响。市场经济的发展，流通领域的扩大，使广告在加速商品流通，促进商品营销方面的作用越加明显。广告的这种促销作用是众所周知的。广告宣传可以使潜在的购买者成为忠诚的用户，从而不断扩大商品的销售，获得较好的经济效益。广告不仅具有巩固市场、提高市场占有率的作用，而且还是创造新需求、开辟新市场的基础。

广告对企业生产经营的促进作用与企业的知名度的提高等有着巨大的影响。广告宣传的重要前提之一是商品质量，因为商品质量是企业的生命，广告则是促进企业改进生产经营与管理的重要手段。特别是在市场竞争剧烈的前提下，广告的作用能否发挥是与商品质量密切相关的，所以企业更加重视产品质量的提高与新产品的开发，广告宣传在这方面的作用与影响是不可低估的。在市场竞争中，广告不仅是企业及其商品的宣传工具，而且是与其他同类商品企业进行竞争的战斗武器。企业刊登广告本身是对社会大众的一种信誉承诺，竞争对手刊登的广告是对该企业的挑战，目标受众是双方竞赛的裁判。

广告宣传对社会的影响，还表现在新知识、新技术的传授。一种新商品的产生和投入市场都可能包含着现代科学技术的成果，而这种新知识、新技术、新创造、新发明，又是在一定程度上通过广告的传播而逐步让受众了解，从而引发新的需要并提供满足，促进社会的进步。

4. 美化生活，美化社会

广告通过其艺术化的创意，感染着广大目标受众。这是一门复杂的视听艺术，通过其优美的文字、美术、戏剧、音乐、舞蹈、书法等艺术手法，以及各种文艺表现技巧，将受众所需求的商品与服务等信息，艺术性地再现出来，使接受商品、劳务等信息的同时，又受到了艺术美的感染和享受，从而有利于新的社会风尚与现代文明的建设。

广告对社会文化道德和人们的思想意识形态产生的影响也是十分明显的。这是因为广告的内容及表现形式都体现了一定的社会意识形态，带有社会生活的烙印，这种体现及其烙印必然通过各种传媒影响着广大受众。人们的道德观念、文化观念、消费观念和生活方式都会受广告宣传的影响，现代科技文明也会通过广告宣传得到倡导。所以，积极的广告宣传对社会来说，在一定程度上起到了美化生活、美化社会的良好影响。当然，如果广告宣传传播了低级庸俗的信息，也会起着丑化生活、丑化社会的坏影响，这是广告人所摈弃的，也是广告主及广大受众所不容许的。

综上所述，广告的社会影响可以归纳为以下25条：

（1）广告为社会和公众提供了商品和劳务信息，有助于沟通产销，促进社会生产和再生产的进程；

（2）广告有助于降低商品的生产成本，为社会提供物美价廉的商品，使公众从中得到好处；

（3）广告调节了市场的供求平衡，有助于增加短缺商品，保持商品的快速周转；

（4）广告加速了新产品问世，有助于为创造新的市场开辟道路；

（5）广告有利于竞争，促使企业提高产品及其服务质量，既巩固了企业的阵地，又拓展了企业的事业；

（6）广告有助于商品的推销，有助于提高商品的知名度，创建名牌，提高指名购买率，从而使企业获得较好的经济效益；

（7）广告有助于树立企业的良好形象，有利于提高企业的知名度和早日实现企业的目标；

（8）广告有助于发展新客户（潜在客户），扩大商品在市场上的占有率；

（9）广告有助于同公众建立友好的关系，提高公众对商品和企业的信任度；

（10）广告有助于保护企业的利益，并使企业的利益不受到非法的侵害；

（11）广告增加了受众的知识，有助于受众识别商品，起到指导消费的作用；

（12）广告有助于提高企业的资本价值；

（13）广告有助于传媒企业获得较好的经济效益；

（14）广告有助于大众传媒业的发展；

（15）广告有助于美化城市；

（16）广告有助于社会的公益事业，促进了公共事业的发展；

（17）广告有助于发展国际贸易交流；

（18）广告有助于精神文明建设的发展；

（19）广告是廉价的传播方式。例如，你写信给上海市区60万个你所选定的对象推销商品，仅邮资一项就要40万元，这还不算人工及材料费；如果在一个上海市区发行量超过60万份的报纸上做广告，其费用不过几千或几万元而已。所以，做广告并非是高价的。况且，阅读报纸的读者还有许多是你不知道名字和地址的；

（20）广告不仅可以使受众了解广告主的商品和劳务，并且会找出广告主与竞争者不同的商品和劳务的优点与特色；

（21）广告可以争取批发商和零售商，因为他们喜欢经营有广告支持的商品；

（22）广告可以争取供应商，因为供应商多数愿把原材料供应给著名企业、著名商品生产者，这一点在原材料供应紧张时显得极为重要；

（23）广告有利于推销员的工作。众多批发商、零售商，透过广告对企业的商品

或劳务已有了所了解,推销员登门时会免去很多口舌;

(24) 广告可以争取人才,稳定人才。一个公司的形象好、知名度高、商品著名,会吸引更多的人才,亦会使现有人才有自豪感,安心本职工作;

(25) 广告有利于美化社会,美化生活,丰富文化娱乐,提高道德水平。

思考题

对广告效果的测评,受众满意是最关键的要素,为什么?那么,广告主和广告人在广告效果测评中扮演的是怎么样的角色呢?请举例阐述你的观点。

第 8 章　企业营销中的广告心理学应用

在市场营销活动过程中，正确运用广告心理的原理与方法是十分必要的。广告的心理攻势能在很大程度上有助于提高商品和企业的知名度，促进其销售增长，是企业营销活动取得成功的重要帮手。

市场营销活动中的广告心理学的应用渗透于商品品牌、商品包装、促销活动以及企业形象的塑造等全过程之中。对此，每个广告人都必须很好地理解与掌握。

8.1　品牌战略

品牌（brand）是同类商品中用以区别个性和功能特点的商品品种及其牌号。对于一个企业来讲，品牌是参与市场竞争的标签，任何商品，如无一个好的品牌及其相应的商标，在剧烈市场竞争中是很难站住脚的。一种品牌的商品，必须依靠广告与其他品牌的商品进行竞争，才能维护自己的市场地位。品牌战略是指单个商品品牌为主的营销战略。一个企业的品牌战略决策，是该企业一段时间内广告活动的总纲。它要求突出商品形象与特征，进行宣传推广，以促进受众关注与购买。在品牌战略的实施中，广告能最直接有效地提高商品的知名度，成功的广告能使商品的品牌在最短时间内成为畅销的名牌。这是企业管理者梦寐以求的目标。

8.1.1　树立品牌形象

品牌战略的目标是要打响一个品牌，也就要求广告人对商品的历史、功能与特性以及该商品在市场上的位置和其他品牌的位置等有很好的研究，明确商品的定位，了解受众的各种心态。从心理影响的角度来讲，树立品牌形象的过程中，必须重视以下工作：

1. 品牌取名

这是一项看似容易而实际不容易的工作。取名容易，取个好名却不容易。品牌取名工作，往往决定了该品牌的命运。例如，"松"、"竹"、"梅"是日本人心目中的吉祥植物，由此，日本的"松竹梅"清酒得以在为数众多的清酒中脱颖而出，获得成功。

在给品牌取名时一定要突出品牌的个性，体现品牌的内部品质，要符合受众的心理。如"飘柔"、"护舒宝"、"千惠珍珠粉"等品牌的名字就突出了品牌的个性，迎合了受众的心态，为人们所青睐。

2. 刚柔并举

在时间跨度上应采取刚柔并举的心理攻势，不仅要有短期内的集中攻势，用大型化、高频率的广告宣传形式，给受众留下集中的形象，还要在重点突破基础上，再选用细水长流、低频率的广告形式进行宣传，可以较长的时间跨度对受众的心理进行潜移默化的渗透，以巩固重点突破的印象，让品牌长期占据受众的心灵。

3. 全方位渗透

品牌战略要求在广告手段上不局限于单一传媒传播的做法。由于多数情况下均存在着同类商品的竞争，因而必须充分考虑竞争对手，有针对性地采用多种媒体进行品牌宣传，使受众从不同角度均能获得品牌信息，从而扩大广告效应。这里强调的也就是品牌的全方位心理渗透策略。例如，电视广告影响大，给观众以强烈的心理冲击，但它毕竟是瞬息即逝，不可能详细介绍产品特性。因而必须加上影响较大的报纸广告宣传配合，这样才能使广告效应迅速增长。台湾唐锋小家电刚进入上海市场时正是采用这一策略，在开展电视广告攻势的同时，在全市10家主要销售点推出POP广告，介绍唐锋冰雪机的特性，突出"一分钟送您一杯冷饮"的主题口号；在各商场开展现场操作表演，吸引顾客自己动手做冷饮，认识唐锋冰雪机的优点；配合销售活动，在电视台少儿节目中推出"夏日凉趣"唐锋冰雪机自制冷饮比赛，4场比赛每次出一道题，题目在唐锋各销售点发送，答对者就可参加抽奖，有机会获得大奖，力求再次把受众吸引进商场。结果，唐锋冰雪机在短短几周内就打响知名度，销售额迅速提高，唐锋产品终于在上海市场赢得一席之地。

8.1.2 品牌与广告的协调

为使品牌能够深入人心，广告必须与品牌本身的影响力结合起来。一般有以下几种方法：

1. 突出商品特性

当商品品牌还鲜为人知的时候，宣传品牌的效果是很难令人满意的。这时候只有突出商品特性，满足受众的需求，才能达到让受众认识这一品牌，继而实现宣传品牌的目的。

2. 宣传商品品牌

为了能让某一商品品牌脱颖而出，必须在受众开始熟悉各种品牌的同时，强化该品牌的宣传攻势。广告的重点可以放在宣传品牌的功能特性及经济特性等，刺激受众的购买欲。

3. 质量胜于雄辩

一个品牌要想成为名牌，仅靠广告是不行的。在这一目标的实现过程中，广告的作用是辅助性的，而这一品牌的商品质量作用是决定性的。所以，广告计划必须与品牌的营销计划相结合，其共同的基础是品牌的质量和企业的质量保证能力。

8.1.3 广告主题的适时和适度

每个时代有不同的受众心理特征，广告必须与之相适应才能发挥其最大的效用。为此，在广告宣传策略上，各个不同时期都要有不同主题的广告。以 Coca-Cola 的品牌战略宣传为例：这个品牌推出初期，广告主题强调青春、欢乐、充满朝气；到20世纪20年代，其广告宣传突出"要想提神，请留步"；30年代开始，广告又强调"喝新鲜饮料，干新鲜事"；在40年代第二次世界大战期间，又提出"哪里有美国士兵，哪里就有 Coca-Cola"；第二次世界大战后，其广告主题马上变为"Coca-Cola，一个全球性的符号"；50年代，Coca-Cola 在电视广告上的宣传主题又成为"好味道的标志"、"真正清凉的饮料"，以后到60年代、70年代，直至90年代，其广告主题仍然在不断变换。Coca-Cola 这一品牌正是长期依靠这一"适时的广告"战略，使其驰名全球，成为世界品牌，品牌价值数百亿美元。

商品品牌在同类商品市场上取得了龙头地位之后，对品牌自身价值的宣传要掌握好分寸。在强调自己的"第一位"时，切勿自吹自擂。否则，就会造成受众的逆反心理。因为"第一位"的概念只能存在于受众的心理之中。"第一位"最好通过广告的暗示或提醒表达出来。例如，"万宝路的世界"，通过万马奔腾的视觉形象打动受众的心灵；"只有 Coca-Cola，才是真正可乐"，通过间接的方式表达了"第一"的概念。

8.2 包装与价格

商品包装（packaging）已日益为人们所重视，成为现代经济生活中不可缺少的组成部分。随着世界范围内贸易的发展，现代商品包装已是一名"无声的推销员"，包装本身可以谋取附加利润，具有了价值，在商品流通过程中的地位越来越重要。

8.2.1 包装对商品的作用

商品包装的作用一般讲有四个方面：

1. 保护作用

商品贮藏、运输流通过程中都可能受到损害，如污染、散失、变质、损坏等等。然而，一般讲，商品都需包装，以保护商品的完整与使用价值。

2. 安全作用

不少商品的物理形态有液体、气体等，有的还具腐蚀性、易燃性等。这些商品有了包装，才便于运输、贮存和携带，以保证其在流动过程的安全。

3. 美化作用

好的包装可使商品穿上金装，人见人爱，起到美化商品的作用，给受众一种美的享受，从而增加了商品的价值。

4. 促销作用

好的商品包装起着"无声推销员"的作用，对受众有着强烈的吸引作用，产生购买的欲望。销售包装本身的确可称为一种广告形式，重视商品的包装效果已成为国际市场竞争的环节。

商品包装的作用如此明显，包装广告的重要意义就更加显而易见了。

8.2.2 包装广告的心理策略

包装广告要针对受众的心理，迎合受众的需要，使商品包装具有吸引力。一般采用下列几方面的策略：

1. 方便包装

商品包装广告的创意和设计，应以方便受众欣赏、挑选、购买与携带为原则。例如，为使包装直接将商品展现在顾客面前、便于受众欣赏观察，可采用透明包装，甚至还开发新的包装材料，便于商品包装后携带。

2. 份量包装

这种包装要根据受众的需要、购买习惯与购买能力，采用各种不同份量的包装，广告创意上也要根据受众的这种心理进行设计。

3. 类似包装

对同一家企业生产的各种商品，均采用同一图案、色彩的包装，使消费料易于识别。这种包装，大都是指已很有声誉的企业，向受众提供大都是名牌的产品。

4. 系列包装

将多种不同类型、规格，但又互相关联的系列产品，合理地容纳到一个包装内，如配套的文具、食品等。

5. 兼用包装

或称双用途包装，即包装物除了包装商品的用途之外，还具有自身的其他用途，具有多功能作用。例如，有的瓶装食品用完后，空瓶可作茶杯用；有的可作为工艺品放在家中作装饰物之用。

6. 馈赠包装

商品包装若附有赠品，包括对奖券、礼品等，可获取受众的好奇心和好胜心，对奖券和礼品本身又是一种广告。

7. 纪念包装

商品在包装广告设计上增加一些名胜古迹、风光地名等纪念性图案，这种包装，对游客尤有吸引力。

以上7个方面的包装策略主要表现在商品包装的形态上。为了加强包装的广告效果，还要针对不同的商品品牌，将广告的各种手法融合到包装设计中去。对于包装广告的设计，应该力求做到构图、造型与色彩的完美统一，画面与商品内容的统一，以及色彩与商品品质的统一，满足受众对商品包装的心理需求。

另外，不同年龄、性别的受众，对包装均有不同的心理要求。对男性受众，包装要突出科学性与实用性，体现刚劲、庄重；对女性受众，则要求雅典、温柔等。老人、青年人与少年儿童等不同年龄的，均有不同的心理要求，包装设计更要注意这些特殊要求。

8.2.3 商品的价格心理

价格（price），商品价值的体现。市场上交易的价格就是以商品的价值为基础，而围绕市场供求而上下波动。一般而论，商品价值决定商品价格，商品价格又是商品价值的货币表现。商品投入市场之后，价格就要由市场供求和竞争情况而定了。因为供求关系的变化，必然会影响商品的价格，人为地进行商品竞争，也会使价格有升有降。但不论是何种因素，最终都由受众对商品价格的心理承受程度而决定。所以，对营销活动中的广告心理，还要考虑受众心理与价格的关系。

在商品价格问题上，受众有着种种心理状态。研究受众的价格心理，有助于制订出符合受众心理的价格和进行切实可行的广告宣传，从而促进商品的销售。

从受众心理的角度来分析，商品价格的广告影响有以下几个方面：

1. 商品的档次

在市场经济体制下，人们的消费水平逐步形成了许多等级层次，在思想上构成了商品等级档次的概念；这一商品档次的概念影响着受众的心理和行为，影响着广告对受众的心理效果，其中的主要因素之一，就是价格。在现代消费观念的冲击下，价格的广告作用是不可低估的。由于有好的包装，其附加值就增大，商品的总价值也就提高。同一产品有的价格昂贵，但受众照样购买；有的一再降价处理，却无人问津，这也是由于受众是从商品价格角度来考虑问题的。在以货币为传媒的市场经济条件下，商品的价值只能用货币来表现，并以货币来衡量商品的价值。高档次的商品偶尔降价，会引来众多顾客，价格的影响力导致受众对某些品牌具有崇拜心理。

2. 商品的质量

在"一分价钱一分货、便宜没好货"的价格心理作用下，价格不仅给受众一个等级档次的信号，同时也是商品质量的标志。在市场上有时会出现这种情景：同样的物品，当标价低时被认为质量不高而滞销，而当标价提高后却被认为是高质从而畅销。这也是价格心理在起作用。

3. 逆反心理

有些商品价格上涨了，需求量不但不下降，反而升高；有些商品价格下跌了，需求量反而同时减少。这种与"价格—需求"理论相反走向的价格逆反心理也是屡见不鲜的。

由上可见，在营销活动中，只有对受众价格心理有了充分了解，方能制定出适宜的商品价格。

8.2.4 对商品价格的几种心态

在营销活动中，对受众的价格心理有了原则理解之后，为充分发挥价格的广告

作用,以促进销售,还得进一步去发掘受众在认识商品价格中的下列心态:

1. 习惯心理(customary psychology)

对价格的习惯心理是指受众对自己经常购买的商品的原有价格,有着固定的认识,并形成了某种习惯。这种习惯心理对价格的政策很有影响。这些商品价格如果有了浮动,受众就难以接受;而对已习惯的商品价格是很乐意接受的。受众往往从习惯价格中去比较价格的高低,如果价格上下浮动超过了一定的限度,就在心理上产生反差。涨价了,就觉得太贵了;降价了,则又认为质量不可靠了。可见,受众对自己习惯的商品价格是有一种安全感的,对其他的商品价格则采取排斥的态度。因此,如是同类商品,质量又相同,即使价格比习惯价格更低,如果没有相应的广告宣传,也不一定能打进市场。所以,在确定商品价格或调整价格时,一定要考虑受众的习惯心理,这样才有助于营销活动。

2. 过敏心理(allergic psychology)

受众对价格的变动有时是比较过敏的,这种心态就是价格过敏心理。这种过敏心理大都表现在日用消费品的价格变动上。日用消费品的价格浮动上下幅度稍为大一点,便会引起很强烈的反应。对那些耐用消费品,人们心理中的价格标准较高,因而对价格变动的过敏性就低一些。

3. 从众心理(conformity psychology)

受众对价格的从众心理主要表现在三方面:一是往往受同类商品影响而跟从比较,或受同一售货现场影响,对不同类商品进行比较。二是受众对商品贵贱的认识,又往往随商品的重量、大小去判断,有时也会作出错误的判断。例如标价相同的商品,放在价位高的柜台出售,受众便认定该商品为高价系列,容易畅销;而放在低档商品中时,会因降低了身价而影响销售。三是表现在对价格选择的某种从众倾向性,由于受众各自的价格心理不同,对商品便产生不同的倾向性。比如白领阶层倾向于高价商品,因此热衷于名牌;蓝领阶层则比较讲实惠、重实效,倾向购买低价商品。在营销活动中,有时受从众心理影响,会跟从已被众多受众所接受的价格,而不加慎重思考就前往购买。

8.3 促销活动

在商品促销活动中运用广告心理学原理和方法,有着十分重要的现实指导作用。根据广告心理学原理,受众的购物心理过程可分为四个阶段,即注意、兴趣、欲望、行动。在营销过程中,营销人员可根据受众的这一心理过程,开展促销活动。注意,是指把受众的注意力吸引到正在推销的商品那里去。广告人要根据受众的购物心态,通过动人的语言与画面等介绍引起受众的注意。兴趣,是指通过对商品特性的介绍,刺激起受众的兴趣。例如西铁城手表向澳大利亚推销时,采用了高空抛下手表的广告手法来引起受众的兴趣。欲望,指受众被广告激起了购买的欲望。行动,是指受众有了购买欲之后,在广告的进一步推动下,作出的购买决定,并采取了购买行动。

上述促销的过程,欲想得到顺利实现,无不依靠广告心理学原理的具体运用,本节将作简明介绍。

8.3.1 消费需求与诱因

消费需求是产生购买行为的驱动力。为了能使广告刺激起受众购买欲望,必须对需求、驱动力以及广告刺激(诱因)有清楚的认识。

1. 需求

需求(need)一词在前文已经介绍过,它的狭义解释,是指人的生理上的一种缺乏状态,这种缺乏状态达到必须进行生理平衡的调节时,人体本身就会感到需求的存在。在现代心理学领域,需求一词已被扩大用于表示心理上的缺乏状态,如爱情、被人尊重、归属感等。

2. 驱动力

所谓驱动力(drive),是指生理或(和)心理上的缺乏而产生需求时,为了恢复生理或(和)心理平衡而产生的满足需求的一种推力。于是就有了一个驱动模式:

$$缺乏状态→需求→驱动力→行为$$

3. 诱因

由上述模式可见,行为由驱动力产生,驱动力又源于需求,需求是因为某种缺乏状态,显然,缺乏状态是产生行为的根本原因。然而,这一根本原因是相对的。有时在某一外在刺激的作用下,原来的平衡会被打破,当缺乏状态达到某种程度时又产生了新的需求。如刚买好衣服时心理感觉挺不错的,可不巧在另一家商店见到了一种更令人满意的款式,心理平衡开始动摇了。这种能够引起需求的外面刺激,称为诱因(incentive)。有时,广告扮演的就是诱因的作用。

8.3.2 消费需求的特点

广告要促进销售,就必须能把握消费需求的特点。人的消费需求有着多样性、差异性、社会性、变化性等特点。

1. 多样性

多样性表现在人的生理与心理、物质与精神方面的需求。人的生活涵义是十分广泛的,需求也是多种多样的。

2. 差异性

由于各人的基本条件、生活背景以及客观环境存在不同,其需求就有很大的差异性,消费需求更是如此。

3. 社会性

人的需求总是表现出强烈的社会性,每种需求均与社会劳动和创造有关,需求的产生离不开社会、环境的发展。

4. 变化性

人的需求往往是随着内外条件的变化而变化,不论是生理上与心理上,或者是物质上与精神上的需求，都是千变万化、不断发展的。

由此可见，人们的购物欲望来源于需求，广告的作用是要刺激起受众的需求。因此，广告人必须掌握受众的心理规律，尽可能诱发起受众的需求，并推动其产生购物行动。

8.3.3 吸引集中注意

注意，在促销活动中被认为是受众心理活动中对某一商品的指向和集中。因此，注意的显著特点就是指向性与集中性。对于广告受众而言，指向性表现在受众对商品的选择上，集中性表现为受众心理上对其选定商品的集中注意之持久，而非心猿意马。

在促销活动中，如何集中受众的所有注意力，是广告成功的前提。如何使广告引起受众的注意，要从两个方面来认识"注意"这一心理活动。一方面是无意注意（前面第4章等都曾经提到过无意注意和有意注意的现象），这种注意是由外界的某种刺激引起的，一种特殊的画面、一种新型的光感都会使受众把注意力集中到该事物；另一方面是有意注意，亦即是自觉的、有明确目的的。例如受众为了购买某一商品，而自觉地去注意各种广告，以便作出抉择。这两方面的注意，在广告中，运用得好，便大大有利于促销活动的成功。因此，在促销中，有意识地加强广告的注意作用，是广告心理学中的重要内容。在促销活动中的广告宣传，就应把受众的注意力的焦点完全吸引到广告上来，从而刺激购买欲望。其具体做法，应在广告创意与设计上遵循吸引注意的原则，尽可能扩大广告空间，通过各种媒体进行广泛的立体性宣传；在广告宣传时间上，也要尽可能延长，以引起受众的注目。在促销活动中，相对集中与反复的广告宣传，是扩大商品销路的重要手段。

在广告设计中，应有意识地增大广告对受众的刺激效果，使受众在无意中被引起强烈的注意。如增大广告版面、注重动态形象广告、加大刺激物之间的对比、突出刺激物的目标等，都能刺激受众注意，继而激发其心理感应，促进其心理活动，引起其购买欲望。

8.3.4 诱发记忆联想

广告要根据人的遗忘规律，加强对受众的记忆渗透。受众对广告的记忆程度与其购物决策有着直接的联系。

广告记忆包括受众对广告的识记、储存和提取。广告的识记，是对已接收的广告信息的识别及印记，对同类商品的不同广告创意能予识别，并通过对广告信息的接受而在脑海里留下印记。广告的储存，这是受众对广告信息留下的印记予以保持，在适当的时候予以提取使用。广告的提取，包括两部分内容，一是对广告的再认，二是对广告的回忆。广告再认，是当曾经接收过的广告信息再度出现时，受众能予以识别，唤起共鸣；广告回忆，是当受众有某种需求出现时，能提取接收过的广告信息加以使用，帮助决策。

如何根据消费者的记忆规律来增强广告的可记忆性，有赖于广告人的广告创意和设计技巧，在前文已经详细介绍过，本节不再赘述。此外，联想的手法对于增强广告记忆也是很有作用的。诱发广告联想常用的手法有：效用联想、连续联想、相似联想、对比联想、关系联想、颜色联想等。

8.3.5　现场广告促销

现场促销的广告活动包括五个方面：商场形象、商场布置、商品包装、销售员言行、现场促进活动等。商品包装前文已谈及，这里主要介绍其他四方面内容。

1. 商场形象

同一件商品，放在一流商场的商品货架中和放在自由市场的地摊上，给受众的感觉肯定不一样。商场的形象与这一商场经销商品的规格、种类、销售及售后服务、信誉等密切相关，"名品名店、名店名品"是受众对一些名牌商品和形象颇佳的商场的美誉。广告的作用就是把商品与商场形象很好地结合起来。例如："××商店独家经销"、"××牌专卖店"、"精品商厦"等等。

2. 商场布置

商品在货架上有一个好的位置，被受众选中的可能性增大，这是出自受众购物时的一种安全感与信赖。另外，好位置也是加深受众印象的一种重要手段。如条件许可，还可在商场内进行电视、广播或其他形式的广告活动，即所谓的POP广告（现场促销广告），起到现场导购的作用。

现场广告中，还有把多种品牌的商品陈列在一起，列出商品价格目录的广告形式，让受众像在商品货架前挑选商品一样阅读广告。这是当存在两种以上选择对象时利用受众的比较心理而实施的货架再现广告。

3. 销售员言行

销售员是受众购物现场的广告信息传播者。再好的广告，如果没有销售员的支持，就会在受众购物行为的发生前一瞬间失去其原有的效果。因而，销售员的积极态度是至关重要的，他们的营销言行就是一种广告，尤其当受众向销售员请教商品品牌、质量、功能等问题时，这种广告作用更为明显、有效。

4. 现场促进活动

有奖销售、试销优惠、赠送样品、现场表演等销售现场的促进活动同样起着现场广告的作用。这种促销广告旨在推动受众参与活动、熟悉商品，当受众有了使用经验和品牌概念后，其行为习惯会导致再次购买。

另外，上述的一些促进活动会增强受众对某些品牌的印象，为进一步争取市场份额创造了潜在的机会。

8.4　企业形象

在营销活动中，品牌形象是与企业形象紧密联系在一起的。因此，在广告中塑造企业形象是极为重要的。塑造具体的企业形象，要求把企业的理念与特质，加以视觉化、规格化及系统化。这就是 CIS，即企业形象识别系统。CIS 是英文 corporate identity system 的缩写。

8.4.1　CIS 的基本概念

CIS 由理念识别（mind identity，简称 MI）、活动识别（behavior identity，简称 BI）与视觉识别（visual identity，简称 VI）三项内容组成。

1. 理念识别

理念识别（MI）是指企业的经营理念，也是企业形象识别（CI）的基本精神所在，主导着 BI 与 VI，它包括经营信条、宗旨与主张、精神标语与企业风格文化、经营哲学与方针策略等，其核心就是企业精神。

MI 是企业的灵魂，在正确的 MI 指导下，企业方能达到预期的经营目标，企业员工方能团结奋斗。以 McDonald's 为例，其 MI 体现在四方面：

（1）坚持一定的品质。宣扬食品品质优良新鲜时，强调其食品在制作过程中超过一定时间未售出，即舍弃。这种不售质差食品给顾客的规定，获得了顾客的好评。

（2）强调完善的服务。包括舒适典雅的进餐场所，提供各种方便顾客的设施，热心、快捷、方便、微笑、礼貌待客等，让顾客充分感受 McDonald's 的特色服务。

（3）清净明朗的环境。McDonald's 坚持给顾客提供完善、清净的饮食空间，不张贴广告、公告之类的张贴品，给顾客统一的环境形象。

（4）提供高消费价值。McDonald's 重视提高商品的附加值，以增强顾客的新鲜感。

McDonald's 正是根据上述经营理念，再辅之以黄色 M 字母、建筑物的 L 形设计等识别标志，从而创建了快餐连锁店的光辉业绩。

2. 活动识别

活动识别（BI）是一种动态的识别形式，亦即企业行为识别，是对企业理念的动态实施，也是表现企业形象的主要支柱。它规划企业内部的组织、管理、教育、培训，以及企业的对外经营行为，进行市场调查、产品开发、公关促销活动与社会公益活动等。通过这些企业行为，实行企业理念，树立良好的企业形象。

3. 视觉识别

视觉识别（VI）是一种静态的识别符号，也是具体形象化、视觉化的传达形式，是对企业形象的直观表现，通过组织化、系统化的视觉方案，传达企业经营的信息。它所包含的项目最多，层面较广，而且效果也最直接。如企业的商标、标志、专有色，其应用系统包括企业的证件、文具、单证账票、外观符号、车辆、促销文书、媒体广告、商品包装、服装、印刷出版物等，其中企业的商标、品牌、标志是企业形象视觉识别的核心内容。

在企业形象视觉识别标志中，标志的设计极为重要，不论是企业标志，还是品牌标志，均是象征企业形象特性的企业标志。在 20 世纪 80 年代，富士公司提出要靠统一标志,以在世界范围内促成"世界性的富士软片,技术性的富士软片"印象,其企业标志的设计体现了国际大企业的性格、综合商厦的特征与企业成长的强力感,很有特色。

在视觉识别中,基本色的选定也非常重要,色彩对受众来说,也有强烈的刺激作用。它可避免因人而异对色彩的偏爱,企业的基本色给各种视觉形象设计带来了依据,使受众容易记忆和识别企业形象的特点。

CI 要求通过美化企业形象、注入新鲜血液使企业的面貌焕然一新,突出区别与其他企业的鲜明个性,建立良好的企业形象,从而达到既定的经营目标。在现代科技发达的时代,企业间的竞争十分激烈,一个企业要在市场上站住脚跟,就必须塑造良好的企业形象,取信于受众,使受众有着良好的综合印象。这种印象的形成,要通过精心的策划与长期的实施,才能得以实现。

8.4.2 CI 的运用原则

为达到 CI 的目标,必须有正确的方针和举措,否则,很难保证 CI 的顺利实施。因此,CI 的运用应坚持三个原则:

1. CI 的三大支柱原则

一是企业应确立所欲塑造形象的主题;二是全体员工应为实现预定目标而作长期持久不懈的努力;三是传达企业经营的信息应具有视觉识别的一致性。

根据三大支柱原则,在导入 CI 时,企业一定要有明确的理念而努力奋斗。例如美国国际商业机器公司(IBM)的理念便是尊重每一个人的尊严和权利,给顾客提供全世界所有公司中最好的服务,以卓越的方法去完成所有的工作。经过努力,"IBM 意味着最佳服务"已成为 IBM 公司全体员工的信仰,该公司还采用蓝色作为基本色。

2. CI 的统一识别原则

CI 就是意味着企业存在的统一性。首先是自我与企业形象的统一,根据企业的信念,确定自我的行为准则,使自我与企业形象趋为一致,从而提高了企业的经营效益。企业管理者还要在企业的信念导入个人的行为准则之后,形成企业整体人性化,使受众感受到企业整体的人格形象。

3. CI 的明确目标原则

导入 CI 自然应有明确的目的,这种目的性,不外乎突出自己的企业个性,并在商业竞争中获胜,从而促进企业的经营与发展。既有利于塑造企业的形象,又有利于受众对企业形象的认识。

8.4.3 企业形象与广告

广告受众与企业之间的相互关系,通常是以品牌和广告为传媒的。由于品牌或广告的原因而积累起对企业的印象(态度),直接影响着受众的购买行为。

从受众的心理过程来讲,树立企业形象与广告宣传已几乎融为一体。在实践中,具有通过广告而树立企业形象和由于企业形象而影响广告效果这两个方面。

1. 通过广告树立企业形象

通过广告树立企业形象有两条途径：一条途径是由宣传个别品牌的广告间接形成企业形象；另一条途径是直接宣传企业而形成企业形象。后者多用于品牌较多、商品特性难以区分的企业，或以改善企业环境为目的的场合。

H·D·Wotfe 在《Measuring Advertising Results》（1962）中，把企业广告表达内容归纳如下：

（1）要表现出企业是理想的雇用者或市民、邻居。
（2）要大力宣传盈利回馈社会，愿为公益服务。
（3）要完善地表现出企业职工的作风。
（4）在业务内容上，介绍令人感兴趣的与众不同的事实。
（5）要表现出企业所从事产业的重要性，以及企业为发展这一产业所起的作用。
（6）表明企业在同行业界的领导地位（或独特性）。
（7）表明企业在科研、新产品开发方面的业绩（技术上的优势）。
（8）表明业务的内容：1）关于产品与服务；2）规模大小、领域、多方面的活动。
（9）把特定的产品或有特殊优点（精密度、耐用性等等）的产品和企业联系起来。
（10）说明对各销售店的援助。
（11）要表现出企业是信得过的投资对象。
（12）说明在劳资争议中企业的立场。
（13）改善企业的业务环境。
（14）表现企业的进步。
（15）要表现出企业是高度成长的企业。

2. 企业形象对广告效果的影响

通过广告可以树立企业形象，反过来企业形象也会对广告的效果产生影响。良好的企业形象不仅对其商品品牌带来良好的影响，对广告作品也能带来良好的反应。从心理学的角度来讲，这是一种光环作用。对一个企业有好感，就会尽量去发觉其商品品牌、企业广告等的优点，即使有一点宣传过火的地方，也会找一些积极的词句来解释。而如果对某一企业没有好感，则对其广告也会很反感，总想着办法挑剔来贬低广告的内容。

显然，广告人必须对这种光环作用加以重视，以便广告能取得良好的宣传效果。

思考题

商品价格对于顾客心理和购买行为有着很大影响，于是就认为商品价格也具有广告的效果，你赞同这种观点吗？为什么？

第 9 章 公益广告中的广告心理学应用

前面所陈述的广告心理学内容主要以商业广告为主，但公益事业活动中也存在许多广告，称为公益广告（public interest advertisement），是为公众利益服务的非商业性广告，旨在倡导或警示等方式传播某种公益观念，促进社会精神文明建设。公益广告有着许多与商业广告相通的特点和内容，但也存在一些公益广告自己独特的地方。本章将简要介绍公益广告中的广告心理学应用，包括公益广告如何影响受众心理、公益广告策划、公益广告作品的表现以及公益广告媒体表现等。

9.1 公益广告如何影响受众心理

从心理学的角度看，公益广告播出的目的是为了对受众的心理施加影响，以求巩固或改变、发展受众的某些态度和行为。研究如何对受众的心理施加有效的影响，就成了必须首先明确的问题。

9.1.1 流泻式的劝导影响

公益广告对社会大众进行"规劝、提醒和引导"，实际上就是用劝导的方法来影响受众的心理。公益广告的播出就通常情况而言多是一种流泻式的劝导。它是一种以告知为主要形式的，没有严格的对象范围，没有特别具体的针对性，也没有精确的效果预测的普遍性的劝导方法。它犹如地上的水流一样自由流泻，如碰巧遇到几个坑坑洼洼，它就会在这几个坑洼处产生作用。这种作用主要是用"知"和"导"来完成。比如宣传吸烟有害健康的公益广告，它对不吸烟的受众来说就像水流过石板一样不会发生作用，只有对那些盲目追求吸烟"时髦"的烟民们，当他们从广告中知道香烟中含有那么多对人体有害的物质时，可能恍然大悟："吸烟等于慢性自杀"。他们从不知到知，从知到下决心戒烟，就是在知晓的过程中接受了"规劝、提醒和引导"。这就是流泻式劝导对这部分受众的心理发生的影响。当然，对于某些老烟民们，可能也是没有任何警示作用的。可知，这种流泻式劝导是没有严格的对象范围的,它是"广而告之"、"广而导之",从目的和效果来说是"广种薄收"的。它只有一般的针对性而没有特别的针对性;它只考虑劝导内容和劝导对象的一般关系而不考虑特别关系,它对老年、青年、少年、男士、女士、各个不同民族的人、求新的人或守旧的人等等都是进行千篇一律的劝导。这里不能说没有针对性,可也只有一般意义的针对性。这样,公益广告的效果当然也就难以精确预测和统计。但是,这决不意味着这种流泻式的劝导就没有意义。

正是由于公益广告具有流泻式劝导这一特点,在制作公益广告时更应该掌握并驾驭这种特点,为提高公益广告的宣传效果服务。实事求是地说,只要公益广告劝导的内容是切近生活的、贴近群众心理的,内容具有真实性、生动性,在艺术表现形式上是完美的,具有艺术魅力,它就会对相当一部分公众产生或多或少、或深或浅的劝导作用,它的社会效益就会是相当可观的。关键在于劝导的内容是真实的,切近生活、贴近群众心理的,并尽量提高劝导的针对性。不同的社会成员,不同的年龄特征,不同的社会公众群体,都有自己的心理特征、心理倾向和心理定势,公益广告的制作和播出应以对社会公众心理的认知为前提,以便更有针对性地对公众心理施加积极的有效影响。针对某一社会痼疾,比如某些人头脑中的重男轻女、多子多福的传统观念,某些人随地吐痰、乱扔废物、不拘小节、恶语伤人等等恶习,公益广告可否组织一种冲击式的劝导呢?这就像灭火和冲洗汽车、船舱用的高压水龙一样,以集中的水力去"灭火去污",用于解决某个专门性问题。这是完全可以的。公益广告组织冲击式的劝导,它具有对象明确、意图明确、针对性强、冲击力大等特点。这种冲击式劝导面对的受众,通常不存在"不知"的问题,至少"不知"不是主要的原因,而主要原因是积习难改,不是不知自己行为不对(至少其中大多数),而是不以为然,不以为疾,反以为荣,自己对此也早已"习惯成自然",麻木不仁了。列宁曾说过,千百万人的习惯势力是一种最可怕的力量。要对这些人的不卫生、不文明、不道德甚至是反道德的行为进行劝导,则必须是长期的、耐心细致的。但也可以采用冲击式的劝导。它要解决的是转变他们对问题的看法和态度,化解他们的成见,以一种新的观念来省察自身,促使他们的觉醒,自觉地和自己不文明、不道德的行为作斗争。所以,它对受众心理的影响主要表现为"变"和"化"的影响,变即转变、改变;化即是化解、消除。

9.1.2 冲击式的劝导影响

公益广告的播出要组织冲击式劝导,则必须首先尽可能地明确具体的目标受众,要像"攻坚"那样,事先做好"攻坚"的计划,具体落实到是攻哪个"堡垒",选择哪个时段播出;其次针对性要强,它具体针对哪些受众的哪些行为和思想,进行有的放矢的劝导,要转变和化解他们的哪方面的行为和态度,要具有很强的目的性。冲击式劝导成功与否的关键在于能否精心组织,对症下药,以理服人,以情感人。

受众之所以能接受公益广告的劝导,大体有三个方面的原因:一是对许多事物由于自己不知道、不认识而不知怎么做,如对生态环境的保护、良好卫生习惯的形成、交通规则和公共场所行为准则的遵守等等,经过公益广告的宣传和疏导,知道了应该怎样去做,而后慢慢在自己行动中去实践它、体现它。二是由于不相信不理睬某些事情而根本不愿意去实行,如吸烟有害、计划生育等,经过公益广告的反复宣传,明白了,由不信到信,或是在其他受众的群体压力下,改变了过去的观念和态度,并采取实际行动。三是由于对某些事应该采取的正确行动不是不知道,只是由于各种原因,使自己行动不够坚决、不够自觉,经过公益广告的提醒规劝,行动变得自觉了、坚决了。如孝敬老人、保护环境等行为,很多人就是这样照着去做的。公益广告的制作和播出就应该针对不同的情况,分别采取不同的劝导方法。

9.1.3 互动式的劝导影响

有另一种情况还应提及:公益广告的播出不仅只是广告人与受众的两极流动,应看到它还有一个社会互动和大众参与的人际传播过程。比如,以家庭为受众群体,不仅包括核心家庭的成员,有时甚至包括三代人都在观看。当看一些切近他们生活的公益广告的时候,彼此发表一些议论,肯定或赞扬某些美好的行动,批评或谴责不好的行动。经过这种议论,公益广告的某些宣传内容得到了不同程度的认同和强化。还有一些人看了一些好的如家庭教育、家庭伦理方面的广告之后,常拿到街头巷尾等公共场所去议论,甚至联系周围生活的实际进行评论,这样就形成第二度传播,并逐渐成为一种舆论。这种舆论实际上已在影响公众行为取向。这是一种特殊的劝导方式,它的作用缓和而持久,对人的劝导是社会互动的、浸润式的,不易形成心理上的对抗,在潜移默化中对公众产生影响。它就像液体浸润固态物一样,虽然不会马上改变固态物的形状和性质,但总会对固态物产生或多或少的影响。这样影响力主要表现为"从"和"同"的影响。"从"即从众,"同"即同化。人是社会的人,都具有合群的倾向,都希望得到社会群体的认可和接纳。人在对某种事物处于无知状态的时候,或是权衡自己的意见和周围的舆论不合,有没有必要坚持自己意见的时候,合群的倾向往往支配自己的行为,从而产生从众的心理。"从众"有两种情况:一是放弃自己原来的意见和态度,采取妥协的态度去顺从大众;另一种则是同意大众意见而和大家采取一致行动。意见转变后的从众就是同化、认同。同化就是在外部因素的作用下,内部发生的趋同于外部影响的质变。这种劝导方式能发生作用的关键在于周围舆论(包括大众传媒)配合一致,营造出一个良好的同一的舆论环境。西方许多心理学家的实验证明,大约有三分之一的人使用舆论同化人、影响人的心理的能力是很强的。

以上是电视公益广告的播出可以对受众心理产生影响的三种基本劝导方式。第一种方式自觉或不自觉都用得较多。这种方式使用的效果如何,完全取决于播出的公益广告是否切近生活,贴近受众的心理,引起受众的兴趣,吸引受众的注意。第二种方式在播出中也用过,如"希望工程"、吸烟有害等宣传,都曾以同一主题的多个广告,集中在一段时间内反复播出,收到了较为满意的效果。第三种方式只是第一二种方式的延伸和扩散,是一些好的有深刻意蕴的广告,所产生的"余音绕梁"

和"弦外之响"的结果,是既在"意料之中"又在"意料之外"的事情。总之,只要广告人在安排组织广告播出过程中,心目中有受众,能更自觉地认知和驾驭这几种劝导方式的特点以及各自的长处和短处,就可把公益广告的播出效果提高一大步。

9.2 公益广告策划

任何一种广告都要有一套基本的方法论和作业程序,公益广告在广告的基本规律中也要建立独特的创作模式。公益广告策划要解决公益广告活动的主题、表现与实施方案等策略问题。对于向社会传播一种观念的公益广告而言,科学、有序的"策划"仍然是一种必要的运作组合活动。

公益广告策划应该建立在洞察社会、了解时弊、体恤民俗的基础上,必须具有明确的战略目标、制订确实可行的操作方案以及确立程序化实施步骤。事前的精密筹划与实施过程的全盘驾驭是公益广告获得良好效益的组织保障。

9.2.1 公益广告策划的涵义

1. 公益广告策划的定义

公益广告策划是为有效传播某一公益观念而在公益广告活动前对整个活动进行的全局性筹划。公益广告策划的任务是为了更有效地传播某一有益于社会公众身心健康、有益于社会发展的观念,而不是促销某一种产品或树立某一品牌或企业形象。公益广告策划的目的是使某一公益宣传活动长期、持久、深入人心,最终导致社会公众的一致行动,以达到公益广告目的。

2. 公益广告策划的特征

(1) 公益广告的策划者一般是广告主,是公益广告的发起者、倡导者。由于公益广告的发起者或倡导者同时也是公益广告的投资者,所以,他们也就成为公益广告的广告主。而一般的商业广告策划,其策划者往往是广告人,是广告代理商,或专业策略、营销公司。商业广告策划者和广告主在一定意义上是分离的,尽管商业广告主也参与广告策划并最终决策,但多数商业广告主都把广告策划委托专业的广告人完成。

公益广告的策划者同时是公益广告的投资者,他们投资的动因明确,组织公益宣传的指向性强,责权清晰,便于公益活动的组织与管理。但公益广告活动的许多倡导者或投资者,如一些政府机构或民间社团,他们并不是从事传播活动的专业机构,对于如何在社会公众中更广泛地推广某一观念,往往缺乏技术操作上的经验。因此,公益广告的策划活动最好有专业策划公司的参与。

(2) 公益广告策划的内容为社会公益性。公益广告是社会公益行为,这决定了在公益广告策划的一切内容中,不得含有任何商业动机和经济手段。在商业广告的策划中,为了达到某一销售目的,打开产品(或企业)的市场知名度,可以采取一些商业手段来使得广告目标更容易达到的目的。比如,各种折让、酬宾、馈赠等促销方式。而某种公益观念的推广必须借助于公益方式而达到公益目的,不可借用某一商业手段或经济杠杆来从事社会公益活动。

（3）公益广告策划的系统性。广告策划一般有两种形式。一种是单独性的，即仅为一个或几个单一的广告行为进行策划；另一种为系统性的，即为规模较大的、连续不断的广告活动而进行策划。

公益广告旨在传播一种公益的观念，要面向最广泛的社会公众，需要高定位、大规模、长期持续。因此，对公益广告的策划一般是系统性运筹规划，而不是针对一时一事的单独性策划。

（4）公益广告策划的人文性。公益广告实属"人文广告"。广告的一切信息是对人类命运的关注，倾注于人类生存质量问题。因此，公益广告策划较之商业广告策划最本质的区别在于：用人文精神统领一切、驾驭一切。

人文精神是公益广告策划的根本世界观。"人文"的内涵丰富而又带有不确定性，其核心思想即是对人的价值和人生意义的关注，通过对人类在某个历史时期一定社会环境下完美性的缺失进行反思，展开"人"本体意义上的自省，从而觉悟人类生存质量与生存环境等诸多相关因素的利害关系。

人文精神的实质是将"人"放在首要位置上评判其他一切事物，以"人"为价值尺度。这里，"人"是最重要的价值衡量标准。而公益广告正是弘扬人生价值、生存意义和生存质量的关于"人"学的广告。公益广告的策划要站在人的类本质等哲学问题的高度，在人们的精神文化层面上就道德、人格、修养、信念、生活等角度塑铸一个"生态"健康的精神世界。这决定了公益广告策划较之商业广告更带有思想性、艺术性、前瞻性和社会性，以此为指导筹划"人文广告"的内涵及传播策略。

9.2.2 公益广告策划的内容

1. 公益广告的选题

公益广告策划从选题开始。公益广告传播的观念能否直入人心，首先取决于这个观念是否迎合了公众心理需求（无论是显性的还是隐性的），是否符合当前社会需要。公益广告的主题来自于社会的时弊，来自于老百姓的甘苦，来自于你我他每个人的心理感受。在这点上公益广告较之商业广告更为难做。商业广告的主题策划是围绕商业信息，有一个既定的核心，而公益广告策划必须从"主题是什么"开始。

公益广告的意义，从本质上讲，在于符合民众的根本利益，即从根本上符合于民族进步和社会发展的需要。因此，一切公益广告的主题，都要围绕社会公众的切身利益，通过广告手段，喊出大众关切的问题和期望，凝聚民族士气和国民希望，使每一位社会分子、每一个社会组织，乃至一个民族、一个国家被唤起、被激励。从每一位公众的行为做起，形成良好的社会风尚和社会文明发展的新局面，这是公益广告选题的指导思想。

公益广告的选题，可以分为不同层次：

（1）全局目标——以国家、民族利益唤起公众行动

主题定位为以国家、民族利益为切入点，一般由国家公共机构以政府行为为某

一社会目标号召全体社会公众统一行动。例如，从一定意义上讲，美国广告理事会之诞生，便担负了配合政府组织国民社会运动的使命。美国的公益广告，从题材来讲，起源于一定社会环境下国家民族的宏观目标。美国广告理事会（AD Council）的筹建，正是由于二战时国家利益的需要，当时取名"战争广告理事会"（The War AD Council），协助美国政府开展了大规模的战时宣传，集中关注一个单一而广泛的运动，动员全国人民去接受为赢得"二战"的胜利而必须作出的牺牲。20世纪90年代后期，广告理事会再一次把公益广告集中在一个宏大的主题上：不再为国家之间的战争，而是"为了我们国内儿童的健康、生活和未来"进行战斗！是"为了保证我们最大的资源——儿童，能在这个伟大的国度里获得更好的发展"。于是，一场"2000年承诺"的公益广告运动在全国展开，各类杂志向广告理事会捐赠了大量版面，仅在1996年，传媒已向广告理事会的公益广告运动捐献了92.8亿美元，比1995年增长了30%。

从美国的公益广告运动来看，公益广告的选题覆盖面广，带有全民动员性质，由社会权威性组织或政府机构直接发起，面向全国，呼吁全体社会公民为一项共同的事业而努力奋斗，这是全局性目标主题。

（2）局部目标——以某一社会局部目标特殊群体利益唤起人们的行动

主题定位：以援助或拯救某一社会特殊群体为切入点，由公益广告主呼吁其他社会公众的行动。可能有以下情形：

面向某一地区，或某一社区发生的实际问题。如：1998年1月10日，河北省张家口地区遭受里氏6.2级的强烈地震。正值冬季，寒冷使张北地区的人民陷入极大困境之中。为了鼓励广东地区的人们多捐钱捐物，支援灾区人民度过难关，《羊城晚报》及时推出了一则公益广告："岁末，严寒！张家口没有了家，请帮帮没有家的人！"广告主题有很强的指向性和现实性。

针对某一特殊群体面临的实际问题。如：每年高考，都有一批落榜生。为了安慰并鼓励落榜生树立信心，北京桑夏广告公司推出了主题为"成功的路不止一条！"等几个公益广告。如《挤车》片，告诉那些落榜生：人生的路很长，一次的失败并不等于永远的失败。对于遭遇的挫折应该树立信心，走好自己的人生道路。

社会由不同的群体、不同的社会阶层而构成。随着社会的变迁，又会不断分化出新的、具有共同特征的群体，诸如老年人问题、儿童问题、残疾人问题、下岗人员问题等等。这些特殊群体包括各类、各种、各个情形下出现不同问题的需要提供帮助的人群：由于自然灾害造成的地域性群体和由于各种生理或社会因素造成的特殊群体。

这类公益广告主题要明确、具体，从内容上反映出问题的严重性和迫切性。将公益广告选题落到实处，使广告受众在公益主题的渲染下为之心动，从自发到自觉，并投入行动。

（3）个人目标——以社会成员的个人目标利益唤起人们的行动

主题定位：以每一位社会成员的利益为切入点，由公益广告主呼吁每一位社会公众的行动。诸如环境保护、节约用水（电）、健康与保健、公共秩序、伦理道德、遵纪守法、交通安全、依法纳税，以及戒烟、戒酒、戒毒等题材的公益广告都是面向每一位社会成员，受益者首先是个人，然后才是他人和国家。

这类公益广告主题要贴切、感性，反映现实生活。使广告受众从中感到或找到自己的角色，以现实生活为镜，关心自己，关切自己的行为，并从自身行为可导致的利害关系中看到自己的利益和命运，从而警醒自己，从自我做起，以形成良好的个人行为规范及社会风尚。

2. 公益广告的受众

商业广告传播是在既定的商业信息下，广告的目标受众由商品的性质而确定。广告策划者只要找到目标受众（包括现实顾客和潜在顾客），这个问题比较容易解决。公益广告的策划则包括对广告受众的选择问题，并且通过媒体的有效实施力求传播到位。

公益广告的受众由三大主题定位而确定：

（1）面对全体社会公众

公益广告主题定位，是以国家、民族利益为题的公益广告，广告受众是全体社会公众。广告旨在全员启动，凝聚全民力量，为一个共同的事业或目标行动。面向全体社会公众的公益广告则需要媒体组合的最佳途径，全方位传播，深入渗透到社会的每个角落，最广泛、最深度地引起公众注意。面向全体社会公众的公益广告还需要最容易交流、最容易沟通、最容易唤醒民众意识的广告诉求与表现形式，以最有力度的广告手段呼吁更多民众参与行动。

（2）面对部分社会公众

公益广告主题定位，是以支持或援助某一社会特殊群体为主题的公益广告。广告受众就是这些特殊群体或与这些特殊群体有密切的关系。广告旨在让受众认识和理解这些特殊群体的困难或遇到的挑战，动员受众尽力提供支持并援助，以解决或缓解这些特殊群体的问题。这类公益广告受众要从广告信息中，深刻感知这些特殊群体的需要，用仁道、慈爱等人世间的美好情感投身于公益活动。面对这些受众，公益广告应该通过有效的艺术创作，淋漓尽致地展现这些特殊群体的需要，以感染更多的人奉献爱心。

（3）面对每一位公众个体

公益广告主题定位，是以每一位公众个体的直接利益为主题的公益广告，广告受众则是某种不良行为者或潜在不良行为者。广告旨在规劝或警示这些不良行为者，其行为可能给他（或她）带来的危害，同时，提醒更多的人杜绝这一行为。面向某些行为或潜在行为者的公益广告则需要一针见血，深露其害，有足够的诉求力量使某些行为者警醒，并防范更多的人重蹈覆辙。同时，广告媒体的投放也应该慎重选择，有的放矢。

3. 公益广告的创作

公益广告是利用广告手段，借助于广告公司的专业沟通能力，以达到最强有力的传播效果。公益广告需要创作，不能仅仅停留在口号标语的形式上。作为公益信息，公益广告在一定时空范畴内的传播，其目的要对社会公众产生"粘合剂"或"警示灯"的作用，这便要求广告对公益信息的传播带有强大的冲击力、感染力和说服力，以切中目标，能够有足够的力量使广大社会公众由"心动"转化为行动。所以，公益广告需要创作。

我国早期的公益广告起源于社会政治、军事信息，长期以来一直以政治口号宣传标语的方式进入社会。伴随着商业广告的起源、发展和演进，广告手段日益丰富，艺术性创作推进了广告水平的发展，从而使标语口号式的政治宣传与经过艺术加工的公益广告逐渐区分开来。中央电视台于1987年10月26日首次推出的《广而告之》栏目，树立了影视公益广告的典范。国家工商行政管理局于1996年开始的"公益广告月"活动，对各种平面公益广告和各类户外公益广告制定了明确规格，从而使人们自觉地将政策宣传与公益广告加以区分。当然，对于二者之间有没有必要界定和如何界定，还尚在探讨之中。毋庸置疑的是：只有经过广告专业化策划与制作的公益信息，才可能收到良好的传播效果。

公益广告作为一种人文广告，要劝说全体社会公众从自己做起，靠每个人的行为而产生共同的公众利益，而对每个人即刻的利益难以承诺与保证。与商业广告的信息点和利益点相比，公益广告信息的效果一般是大众化的、长期的、隐性的、潜移默化的，对公众的吸引力和感召力往往弱于商业广告。由此而言，公益广告较之商业广告要求的沟通能力更强，也更难。因此，公益广告更需要创作。

公益广告创作的意义在于：通过广告手段向社会传递公益信息，而不是一般的口号宣传或简单的标语加图解；采用社会心理方法进行说服规劝，而不是单一的政治说教。

要真正运用广告观念、广告方法和广告手段开展公益广告活动。公益广告创作除了要遵循一般广告创作的共性原则之外，还要注意以下几个原则：

（1）主题鲜明，针砭时弊。公益广告从选题开始，就应该有强烈的社会针对性，这是引起公众关注、产发社会效果的前提。比如，1997年香港回归祖国之际，香港廉政公署于7月3日向港区市民推出了一个题为《鲨鱼》的反贪污公益广告短片，以"市民挺身举报，廉署全力追查"为主题，提醒香港市民要与廉政公署共同打击社会贪污行为。这则公益广告片特意选用了蓝色为主调，凝重地向市民传递了一个信息：香港回归祖国之后，廉政公署的反贪工作只能加强，不会松懈。

公益广告的意义，本质上在于符合民众的根本利益。公益广告的主题，要与社会公众的切身感受息息相关，要通过广告手段，喊出大众关切的问题和期望，去赢得更多的人领会与共鸣，进而产生一致的行动。因此，公益广告的创作人员应该首先研究在一定的社会环境下，公众对公益广告的深层次需求，这是公益广告创作的基础。

（2）强度诉求，切肤之感。公益广告更加强调诉求力度，而不能仅仅停留在信息传播的层面上。对商业广告而言，只要信息有用，对受众有明确的利益点，信息传播就容易到位。公益广告则需要寻找一种最能打动人的诉求方式,产生巨大的诉求力。

用人类自己的东西打动人!这是公益广告素材之溯源,也是公益广告创意的生长点。用浓浓的人情味,人性化了的信息进行诉求,才能对人产生切肤之感,因为没有人会拒绝关心。雨果的作品早已告诉我们:暴力镇压的十几年不如仁慈博爱的几分钟!对人类自身情感的呼唤较之理性的标语口号有更强烈的震撼力和威慑力,从而形成更加强烈的诉求,这在公益广告的创作深度上是不容忽视的。公益广告的主题都是围绕人类命运而展开的,其作品表现应该有着切肤之痛或切肤之爱!挖掘这种深厚久远的意境是公益广告创作的核心。

(3) 艺术感召,思想震撼。公益广告作为广告,要调用一切广告艺术手段,强化主题。同时,还应该通过视听语言的艺术组合,使公益广告传播的观念触动灵魂,在公众那里升华为一种价值理念,变成一种人生观、价值观,将自发的一次性行为转化为自觉的终生行为。通过公益广告的传播,从人们的思想深处彻底解决问题。

1998年4月,《人民日报》刊登了这样一幅公益广告(见图9-1):一位手持方向盘的驾驶员正在用手机通话,画面上只有一行醒目的黑体字:"与谁交流……",仔细看,驾驶员的半张脸正处在兴致勃勃的谈话中,而另半张脸已经成为骷髅。整个画面简洁明了,只有一幅图,一行字,却在手绘的草图中,展现了艺术创作的魅力,点触到更为深刻的东西:驾车时打手机,就是走近死神。让人观后触目惊心。警示驾驶员:开车时不打手机并不仅仅是为了遵守交通规定,而是为了自身的生命安危。

图9-1 "与谁交流"公益广告

9.3 公益广告作品的表现

公益广告策划是对公益广告整体活动的运筹规划,用以指导公益广告活动的每一个环节,而公益广告策划的内容最终要通过公益广告作品表现出来。公益广告作品表现是将公益广告的观念和创意转化为广告视听语言的过程,是连接公益广告策略与公益广告实施的关键内容,是运用广告专业手法将公益广告创意转化为公益广告作品实体的过程；是公益观念的物质载体表现。

9.3.1 公益广告的题材与内容

公益广告活动是为了社会的文明与发展，面向广大公众的社会性活动，因而都要有一个鲜明的主题。公益广告主题的题材与内容既是广泛的又是深刻的；既是变化发展的又是永恒存在的。在不同国家不同社会文化背景下，在不同阶层各类群体中都会发生各种各样有关"人"的社会课题。本部分从公益广告题材广度和内容深度两个维度上加以阐述。

1. 题材广度：公益广告信息空间——以"人"为核心的价值取向

公益广告信息空间指的是公益广告题材的广度。大千世界、芸芸众生，千姿百态、丰富多彩。纷繁复杂的社会现象中，以"人"为核心的公益题材时时可生，处处可见，包括大事、小事、家事、国事、天下事。公益广告的"市场"空间如此之大、之广，让广告人难以捕捉。而万事不离其宗的只有一个对象——"人"，公益广告选题都是围绕人的，都是以"人"为核心的价值取向。这里，可把公益广告题材分为爱国、爱民、爱己三大类（见图9-2）。

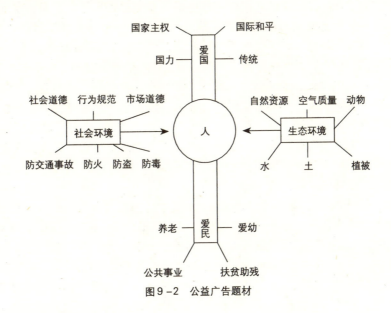

图9-2 公益广告题材

（1）第一类题材：爱国类，以国家民族利益为主的公益题材。具体有：

1）捍卫主权：国土回归，国际和平，对外政策；

2）体现国力：经济增长，科技发展，国防军备，文体赛事，人口普查，参军拥军；

3）弘扬传统：民族文化，古迹古训，文物保护，雷锋精神，移风易俗，破除迷信；

4）爱国主义：公民义务，交纳国税，认购国债，凝聚民心，反腐倡廉，历史教育。

(2) 第二类题材：爱民类，以特殊群体利益为主的公益题材。具体有：

1）尊老爱幼：尊敬老人，赡养老人，关心儿童，希望工程；
2）扶贫助残：关怀残障，社会救助，支援灾区，捐款捐物；
3）公共事业：尊师重教，尊重知识，妇幼权益，遵纪守法，行业文明，计划生育，义务献血，优生优养，法制教育，见义勇为，打击犯罪，挽救失足，戒烟戒酒，戒赌戒娼。

(3) 第三类题材：爱己类，以公众个体利益为主的公益题材。具体有：

1）自然保护：保护水质，爱惜土地，植树绿化，珍惜动物，净化空气，森林保护，保护资源；
2）社会保护：行为规范，文明秩序，讲究卫生，节约用水，安全用电，遵守交规，健身强体，防癌防病，医疗保健，防火防盗，节约能源，家庭伦理，文明经商，谨防假冒，消费权益。

2. 内容深度：公益广告主题挖潜——以"人"为尺度的价值标准

公益广告主题挖潜是指公益广告内容的深度。公益市场的广度题材空间是非常丰富且广泛的，而公益信息的深度主题挖潜也同样是内涵丰富且不断深化发展的，而惟一的价值标准是以"人"为尺度，以人的生存质量作为是非标准。

关于人们的生活行为、生存方式、就业与工作、消费与休闲、竞争与交往等等，一切都在发生着由"传统型"向"未来型"的转变。社会行为规范正在逐渐回归到人本哲学的价值标准里，以人为本的观念在人们的潜意识里逐渐苏醒。公益广告也正是要进入这一层次，进一步唤醒人本意识，使社会经济、政法、文化卫生、科技教育、生态环境等一切存在与发展都要始终注重人的生存质量，以人为尺度，以人为价值标准。因此，公益广告主题不能仅仅停留在题材概念的层面上，应该适时、适度点入题材概念的内涵深处。

例如：《大连日报》曾创作过一幅以关心儿童、重视教育为题材的公益广告。画面以干涸的土地为背景，配以一个可爱的儿童流露出企盼甘露的眼神，广告标题为："教育滋润土地的甘露"。儿童需要教育！这是一个众人皆知的道理。但是在这里通过广告手法，使人们联想到了更深层次的问题：教育是全民族的一个重要课题，我国是一个人口众多的泱泱大国，有多少这么可爱的儿童盼望受教育、需要受教育、等待受教育，教育问题关系到国家的未来。教育如甘露，干涸的土地如果得到甘露，将会生长植物，以甘露为生物生命之源泉。儿童得到了教育犹如干涸的土地得到甘露的滋润，以此启发人们关心教育、关心儿童、关心祖国的未来。

9.3.2 公益广告主题表现形式

公益广告题材与内容决定公益广告目标和公益广告信息个性。一个公益观念的立意还要通过恰当的主题表现形式才能把广告目标和信息个性体现出来。运用社心理探析公益广告的众多题材，从哲学价值论和人本主义的高度挖潜并深化主题内容。在此基础上，公益广告的主题逐渐清晰、明朗，就要进入公益广告作品的实际创作与制作阶段。

公益广告的主题表现形式取决于运用广告手段对公益观念传播的风格与技巧。公益广告的主题表现形式既要体现公益广告信息的特质，又要借鉴商业广告信息的传播手法。

在商业广告的创作中，被称为"广告怪杰"的美国 O&M 广告公司创始人大卫·奥格威曾指出：我们的目的是销售，否则就不是作广告（we sell-or else）。在谈到怎样创作高水平广告时，奥格威提出了必须遵从的 11 条戒律：1）广告的内容比表现内容的方法更重要；2）若是你的广告的基础不是上乘的创意，它必遭失败；3）讲事实；4）令人厌烦的广告是不能促使人买东西的；5）举止彬彬有礼，但不装模作样；6）使你的广告宣传具有现代意识；7）委员会可以批评广告但却不会写广告；8）若是你运气好，创作了一则很好的广告，就不妨重复地使用它直到它的号召力减退；9）千万不要写那种连你也不愿你的家人看的广告；10）形象和品牌；11）不要抄袭。

公益广告的目的也是为了"销售"，也是针对一定的"产品"，这里的产品是一种精神形态的产品观念，"销售"即推销、推广、普及宣传，使这种观念广泛传播，被社会公众知晓、认同并转化为行动。一则好的公益广告是将一种公益观念深入人心，被公众接受、认同，并内化为世界观，转变为一种自觉的并与生相伴的行为。

商业广告信息是广告主主体化的产品信息。广告受众对产品有极大的选择性和否定性。因此，来自于广告主之间激烈竞争的产品内容比广告中表现内容的方法更重要。

公益广告信息是社会公众客体化的公益观念。广告受众身临其中，深有感触，息息相关，对公益广告信息几乎没有选择性和否定性。在日常生活中司空见惯、众所周知又视而不见或未能认清的现象怎样引起社会公众的重视、再认识和深度反醒，这是公益观念传播的难点之一。公益信息并不是"新闻"，因此，公益观念表现主题的方法比广告主题更重要。

1. 正面倡导型

以正面导向的方式直叙公益观念。正面倡导的方式在公益广告第一类题材和第三类题材中最为多见，起到倡导、推广的作用。例如：

（1）影视广告。由北京开元国际广告公司中创作的一则题为《自尊、自立、自强》的公益广告，获得年公益广告政府奖影视广告银奖。这则广告运用影视广告表现手法，使雷锋、焦裕禄、孔繁森等一位位优秀共产党员的形象再现屏幕。在对这些模范人物的追忆中，人们会联想到他们的事迹、他们的精神、他们的人格……最后荧屏打出"自尊自立自强"这一广告主题。这是一则以正面形象直叙主题为表现形式的广告。

（2）平面广告。在北京广告协会第二届"昆仑杯"广告作品评选中，由北京广告公司创作的一则题为《爱护环境卫生》的平面广告获得优秀奖。广告画面上仅有一只刚刚削了皮的鲜润苹果，苹果皮将飞到哪里去？顺着果皮的曲度，一行清晰的小字：请放到该放的地方去……在整幅广告的上方，一行醒目的广告标题："遵守社会公德爱护环境卫生"。作品直接倡导人们的文明行为。

(3) 广播广告。在1996年全国"中华好风尚"主题公益广告月活动中，由新疆乌苏人民广播电台创作的一则题为"尊师重教"的广播广告获得了政府奖。广告稿的内容是："每当教师节来临时，我都要买两张节日贺卡，一张送给我当老师的妈妈，另一张送给我的老师。妈妈是我的第一个老师，老师就像我的另一个妈妈……尊师重教；尊重知识的传播者；尊重人类灵魂的工程师。"该广告以直白、陈述的语言形式，正面倡导人们要尊师重教。

正面倡导型的主题表现形式从正面提倡，引导人们知晓某一观念。这是在目前的公益广告中，人们使用最多的一种方式。在这里，正面倡导包括讴歌颂扬、政令宣导、启发阐述等多种具体表现，带有较强的政教色彩。正面倡导型公益广告主题表现形式的优点是：观点鲜明、通俗直观；缺点是：容易带有政治说教性，引起人们的逆反心理。因此在创作中，应充分运用广告艺术表现力。

2. 爱心关怀型

以对他人自然纯真的爱护关心传送公益观念。爱心关怀型的主题表现形式经常用于第二类题材的公益广告创作中，产生对他人的关心作用。例如：

(1) 影视广告。1998年长江流域洪水泛滥，灾区需要全社会的救援。TBWA李岱艾广告公司和北京金泽文化传播有限公司共同为中华慈善总会制作了两则劝募公益广告。其中一则题为"没有爱心、没有明天"，荧屏上洪水涛涛，路段坍塌了，房屋淹没了，孩子套在救生圈里，老人刚刚被营救上来，小女孩死死地抱住树干，下身已被洪水淹没……随着一个个人们与洪水搏斗的镜头，一行雄浑有力的广告标题："没有爱心没有明天"。广告以影视手法，再现了灾区人民遇到的严重困难，激发全国人民奉献爱心，帮助灾民重建家园。

(2) 平面广告。为了使公民安全搭乘地铁，香港地铁公司曾在地铁沿线站台上发布过这样一组公益广告：一只毛茸茸的松鼠，小心翼翼地抱着自己的大尾巴站在电动扶梯上。广告标题是："请注意与电动扶梯的缝隙保持距离。"袋鼠妈妈带着孩子们坐电梯，育儿袋里装着小袋鼠，两手还牵着小袋鼠。广告标题是："请家长照顾好自己的孩子"。

爱心关怀型的主题表现形式以人间情感沟通为诉求手段，向某一社会群体，如老人、儿童、残障人士及不治之症患者等提供帮助，奉献爱心，体现社会对某一特殊群体的关怀，展示人间的真、善、美。这在诸如希望工程、尊老爱幼、扶贫助残及一些社会福利事业等题材上是最常用的方式，带有极强的情感色彩。

爱心关怀型公益广告主题表现形式的优点是：情真意切，容易产生感召力，诱发人们采取行动；缺点是：容易停留在现实问题的层面表达问题和解决问题。因此在创作中，要注意从根本上解决问题应采取的诉求深度和作品表现。

3. 规劝说服型

以疏导、劝说的方式逐渐引申和阐释公益观念。规劝说服型的主题表现形式常常用于第二类题材的公益广告创作中，起到规劝的作用。

例如：影视广告。北京桑夏广告公司曾制作过一则题为"过量饮酒有害"的公益广告，在北京电视台播放数月，获北京广告协会第二届"昆仑杯"广告作品评选优秀奖。该广告通过"醒→酒→酗→醉→卒"等几个字之间形态上的演化，最后打出"饮酒过量，有害健康"这一广告标题，规劝人们切勿过量饮酒。

规劝说服型的主题表现形式以循循善诱和事实劝导的方法逐渐引申观念，最后推出公益主题。这在诸如个人行为规范、环境保护等题材的创作中经常使用，带有较强的说教色彩。规劝说服型公益广告主题表现形式的优点是：义正辞严，用事实说话，带有一定的推理性；缺点是：容易理性化，难以打动人们的情感。因此，在创作中，应该注意言之有物，从社会心理的角度掌握人们的心理接受力。

4. 提醒警示型

以提醒、告诫、警示的方式郑重推出一个严肃的公益观念。提醒警示型的主题表现形式经常适用于第一类和第三类题材，起到警示的作用。

例如：平面广告。由北京广告公司创作的一则题为《别让美丽遮住眼睛》的公益广告，1997年获得北京广告协会第二届"昆仑杯"作品评选一等奖。广告作品素材异常简练，画面上仅有一只看似美丽的"蝴蝶"（蛾子）和一行广告标题："蝴蝶？苍蝇？别让美丽遮住你的眼睛"。画面右下角的副标题提醒人们："谨防假冒伪劣，保护受众权益"。

提醒警示型的主题表现形式加重了说服规劝的语气和力度，经常以实证的方法提醒人们要意识一些问题并付诸于行动；或以更为严肃的手法向世人警示，增加了公益广告主题的凝重感。这在事关国家民族命运或个人生命安危等题材创作中经常使用，带有警告色彩。提醒警告型公益广告主题表现形式的优点是：有说服力度，能震慑人心；缺点是：广告手法过于沉重。因此在创作中要把握广告受众的心理承受力。

5. 讽刺批评型

以纪实或夸张的手法揭露不良现象之危害，针锋相对道出一个公益观念。讽刺批评型的主题表现形式经常用于第三类主题，起到批评的作用。

例如：平面广告。由上海广告协会与几家单位共同举办的"一展身手"公益广告大赛获奖作品中，有一幅题为"别让森林像红肠那样被我们吃掉"的平面广告。画面上横放着一端为红肠、另一端为树干状的"红肠"，树干正在像红肠那样被人们吃掉！这则广告采用比喻和夸张的手法，讽刺了那些乱砍乱伐森林的人。

讽刺批评型的主题表现形式对社会不良行为或给予幽默式的嘲讽，让人们在情趣之中有所醒悟和转变；或单刀直入，切中要害，揭露并批评其不良行为，针锋相对阐明广告主题。这在诸如环境保护、个人行为规范等题材的创作中经常使用，带有抨击色彩。讽刺批评型公益广告主题表现形式的优点是：揭露深刻，针锋相对，在训诫中对受众有较强烈的教育作用;缺点是:带有一定的刺激性,因此在广告创作中应根据题材与内容的需要适度采用。

9.3.3 公益广告标题及文案

公益广告主题表现形式要通过标题及文案反映出来。围绕公益广告主题的题材与内容,广告创作人员首先要考虑的是:怎样通过有限的语言文字,用什么样的文字词句提炼广告主题。

1. 公益广告标题

在平面广告与多数影视广告中,都需要有广告标题。大多数平面广告中,标题往往是最重要的部分,它是决定受众是不是读正文的关键所在。一般来讲,读标题的人平均为读正文的人的5倍。换句话说,标题代表了为一则广告所花费用的80%。广告标题是广告作品中最为重要的或最能引起广告受众兴趣的语言文字信息。其主要职能是即刻打动广告受众,对广告文案起统领作用。通常位于广告文案的重要位置。公益广告标题是公益广告作品内容的凝练,是公益观念的直接诉求。与商业广告中的广告语同质,以广告语或警句的方式出现在公益广告特定的位置上。

在公益广告中,一句好的标题可以瞬间抓住广告受众的目光,并且诱引人们集中注意力把广告看完。一句恰当的主标题可以省去副题或引题,甚至不需要其他广告文案,即使没有画面和图像也能给观众留下深刻印象。因此,重视广告标题的创意与表现技法是整个广告创意的第一步,也是非常关键的一步。根据公益广告的特点,公益广告标题除了应具备商业广告标题的功能外,还应该注意以下几个问题:

(1) 艺术表现,别具一格。公益广告标题不等于口号标语。尤其在中国,在20世纪五六十年代经常见到太多的政治性极强的标语,公益广告标题如果仍以这种形式出现,简单强硬,则会影响公益广告主题的传播,甚至抵消广告画面效果。

可以比较下面两组矗立在街头的广告牌标题:A组"不许随地吐痰",B组"为了您和他人健康,请改掉随地吐痰的坏习惯!"可见,对于同一个内容,A组与B组给人的感觉不一样,在表达技法上并不相同;A组以教训、命令、强行规定的方式居高临下发号施令,实则没有广告创作。B组则以教育、协商、心理沟通的方式平等交流,传达同样的信息,遵循了公益广告的启蒙性、客体性、相关性等创作艺术手法。当然,B组的标题形式能更好地传情达意,即通过社会心理分析,运用艺术感染力发挥公益广告作用。

(2) 抢眼夺目,画龙点睛。文字语言是最容易在短时间内被人接受和理解的信息符号。一般来讲,公益广告标题不宜太长,语言词句越简洁凝练越好。但是要有强烈的表现力,生动、显眼、夺目,是经过了千锤百炼之后的精粹表达。"语不惊人死不休"!公益广告标题同样需要这种创作精神和魄力。另外,公益广告标题要与文案、画面等其他内容协调一致,贴切统一,富有整体感,起到画龙点睛的作用。

(3) 隐喻含蓄,富幽默感。公益广告目标的达成要靠社会公众的行动,隐喻含蓄是为了留有一定信息空间使广大受众参与再创作。反映在公益广告标题上就要对文字精心选择，要注意它们的标记性和象征性价值，应竭力避免使用令人乏味的、生活中司空见惯的语词。比如，我们见到诸如许多"安全用电"、"小心触电"这样的警示牌，如果经过公益广告的艺术处理，这种标语便带有了含蓄的风格："电为人类带来了光明，却需保持距离……"令人观后一番回味，深受感触。富有幽默感的标题还会给人留下深刻印象，意犹未尽。如在肯尼亚天然动物园曾立过这样一块广告牌："凡向鳄鱼池内掷投食物者，必须亲自拣回"。这句话既严肃，又风趣；既是警告，也是规劝；既是严厉的说教，又是善意的启示，适宜适度，令人忍俊不禁，其效力远胜过正面直白。

公益广告标题的创作要综合运用以上技法，根据不同主题，不同传媒形式的需要，或长或短，或隐或现，以符合公益广告作品的总体风格。从公益广告标题的类型看，一般来讲，运用复合标题的一些作品已经形成广告文案，可以不作广告正文。多数使用直接标题或间接标题的广告都辅以广告正文，以充实广告内容。

2. 公益广告文案

广告文案一般由广告标题、广告语、正文和随文四个部分组成。公益广告文案与一般商业广告文案有所不同。公益广告是为社会公众提供免费的服务，不含广告主的利益，因此公益广告标题诉求与广告语的诉求都是一个对象，具有同质的内容。从这个意义上，广告标题与广告语经常互用，广告标题以广告语的方式，或广告语以广告标题的方式合而为一。同时，公益广告文案中的随文（又称附文）只能在不显眼处标注企业的名称，不能标注企业地址、电话、服务等附加性的广告信息（这由公益广告性质及管理法规决定）。因此，公益广告文案中的随文不属广告创作范围。这样，公益广告的文案，实则只有两个部分：标题与正文。在考察了公益广告标题的有关问题之后，需要进一步分析公益广告正文的创作问题。

广告文案是平面广告创作的主要内容。在平面广告（含部分户外媒体广告）中是以文案的形式出现（有些学者认为文案也包括画面）；在影视广告中是以演白（影视广告片中演员的台词）和旁白（画外音）的形式体现；在广播广告中是以广告稿的形式体现。这里我们主要以平面广告文案创作为主进行阐述。商业广告文案要涵盖广告商品的简要说明或解释、产品特点和优点、商标品牌的获奖称号、敦促目标顾客购买的诉求、厂商名称、厂址、电报电话、邮政编码等一切商业信息。因此，广告文案需要广告标题、正文、随文等结构。商业广告文案要遵循独特性、商业性、真实性、艺术性、效益性等创作原则。公益广告要传播的仅仅是一个观念，一种指导人们社会行为的价值观，不带商业性，广告传播者与广告受众具有共同的立场和利益。广告文案结构也相应变化，一般由广告标题（广告语）和广告正文两部分组成（如前所述）。公益广告文案的创作原则与商业广告文案有互通之处，如独特性、真实性、艺术性等，同时，还存在自身特点：

（1）单纯性。公益广告作品中的所有元素：标题、正文包括图案及画面等都在传达着一个观念，具有广告信息的单一性。因此，广告文案的各个要素之间具有一定的替代性和包容性。

（2）聚焦性。广告艺术手法和公益题材的广泛性为公益作品提供了丰富的表现形式。在同一幅作品中，可以使用多种符号（字、图）表达，如各种文字及变化，各种画面组合等加大画面信息量，但需通过文案创作使之聚焦于主题。

（3）互补性。面对要传播的一种观念，公益广告作品的每一个表现元素之间都存在互补关系。这种互补性又可分为直接互补和间接互补。

9.4　公益广告媒体表现

在公益广告中，媒体指的是能够承载公益广告，将某一公益观念向社会公众传播的信息载具。公益广告媒体表现主要解决公益观念在何时说、在哪里说、说几次、通过什么渠道说等问题。公益广告所用媒体与商业广告基本相同都是能够承载信息的传播工具，但公益广告面向更广泛的社会公众，较商业广告选择的媒体含有更强的大众性。从国外公益广告媒体的运作看，媒体单位经常无偿提供发布公益广告的时间、版面和户外空间。公益广告目前选用较多的是电视、广播、报纸三大类，由于这三大类在本书第 6 章已经详细介绍过，在此不再赘述。

9.4.1　公益广告媒体载具

广告媒体的类别是广泛的，而每一种类别下又包含各式各样的特定媒体。媒体载具是指"在媒体类别下的特定媒体"。如电视节目中的"新闻联播"、"焦点访谈"、"商务电视"等各个栏目，报纸类别中的《人民日报》、《北京日报》、《新民晚报》、《北京广播电视报》等各种特定的报纸等。

公益广告的媒体载具有较大的选择性。目前除电视台"新闻联播"不允许广告插入外，其他各电视栏目都陆续开出了广告时段。报纸广告版面也越来越多，有的还开出了广告专版。商业广告已经进入的地方公益广告都可以进入，公益广告选择媒体的时空还可能优于商业广告。根据公益广告的特定内容，在选择媒体时要注意综合性与专题性节目（栏目），大众性与特殊对象性节目（栏目）的区分，应注意：广告受众的覆盖面越大越好。商业广告要根据商品的消费对象，面对目标市场、目标受众进行广告传播，因此在选择媒体时要求媒体的细分和媒体的细分，如老年人的产品在"夕阳红"节目中，妇女儿童消费品在相应的节目或栏目中等，广告商品的受众与媒体的服务对象是一一对应关系。

公益广告是为社会公众服务的广告，公益广告的主题带有社会性、公众性，面向全体社会成员，如公益广告的第一类题材、第三类题材。即使为社会某一特殊群体服务的第二类题材，也应该面向社会，呼吁全社会的理解、帮助，引起全社会的重视。因此，公益广告在选择媒体时，要选择广告受众的覆盖面比较广、比较大的节目或栏目（版面等），如一些综合类电视栏目、综合性报纸、综合类广播节目等。以广告受众的人数越多越好、范围越大越好、覆盖面越广越好。

9.4.2 公益广告媒体策略

商业广告的媒体策略是把商品广告的作品表现在一定广告费用范围内利用媒体组合有效传达到目标受众。公益广告的媒体策略是把公益观念的作品表现利用媒体组合有效传达给最广泛的社会公众。媒体策略要在媒体目标的指导下，通过制定媒体计划，实施并测评媒体传播效果而最终达成。在媒体计划中要注意媒体目标、媒体组合及媒体传播效果测评等内容。

1. 媒体策略中的五个基本目标要素

媒体目标遵循于广告目标，对于不同的广告目标，应采取不同的媒体目标。媒体目标必须是明确的，是广告目标的延伸，为媒体计划定位并与整体"营销"计划相关联。

在商业广告中，广告是将有关商品的信息传播给商品销售的目标市场。将广告目标转换成具体的传媒目标，通过相应的媒体将商业广告信息直接传送给目标受众。

在公益广告中，广告是将某一公益观念直接传播给最广大的社会公众。将广告目标转换成具体的传媒目标，通过传播面最广和针对性极强的媒体将公益广告信息直接传送给社会公众。

在媒体目标的制订过程中，必须围绕五个基本的目标要素。

(1) 媒体策略中的广告受众：在了解媒体与受众对应关系的基础上，进一步明确广告媒体目标受众。广告媒体的传播对象与广告目标对象相一致。

在商业广告中，根据不同类型的商品要细分受众市场，同时也应该细分媒体受众及广告媒体目标对象。

在公益广告中，要根据公益广告题材的类型，对社会公众的相关性作一定的分析，而对广告媒体目标对象的分类要比商业广告宏观得多。

(2) 在什么地方发布：针对广告媒体目标对象所在地，确定传播的地理空间。

在商业广告中，一般有三种策略可供选择：

1) 广告在有市场的地方发布——防御性策略；
2) 广告在没有市场的地方发布——进攻性策略；
3) 广告在有市场和没有市场的地方同时发布——全方位策略。

商业广告的发布在全国性还是地区性的问题上一般需要一个明确的选择。

公益广告一般都是面向全体社会公众的题材，在全国性与地区性的问题上区分的意义并不大。但是要注意普及性与针对性的关系，在大众媒体普及化传播的同时，还要注意特定题材要针对特殊群体的目标受众，在媒体选择中要有较强的针对性，如有关交通法规，除了在户外广告媒体等一些公众性较强的渠道上传播外，有的还要通过像北京交通台这样的特定栏目进行传播。

(3) 媒体策略中的广告发布时间：选择发布广告的最佳时间。

在商业广告中，广告信息传播时间要依据人们购买不同商品的习惯来定；要根据广告主在市场投放产品的时间来确定；有时也要根据产品在市场销售中生命周期的不同阶段来确定。

公益广告在这个问题上则相对简化。公益广告传播的观念应经常性强化。无论是倡导，还是提醒、规劝，都应该反复渗透，使之逐渐深入人心，潜移默化发生作用。而对于已经发生有一定恶劣影响的事件，也应该及时揭露与批评，立场鲜明阐释观点，以警示更多的人。公益广告更强调时效性，针砭时弊，快速反应，及时讴歌良好的社会风尚，及时扼制社会不良现象。

（4）媒体策略中的广告表现方式：广告一般有两种表现形式，即理性诉求和情感诉求。情感诉求经常选用电视媒体，理性诉求经常选用报纸等平面媒体。

在商业广告中，则根据作品的创意及诉求表现选择媒体，但是选择媒体中最受制约的因素还是广告费的投入。因为电视媒体与一些平面媒体在刊播费上差别很大，一些情况下人们往往根据广告费投入，首先确定是在电视，还是在平面媒体上作广告，再创意诉求。

公益广告则有所不同。理论上讲，传媒单位应该无偿提供公益广告的刊播时空，即使有的媒体对公益广告收一定的刊播费，其额度也会低于商业广告。因此，公益广告应根据主题表现与作品表现的实际需要以及社会对该内容的需求情况，选择公益广告媒体。

（5）媒体策略中的广告发布数量：发布多少广告指的是媒体的传播面和信息传播次数。

在商业广告中，发布量多少要由该产品广告目标与可供投放的广告费而决定。

公益广告则不然，发布多少次公益广告首先由公益活动的组织强度——在多大范围内有多大权威性及政策号召力来决定。其次再考虑有哪些类型的媒体，通过哪几种载具，能够无偿提供，或低价提供媒体时空；最后要根据该公益广告主题的社会需求状况来决定。

广告媒体的5个目标要素所形成的综合效应以及媒体传播效果，可以通过一系列传播指标进行综合测评。

2. 媒体组合

如前所述，媒体组合，指在同一媒体组合（媒体计划中，使用两种或两种以上不同媒体的策略。由于每一种传媒都有其长处和短处，将两种或两种以上的传媒组合起来，各自取长补短，使广告到达率不断提高，达到最佳传播效果，这就是媒体组合的指导思想，公益广告与商业广告一样，都存在媒体组合问题。

商业广告通常需要使用两种或多种不同媒体，使之相互配合，协调运作，如果孤立运用某一个别传媒常常不能收到良好的广告效果。公益广告也不能忽视这一点。公益广告面向最广泛的社会公众传递一种公益观点，媒体的覆盖面越广，人们的接触率即收视（听）率越高，公益信息的影响面则越广，影响度也越深。因此，公益广告的媒体组合策略对公益目标的达成意义重大。

在媒体组合过程中，公益广告与商业广告一样，都可采纳以下几种方法。

（1）点面效应互补法：以媒体涵盖面大小为互补条件的组合方法。公益广告的传播，应首先选择中央级媒体、新闻性媒体，以保证公益观念传播的覆盖面、影响度和权威性。但同时，也要选择一种或多种其他媒体，如户外路牌、广告传单等，有针对性地对有关广告受众进行强化，提高对特定对象如不良行为者的重复暴露次数，强化其作用。

（2）时效差异结合法：以媒体时效、长短互相结合的一种组合方法。从广告媒体的时效看，有时间上的长短之分，如电视、广播，一般一次在15~60秒之间，可谓短矣；而一些户外媒体为路牌、霓红灯，一般在半年至一年的时间，可谓长矣；报纸广告一般为1~3天；杂志在一个月以上……公益广告对受众的思想意识要有冲击力，就要充分运用电视广告的艺术感染力，也要有持久性，就要运用户外媒体的长期效用，加强公益传播的效力。同时，还要注意利用时间上的交替形式进行媒体组合，提供重复性，做到时时生，处处有，在一个媒体计划周期内形成一种较大的传播气候，使公益观念的传播旷日持久、深入人心。

（3）媒体个性互补组合法：以传媒之间各自的表现优势互相补充的一种组合办法。以某一种媒体形式的传播为主媒体，以与主媒体有互补作用的其他媒体作为补充，可以使广告信息的传达更全面、完整。在公益广告的传播中，多以电视广告作为情感诉求表现的主媒体，以印刷媒体——报纸、公益海报等运用较长文案进行理性诉求，还可以在广播广告中充分运用音乐和音响的听觉刺激，将某一公益广告的主题淋漓尽致、全方位地表现出来，以获得最好的传播效力。

思考题

公益广告有别于商业广告，主要的差异在哪里？在影响受众心理和行为方面，公益广告策划时关注的重点是什么？

参考文献

[1] 余小梅. 广告心理学. 北京：北京广播学院出版社, 2003.
[2] 冯江平. 广告心理学. 上海：华东师范大学出版社, 2003.
[3] 李东进. 现代广告——原理与探索. 北京：企业管理出版社, 2000.
[4] 王永. 现代广告心理学. 北京：首都经济贸易大学出版社, 2005.
[5] 许春珍. 广告心理学. 合肥：合肥工业大学出版社, 2005.
[6] 丁家永. 广告心理学——理论与策划. 暨南大学出版社, 2003
[7] 尤建新等. 广告心理学. 北京：中国建筑工业出版社, 1998.
[8] 王毅成. 受众行为学. 武汉：武汉工业大学出版社, 2000.
[9] 黄颖黔. 行为科学导论. 广州：华南理工大学出版社, 2000.
[10] 曹鸣岐. 应用心理学. 北京：经济科学出版社, 2005.
[11] 全国13所高等院校《社会心理学》编写组. 社会心理学（第3版）. 天津：南开大学出版社, 2003.
[12] 潘泽宏. 公益广告导论. 北京：中国广播电视出版社, 2001.
[13] 高萍. 公益广告初探. 北京：中国商业出版社, 1999.
[14] 王怀明等. 广告心理学. 长沙：中南大学出版社, 2003.
[15] 黄合水. 广告心理学. 上海：东方出版中心, 1998.